国际气候法律新秩序构建中的公平性问题研究

On the Issue of Fairness in the Construction of New International Climate Legal Order

陈贻健 著

图书在版编目(CIP)数据

国际气候法律新秩序构建中的公平性问题研究/陈贻健著. —北京:北京大学出版社,2017.11
ISBN 978-7-301-28888-7

Ⅰ. ①国… Ⅱ. ①陈… Ⅲ. ①气候变化—国际立法—研究 Ⅳ. ①D996.9

中国版本图书馆 CIP 数据核字(2017)第 249883 号

书　　名	国际气候法律新秩序构建中的公平性问题研究 GUOJI QIHOU FALÜ XINZHIXU GOUJIAN ZHONG DE GONGPINGXING WENTI YANJIU
著作责任者	陈贻健　著
责 任 编 辑	郭瑞洁
标 准 书 号	ISBN 978-7-301-28888-7
出 版 发 行	北京大学出版社
地　　址	北京市海淀区成府路 205 号　100871
网　　址	http://www.pup.cn
电 子 信 箱	law@pup.pku.edu.cn
新 浪 微 博	@北京大学出版社　@北大出版社法律图书
电　　话	邮购部 62752015　发行部 62750672　编辑部 62752027
印 刷 者	北京宏伟双华印刷有限公司
经 销 者	新华书店 730 毫米×1020 毫米　16 开本　16.75 印张　292 千字 2017 年 11 月第 1 版　2017 年 11 月第 1 次印刷
定　　价	39.00 元

未经许可,不得以任何方式复制或抄袭本书之部分或全部内容。
版权所有,侵权必究
举报电话:010-62752024　电子信箱:fd@pup.pku.edu.cn
图书如有印装质量问题,请与出版部联系,电话:010-62756370

国家社科基金后期资助项目
出版说明

　　后期资助项目是国家社科基金设立的一类重要项目,旨在鼓励广大社科研究者潜心治学,支持基础研究多出优秀成果。它是经过严格评审,从接近完成的科研成果中遴选立项的。为扩大后期资助项目的影响,更好地推动学术发展,促进成果转化,全国哲学社会科学规划办公室按照"统一设计、统一标识、统一版式、形成系列"的总体要求,组织出版国家社科基金后期资助项目成果。

全国哲学社会科学规划办公室

目 录

引 言 …………………………………………………………………… 1

第一章 国际气候法律新秩序构建进程的展开 ………………………… 3
第一节 国际气候法律新秩序构建的背景 ……………………… 4
第二节 国际气候法律新秩序构建进程的开启 ………………… 8
第三节 新秩序进程的具体展开及其特征 ……………………… 13

第二章 国际气候法律新秩序构建中的公平性问题 …………………… 19
第一节 气候变化领域公平性问题的理论概述 ………………… 19
第二节 新秩序构建中公平性问题的论争和制度困境 ………… 39
第三节 公平性问题的综合解决框架 …………………………… 57

第三章 减缓领域的公平性问题 ………………………………………… 85
第一节 有关减缓议题的谈判进程 ……………………………… 85
第二节 减缓领域公平性问题论争分析 ………………………… 92
第三节 减缓领域核心议题的公平性问题分析 ………………… 98

第四章 适应领域的公平性问题 ………………………………………… 119
第一节 适应领域的公平性问题概述 …………………………… 119
第二节 适应领域面临的主要公平性问题 ……………………… 127
第三节 适应气候变化的实践探索和公平性问题的解决 ……… 131

第五章 资金、技术和能力建设领域的公平性问题 …………………… 140
第一节 资金、技术和能力建设领域概述 ……………………… 140
第二节 资金领域的公平性问题 ………………………………… 145
第三节 技术领域及其专门化进程中的公平性问题 …………… 170
第四节 能力建设领域的公平性问题 …………………………… 182

第六章 "气候与贸易"的公平性问题 ········· 199
 第一节 "气候与贸易"作为关联议题的提出 ········· 199
 第二节 "气候与贸易"的公平性问题 ········· 201
 第三节 "气候与贸易"公平性问题的制度协调 ········· 210

第七章 国际气候法律新秩序构建中的公平性问题与中国的应对 ··· 218
 第一节 中国面临的国际气候法律新秩序构建新形势 ········· 219
 第二节 中国在新秩序构建谈判中的应对策略 ········· 224
 第三节 中国的应对气候变化立法 ········· 234

主要参考文献 ········· 251

引 言

以《联合国气候变化框架公约》(以下简称《公约》或 UNFCCC)及其《京都议定书》为基础的国际气候变化法律秩序虽然确立了量化强制减排模式,并提出了灵活市场三机制等创新性的制度安排,但它一直面临诸多公平性争议与现实挑战。2007 年巴厘岛会议后开始的"双轨制"谈判一直试图解决承担量化强制减排义务的《公约》附件一国家与美国等游离于《京都议定书》的国家之间的分歧,但进展极其有限。2009 年的哥本哈根气候大会曾被寄予厚望,但最终却没有形成有法律约束力的谈判成果,"双轨制"的谈判努力严重受挫。全球气候谈判在陷入低潮之际,也引发了国际社会"气候变化法律秩序向何处去"的思考。2011 年召开的德班会议可以视为这种思考之后开始的新实践。时任联合国秘书长潘基文先生在德班气候会议召开之前指出:"我们不能放弃在未来达成新的气候变化公约的构想,这项公约要具有包容性、有约束力,并且对所有国家公平有效。"①这一论点不仅提出了构建新的更具包容性的、约束力的国际气候法律秩序的期望,也将公平性、约束力作为描述国际气候变化法律新秩序的两项基本特征。可以说,南非德班气候会议的召开开启了国际气候法律新秩序构建的进程。"德班一揽子协议"(Durban Package Outcome)的通过,则以国际法律文件的形式更明确地提出制定全球气候新协议的目标。2015 年巴黎气候大会通过的《巴黎协定》,是德班之后新进程谈判成果的集大成者,它标志着国际气候变化法律秩序的转向,重新将所有《公约》缔约方国家囊括在新协议之下,并确立了"自下而上"式的国家自主贡献减排模式。

虽然《巴黎协定》尚未生效,但德班以来构建全球气候新秩序的进程已经展开并形成了区别于京都模式的新框架。对新秩序的构建而言,面临的最核心的问题仍然是公平性问题。德班之后新秩序构建的进程中,虽然也不同程度的提及要遵循《公约》确定的各项原则,但并未明确这些原则并予以强调。巴黎大会之前这种情况得以转变,几个主要大国如中美、中法、中国和欧盟间

---

① 崔伟宏、〔美〕S. 弗雷德·辛格、〔法〕万森·库尔提欧、承继成编著:《自然是气候变化的主要驱动因素》,中国科学技术出版社 2012 年版,第 315 页。

的联合声明重新传达了《公约》的原则,尤其是公平原则,《巴黎协定》前言更是对公平原则的基础性地位予以了明确。由此可见,公平原则仍是构建国际气候法律新秩序的核心法律原则,公平性问题仍是国际气候新秩序构建中的核心问题。公平性问题的解决程度如何,决定了新秩序能否最终建立以及建立后能否真正有效运行。从《巴黎协定》确立的国家自主贡献方案来看,新秩序构建中的公平性问题出现了以可接受性代替公平性的实质争论的倾向。这一实用主义的做法虽然有利于维持新秩序在主体方面的广泛性,获得最大程度的支持,但是对公平性问题的解决却没有实质性的推进,也不利于应对气候变化目标的实现。因此,在未来国际气候法律新秩序构建的进程中,秉持务实的精神固然重要,但也不应回避关于公平性问题的实质性争论。公平性问题实质争论的协调和解决,有助于在新秩序构建的过程中形成长期愿景和价值共识,促进应对气候变化最终目标的实现。因此,公平性问题是国际气候法律新秩序构建中的核心问题。

第一章　国际气候法律新秩序构建进程的展开

从德班到巴黎气候大会的进程表明,国际气候变化法律秩序的构建出现了新的转向。2011年德班会议提出,将推动国际社会在2015年前拟定一项《公约》之下对所有缔约方适用的议定书、法律文书或某种有法律约束力的议定结果①,可视为这一转向的开端,之后历经多哈、华沙、利马及至巴黎气候大会后《巴黎协定》的达成。这一进程清晰地预示了国际气候法律秩序的构建在程序上逐步终结双轨制的同时,在实体上也逐步转向了囊括所有缔约方的"自下而上"的自主减排模式。这种转变虽然形式上仍然发生在《公约》项下,但与以双轨制和强制量化减排为基本特征的京都模式存在明显不同,甚至与《公约》的基本精神都有偏离。② 因此,我们可以将德班到巴黎开启的进程视为《京都议定书》之后国际气候法律新秩序构建的初始阶段,《巴黎协定》的达成是这一阶段成果的集中体现。但《巴黎协定》的达成,只是为2020年后的新秩序描绘了一幅看似"全面、均衡、有力度"的大致图景③,其构建以及后续的具体实施过程还将面临着主体立场分化、程序低效、行动与目标背离等一系列的理论困境与现实挑战。如何以公平原则为基础,依靠制度构建和路径转变摆脱困境,构建出减排雄心与减排实效相匹配且符合公平理念的国际气候法律新秩序,从而实现《公约》"将气候系统的变化稳定在适应人类生存和发展的水平上"的目标,实现《巴黎协定》重申的2℃甚至1.5℃的温升控制目标④,将是后巴黎时代面临的核心且极为艰巨的任务。

---

① 1/CP.17 Art.2,FCCC/CP/2011/9/Add.1.
② 其中一个例证是《巴黎协定》没有再明确提及历史责任问题,由此可能会导致在发达国家的"率先义务"以及"区别责任"的落实上都可能进一步弱化,从而削弱了"共同但有区别责任"原则的基石并使新秩序的构建最终偏离《公约》的轨道。See "Post-Paris climate: the historic Agreement", *Down to earth* (New Delhi, India),(12)2015.
③ 参见汪闽燕、李况然:《巴黎协定达成迈出历史性一步》,载《法制日报》2015年12月15日第10版·环球法治。
④ See Decision -/CP.21 Para.10,FCCC/CP/2015/L.9/Rev.1.

第一节　国际气候法律新秩序构建的背景①

国际气候法律新秩序构建进程的展开,是有关气候变化的认知发展的结果,也是国际气候谈判推进的结果。随着气候变化事实和不利后果的严重性日益明显,应对气候变化国际合作的共识进一步增强,加之京都机制和长期合作行动平台已不能适应应对气候变化的形势,国际气候谈判在经历哥本哈根气候大会短暂的低潮后②,开始进入一个新秩序构建的阶段。

一、气候变化事实及其损害后果的确定性日益增强

国际气候法律新秩序构建进程的展开建立在对气候变化及其损害后果的科学认知之上。尽管有人对气候变化的事实及其损害后果的科学结论提出质疑③,但是以政府间气候变化委员会(以下简称 IPCC)的评估报告为基础的结论毫无疑问已经取得了多数共识的地位。从 IPCC 最新发布的第五次评估报告(AR5)的基本结论中我们可以清晰地看到,气候变化事实的确定性和后果的严重性已经非常明显。在气候变化的科学事实问题上,AR5 指出,全球气候系统变暖的事实是毋庸置疑的,自 1950 年以来,气候系统观测到的许多变化是过去几十年甚至近千年以来史无前例的。④ 全球几乎所有地区都经历了升温过程,1880—2012 年全球平均温度已升高 0.85 ℃(0.65—

---

① 本节主要内容已在《环球法律评论》2016 年第 2 期刊发。参见陈贻健:《国际气候法律新秩序构建的困境与出路:基于"德班—巴黎"进程的分析》,载《环球法律评论》2016 年第 2 期。
② 对哥本哈根后的低潮期,应当辩证看待:一方面,它没能达成有法律效力的文件,确实极大地打击国际社会对应气候合作的信心。See Jacqueline Peel, Lee Godden and Rodney J. Keenan,"Climate Change Law in an Era of Multi-Level Governance",1 *Transnational Environmental Law* 245, 280 (2012);D. Bodansky, "The Copenhagen Climate Change Conference: A Postmortem", 104 *American Journal of International Law* 230, 240(2010). 另一方面,《哥本哈根协议》仍然凝聚了一定的共识,同时也为新秩序构建提供了文本借鉴,如《巴黎协定》确定的"自下而上"模式实际上可以回溯到《哥本哈根协议》。See Kathryn Hochstetler, ManjanaMilkoreit,"Emerging Powers in the Climate Negotiations: Shifting IdentityConceptions",67(1) *Political Research Quarterly* 224, 235 (2014);Jacqueline Peel, Lee Godden, Rodney J. Keenan,"Climate change law and governance from the 'bottom up': Introduction to the special issue", 2 *Climate Law* 459, 468 (2011).
③ 在对气候变化的事实及其后果的认知日益确定的情况下,"怀疑论"的声音也一直没有停止:典型的事件有哥本哈根气候大会前后的"气候门""曲棍球杆门"事件;典型的论著有 S. 弗雷德·辛格和丹尼斯·T. 艾沃利所著的《全球变暖——毫无来由的恐慌》(Unstoppable Global Warming: Eevery 1500 Years)等。参见陈贻健:《气候正义论:气候变化法律中的正义原理和制度构建》,中国政法大学出版社 2014 年版,第 93—94 页。
④ 参见政府间气候变化专门委员会:《气候变化 2013:自然科学基础》(第五次评估报告第一工作组报告决策者摘要,第 6 页,B1),载 IPCC 官网:http://www.ipcc.ch/pdf/assessment-report/ar5/wg1/WG1AR5_SPM_brochure_zh.pdf. 最后访问时间:2016 年 7 月 18 日。

1.06 ℃);过去30年,每10年地表温度的增暖幅度高于1850年以来的任何时期。温室气体继续排放将会造成进一步增暖,并导致气候系统所有组成部分发生变化。①就气候变暖与人类活动的关联程度而言,IPCC历次评估报告的认知也日益确定,并从定性表述逐步转向定量表述。在AR5中,IPCC明确指出,人类对气候系统的影响是明确的,从大气温室气体浓度增加、正辐射强迫、观测到的变暖以及对当前气候系统的科学认识均清楚地表明这一点,"人为影响是造成观测到的20世纪中叶以来变暖的主要原因,这一结论是极有可能的(extremely likely,95%—100%的概率)"②。(IPCC关于全球变暖归因的认知请见图表1)在气候变化带来的后果和影响上,AR5第二工作组(WGII)报告评估了气候变化对人类健康、人类安全、生计与贫困的影响,并明确指出气候变化已经对人类健康和安全造成了负面影响,气候变化、气候变率和极端气候事件给城市和农村的贫困人口增添了额外的负担,与气候变化相关的风险增大。③本世纪的气候变化,将继续加剧现有健康问题,增加人类的迁徙,放大冲突的驱动因素的影响,对许多国家的关键基础设施造成不利影响,给小岛国和有很长海岸线国家的领土完整带来风险;整个世纪,气候变化将减缓经济增长,进一步威胁粮食安全,使减贫更为困难,贫困问题更加突出。④

图表1　IPCC历次评估报告关于全球变暖归因的认知

年份	报告	基本结论	可信度	评估方法	对谈判的影响
1990	第一次评估报告(FAR)	人类对气候产生影响	直接证据还非常有限	定性	1992年《联合国气候变化框架公约》
1995	第二次评估报告(SAR)	人类对全球气候产生了可以分辨的影响	有证据表明	定性	1997年《京都议定书》的制定
2001	第三次评估报告(TAR)	近50年观测到的大部分增暖可归因于人类活动	可能(66%—90%的概率)	定量	《京都议定书》的生效和执行

---

① 参见政府间气候变化专门委员会:《气候变化2013:自然科学基础》(第五次评估报告第一工作组报告决策者摘要,第6页,B1),载IPCC官网:http://www.ipcc.ch/pdf/assessment-report/ar5/wg1/WG1AR5_SPM_brochure_zh.pdf。最后访问时间:2016年7月18日。
② IPCC(AR5-WGI):《气候变化2013:自然科学基础—决策者摘要》,载IPCC官方网站:http://www.ipcc.ch/home_languages_main_chinese.shtml,最后访问时间:2016年6月28日。
③ 参见IPCC(AR5-WGII):《气候变化2014:影响、适应和脆弱性—决策者摘要》,载IPCC官方网站:http://www.ipcc.ch/pdf/assessment-report/ar5/wg2/ar5_wgII_spm_zh.pdf,最后访问时间:2016年6月28日。
④ 参见张存杰、黄大鹏、刘昌义等:《第五次评估报告气候变化对人类福祉影响的新认知》,载《气候变化研究进展》2014年第4期。

(续表)

年份	报告	基本结论	可信度	评估方法	对谈判的影响
2007	第四次评估报告（AR4）	20世纪中叶以来观测到的大部分全球平均温度的升高是由人类活动引起的	很可能（>90%的概率）	定量	2007年《巴厘路线图》的制定
2014	第五次评估报告（AR5）	人为影响是造成观测到的20世纪中叶以来变暖的主要原因	极有可能（95%—100%的概率）	定量	2015年《巴黎协定》的制定

二、应对气候变化国际合作的共识进一步凝聚

尽管各国在气候脆弱性和减排成本等方面存在差异，从而导致各国在应对气候变化的积极性方面也存在差异。[①] 但随着国际社会对气候变化事实及其后果确定性认知的增强，以及国际气候谈判进程的推进，还是使得各国的共识得到了进一步的凝聚。德班之后，这种情形表现得更为明显，尤其是在主导国际气候谈判进程的中国、美国和欧盟等国家或国家集团之间：首先，欧盟是国际气候谈判的倡导者和主要推动者，各成员国均以积极的态度参与应对气候变化行动。[②] 巴黎大会前，欧盟与中国签署了《中欧气候变化联合声明》（2015年6月），其后作为巴黎气候变化大会主办国的法国也与中国签署了《中法元首气候变化联合声明》（2015年11月），声明中体现了各方应对气候变化的强烈意愿和共识；其次，作为"伞形国家"核心的美国尽管在国际气候谈判中历来受到诟病，但近年来在应对气候变化国际合作方面与其他国家包括发展中国家的共识也在逐渐加强，如2011年11月《中美气候变化联合声明》的签署使世界上最大的两个温室气体排放国家形成了应对气候变化的合作共识；2014年9月《美印能源和气候变化合作计划》拓展了原有的《美印清洁能源发展合作计划》达成共同应对气候变化长期合作的愿景[③]，2015年9月，美国和印度又就能源安全、气候变化和清洁能源签署了一份重要合作备忘录；最后，由于中国近年来碳排放总量及人均排放量增长极其迅速，本身也面临极大的减排压力、环境压力和经济转型压力，尤其是近年来以霾污染为典型样态的累积性环境问题的爆发，也进一步促进了中国政府和公众对

---

① 参见 Detlef Sprinz, Tapani Vaahtoranta, "The Interest-based Explanation of International Environmental Policy", 48(1) *Int. Organ* 77, 81 (1994).
② 崔大鹏：《国际气候合作的政治经济学分析》，商务印书馆2003年版，第103页。
③ 参引自美国国务院网站：http://www.state.gov/r/pa/prs/ps/2014/09/232328.htm, *U.S.-India Energy and Climate Change Cooperation*，最后访问日期2016年7月18日。

于气候变化问题的重视。这次中国国家领导人习近平亲自出席巴黎气候大会即表明官方基本立场和态度的转变。① 应对气候变化国际合作共识的凝聚,为构建国际气候法律新秩序提供了价值层面的基础,为《巴黎协定》及今后新秩序的构建创造了观念层面的条件。

三、"京都模式"和"长期合作行动"已不能适应应对气候变化的要求

气候变化的事实及其不利后果日益确定且日趋严峻,应对气候变化国际合作的全球共识也在进一步增强。但在如此紧迫的应对气候变化的形势之下,已有的传统"京都模式"和《长期合作行动》谈判并不能很好地适应全球应对气候变化的现实需要。

一方面,《京都议定书》的减排效果和前景堪忧。首先,《京都议定书》确立的量化强制减排的相关费用主要是由发达国家承担,而由此带来的收益却是由所有缔约方共同享有,这就可能诱发发展中国家的"搭便车"和"道德风险",即使得减排国家难以或不会主动采取积极的行动以应对气候变化;其次,从市场机制的效果看,《京都议定书》提供的灵活减排三机制的实施造成了国家间财富通过市场交易转移的同时,还可能增加温室气体减排边际成本的不确定性,并没有起到促进全球减排的激励效果②;最后,即便"京都模式"项下针对发达国家的强制性量化减排行动能够得到实施,其总量仍然远远不能适应温升控制的目标要求。根据 IPCC 的预估,要达到控制全球升温不超过 2℃ 的目标,发达国家整体到 2020 年排放量需要比 1990 年水平降低至少 25%—40%。③ 而《京都议定书》附件 I 国家在 2012 年底第一承诺期中的总体减排承诺水平才仅有 5.2%;第二期承诺即便实施,其量化减排责任所涵盖的范围也不到目前全球排放总量的 13%,不到发达国家排放总量的 40%。④ 况且,近年来主要发达国家已经宣布的 2020 年国内减排目标根本无法保证前述温升控制目标的实现。⑤ 除此之外,2011 年德班会议之后,加拿大、日本、俄罗斯等国先后宣布退出《京都议定书》,致使"京都模式"的制度前景和实施效果更加黯淡。

另一方面,"长期合作行动"并没有带来可比的、量化的减排行动。后京

---

① 参见《习近平谈气候变化:任何一国都无法置身外》,载新华网,http://news.xinhuanet.com/politics/2015-11/26/c_1117262795.htm,最后访问时间:2016 年 1 月 30 日。
② 参见王璨珉、魏东:《〈京都议定书〉的缺陷分析》(自然科学版),载《中国海洋大学学报》2007 年第 3 期。
③ 参见于宏源:《试析全球气候变化谈判格局的新变化》,载《现代国际关系》2012 年第 6 期。
④ 同上。
⑤ 参见李硕:《开启气候政治新纪元:德班气候变化谈判回顾》,载《中国能源报》2011 年 12 月 19 日第 009 版。

都时代所带来的全球各国对《公约》及其《京都议定书》实施成效的普遍不满，以及发达国家实际减排幅度的不理想，致使全球应对气候变化的国际进程即将面临失败的危险。为扭转败势，2007年巴厘会议通过了"巴厘行动计划"(Bali Action Plan)，作为后京都时代的谈判基础，并成立了"《公约》之下的长期合作行动问题特设工作组"(AWG-LCA)，该工作组向公约和议定书的所有缔约方开放，基本职能是在每年的缔约方大会间隙进行谈判。① 该工作组所确立和倡导之长期合作行动安排的核心任务便是将游离于《京都议定书》外的其他国家，包括美国等少数发达国家，重新纳入全球温室气体减排的进程当中。根据长期合作行动计划，美国等发达国家当前所确立的减排目标要与《京都议定书》中附件国家Ⅰ所提出的减排目标要有可比性，并且在当前的情况下还要进一步提高减排的目标。② 但实际情况是，许多"跳船"的伞形国家既不愿意与《京都议定书》附件Ⅰ国家的目标相比较，也不会主动提高减排的目标。故而长期合作行动机制下的谈判尽管消耗了大量的资源，却仍然停留在理论争议层面且止步不前，并未产生实际有效的减排方案和行动。

第二节　国际气候法律新秩序构建进程的开启

虽然德班气候大会召开之前的国际形势并不乐观，但会议还是通过在"一揽子协议"明确了要在未来的气候会议上制定和通过一项适用于所有《公约》缔约方的新全球气候协议的立法任务，从而正式开启了国际气候法律新秩序构建的进程。这一进程具体体现为以《公约》为基础的国际谈判历程，并在一定程度上延续了之前国际气候谈判中的主要相关议题。目前的阶段性成果主要体现为 2015 年底通过的《巴黎协定》，《巴黎协定》确立了更具广泛性和约束力的新秩序初步框架。总体而言，这是一个承前启后、有别于京都时代的新进程。

一、德班平台开启了国际气候法律新秩序构建的进程

在后京都进程的历次气候会议中，2009 年的哥本哈根气候大会曾被广泛寄予厚望，但这次会议却"无果而终"，没有达成具有法律约束力的决议，更未能为后京都时代确定一个新的应对气候变化的国际机制。而后京都时代的应对气候变化的基本任务则被转移至后续的国际谈判。2010 年底在墨西

---

① 参见《巴厘行动计划》，第 2、3、4、5 条，载《气候变化框架公约》缔约方大会第 1/CP.13 号决定。
② 有关长期合作行动的内容，请参见谷德近：《从巴厘到哥本哈根：气候变化谈判的态势和原则》，载《昆明理工大学学报：社会科学版》2009 年第 9 期。

哥召开的坎昆会议,在国际社会较低的预期中缓慢推进,继续围绕原有的减缓领域、适应领域以及资金支持、技术转让和能力建设等领域的问题进行谈判,进展有限。例如,在资金支持方面,再次强调了在2010—2012年期间通过国际机构提供金额接近300亿美元的新的和额外的资源的集体承诺,但在发达国家承诺的强制量化减排目标上并没有取得新的进展。

　　由于坎昆会议并没有为后京都进程作出实质性的安排,自巴厘岛路线图绘制以来积累的问题和困难转移到了2011年11月28日至12月9日在南非德班召开的气候变化公约第17次缔约方会议(COP17)上。而从这次会议召开的背景来看,形势丝毫不能让人乐观:从世界经济的总体形势看,一方面,总体的经济发展状况还没有从2008年年底的金融危机中复苏;另一方面,经济二次衰退的可能性随时存在,从各主要经济体的经济形势来看,情况同样糟糕,作为国际气候谈判先锋的欧盟各国深陷财政危机之中,欧元面临崩溃的危险;美国的失业率自进入危机之后一直居高不下、经济增长仍然乏力,而且美国正处在总统大选阶段,其气候变化政策并不明朗;日本经济长期低迷,并受到地震海啸和福岛核电灾难的打击,对其应对气候的立场产生了极其消极的影响。上述经济方面的消极影响波及世界许多国家。从政治方面而言,这一阶段世界各国的政治局势也相较京都时期面临更多的问题,在政治、经济因素的双重夹击下,世界许多国家的政府对应对气候变化的立场和态度发生了转变,经济复苏相较气候变化问题成为各国迫在眉睫的任务。上述背景无疑使德班会议的前景蒙上了一层黯淡的阴影,因此,国际社会对于德班会议的成果并没有过多期待。此次会议召开前,媒体的关注度也远低于哥本哈根会议。作为前期的谈判准备,2011年6月中旬在波恩召开了非正式会议,这次会议虽然在适应、技术转让等部分议题上取得了一些进展,如草拟了适应委员会规范,计划建立气候技术中心及其网络。但是这些细节方面的进展弥补不了波恩会议在核心议题上的退步。在减缓议题方面,以欧盟和其他伞形国家为主体的推动力量趋向谨慎并对第二承诺期的量化减排方面设定了先决条件,加拿大、日本、俄罗斯则明确表示不会在《京都议定书》第二承诺期作出量化减排的承诺,澳大利亚在减排上的立场则摇摆不定,美国仍然游离《京都议定书》之外。① 这一情况的出现,无疑是《京都议定书》生效以来最大的一次倒退,分化了京都时代以来国际社会形成的共识,降低了国际社会应对气候变化的决心和意愿,也使人们对德班会议的期望降到前所未有的低点。但是,正是在这样的背景下,德班会议反而得以迈出后京都国际

---

① 参见吕学都:《德班世界气候大会成果解读与中国未来面临的挑战》,载《阅江学刊》2012年第2期。

气候谈判过程中的重要一步。

之所以说德班会议开启了国际气候法律新秩序构建的进程,其根本原因在于会议启动了一个旨在囊括所有缔约方的新平台,即"德班增强行动平台"(Durban Platform for Enhanced Action),这一平台要求从 2012 年开始启动一个谈判进程,到 2015 年制定一份适用于所有国家(包括发达国家和发展中国家)的议定书或法律文件,以供 2020 年由各国作出决议。这一平台具有以下特点:第一,在德班平台下提出了将所有国家囊括在内的决心。从京都时代以来,国际社会应对气候变化的行动都不是完整意义上的集体行动,一方面是因为作为温室气体排放大国、作为发达国家集团大国的美国一直游离在《京都议定书》之外,另一方面是因为发展中国家由于自身解决贫困和发展问题的特殊需要,也一直采取的是非强制性的"自愿减排"。这样的减排模式通过《议定书》第一承诺期的实践证明,其效果并不理想,很难实现《公约》所确定的稳定气候系统以及相应的温升控制目标。第二,从时间上来说,它开始于《议定书》第一承诺期结束后,避免了国际气候谈判进程的中断,形式上具有承前启后、继往开来的意义。第三,德班平台是未来气候谈判的主导性平台。根据德班会议以及多哈会议的精神,目前《议定书》第二承诺期虽然得以延续至 2020 年,但这一轨道更多的只具有形式的意义,因为附件 I 国家在新的全球气候协议制定前,不可能独自作出具有实质意义的减排承诺,即使有承诺,也只是作为在德班平台下的一种谈判筹码提出。因此,《议定书》第二承诺期的意义只是在于保持国际社会应对气候变化进程的形式上的完整性和延续性,未来国际气候谈判中真正实质意义的是德班平台。

德班平台开启的新进程在时间安排上虽然是一种大致性的,但实际上背后进行了深入的考量。根据新进程的要求,其确定的提出初步谈判方案的时间是 2015 年。这个时间的选择实际上显示了新进程对于气候变化背景信念在推进国际气候谈判重要性的考虑。IPCC 于 2014 年推出第五次气候变化评估报告(AR5)。从历次国际气候谈判的经验来看,科学认知的推进是气候变化谈判推进的前提,其中 IPCC 历次气候变化评估报告都作为推进气候变化科学认知的决定性因素在其中发挥了极其积极的作用,为应对气候变化的谈判,尤其是为各国政府的政治立场的形成提供了科学基础。从 IPCC 评估报告的编写过程来看,发达国家在其中占据主导地位,这种情况在新进程中仍会继续,发达国家仍然会影响甚至决定着气候变化的背景信念问题。而发达国家的意图在近年的气候谈判中表现得很清楚,即要将所有国家尤其是发展中大国纳入减排框架内。而且,从历次 IPCC 评估报告的基调来看,强调全球变暖以及其中的人为因素影响的基调仍将延续,唯一变化的只会是在具体的方法和证据上。2013年以来陆续发布的IPCC第五次评估报告（AR5）进一步确认了全球气候变化变暖的事实，并进一步提高或证气候变化归因的确定性程度。为切实应对气候变化，应当启动一个范围更广、力度更大的全球减排协议。历经德班、多哈、利马，直至巴黎气候大会，这个新的全球减排协议已经初步形成。

二、国际气候法律新秩序与"旧"秩序的关系

基于前面的分析，我们可以将国际气候法律新秩序界定为德班会议之后形成和启动的全球应对气候变化法律机制，这一机制主要有德班平台下以《公约》为基础开启的新的全球气候协议的谈判，也包括围绕原有的资金、技术、能力建设等议题形成的新机制。这一新秩序的进程仍然是在《公约》之下展开的，其中也涉及《议定书》第二承诺期问题，在各个议题上与原有的国际气候谈判进程保持着紧密的联系，同时也有其自身的目标和任务。该进程的集中法律成果主要体现为2015年的《巴黎协定》，体现了与京都机制不同的特征和趋势。

（一）"旧"秩序是新秩序的基础

德班之后的国际气候法律秩序无论从时间、程序、议题、目标、主体广泛性、约束力上来说，确实有新的一面，尤其是国家自主贡献的提出，改变了京都机制确立的"自上而下"的应对气候变化的基本模式，因此我们可以称之为"新秩序"。而"旧"秩序主要指的是原有秩序，"新""旧"之分在这里没有强调优劣区分的意义，主要强调的是时间先后的差别并为研究方便的需要而划分。如果我们把德班之后的国际气候法律秩序构建的进程称为"新秩序"，则对应的德班之前在《公约》及其《京都议定书》之下建立的国际气候法律秩序暂可称为"旧"秩序。新秩序的构建不是推倒重来，也不是无中生有的，"旧"秩序和新秩序之间最大的联系是"旧"秩序实际上构成了新秩序的基础。

首先，新秩序构建是"旧"秩序事实上的延续。德班会议的召开，只是《公约》缔约方会议中的一次，在时间上，它承接了坎昆会议，在议程上，它是自哥本哈根气候大会以来未能解决的一些主要议题的延续讨论，即便是对后2020年新的全球气候协议谈判的启动，也可以视为《公约》之下长期合作行动的工作成果之轨道上，因为《议定书》第二承诺期仍然存在，实际上仍延续了之前的"双轨道"。其次，新秩序构建只是刚刚开始，它在理念、原则等方面仍然延续了"旧"秩序的某些精神。长期以来的国际气候谈判形成了一系列自身的理念和原则，其中包括对气候变化不确定性问题的认知，应对气候变

化必须进行国际合作,必须坚持公平原则、风险预防原则、共区原则以及各自能力原则,这些原则有的在德班会议上并没有得到重申,但总体而言,这些理念和原则已经事实上成为国际气候谈判不可割除的一部分。当然,部分原则势必要面临一些微调和重新定义,但毫无疑问,它们仍会构成新秩序中的重要内容。最后,新秩序的构建必然会以"旧"秩序下的制度为基础,有关新秩序构建的实质内容便是制度的构建。从德班会议涉及的主要议题来看,这些制度构建仍然会重点围绕强制性减排义务分配、资金及技术转让、能力建设、市场机制运用等方面展开,而原有秩序中的相关制度已经成型。因此,从制度建设上说,新秩序构建的过程一定会是一个制度继承及创新的过程。

(二)"旧"秩序与新秩序在时间上存在交叉

新秩序和"旧"秩序在时间节点上的区分以 2011 年德班会议为分界,通常可认为德班会议启动了国际气候法律新秩序构建的进程。但正如前面分析的一样,新秩序和"旧"秩序之间存在着密切联系,即便在时间的划分上,也不是绝对的,德班会议这个时点的划分只具有静态的相对意义。之所以将德班会议作为划分标志,主要在于德班会议开启了"德班增强行动平台",提出构建新的全球气候协议的议题,并对此作出了日程安排(巴黎路线图),即于 2012 年上半年开始着手,不晚于 2015 年完成一个适用于所有《公约》缔约方的法律工具或法律成果,然后,根据这一法律工具或法律成果,各缔约方 2020 年起将探讨如何减排。[①]但是,德班会议同时也达成了另一成果,即启动了《京都议定书》第二承诺期,这个承诺期是从 2013 年 1 月 1 日开始,并将在 2020 年的 12 月 31 日结束。2012 年的多哈会议进一步确认了《京都议定书》第二承诺期从 2013 年开始,到 2020 年结束,实现了谈判轨道的统一。但在 2020 前,就出现了与德班平台平行的京都机制第二承诺期,也就是新秩序和"旧"秩序在时间上的交叉。发达国家可能会将《京都议定书》第二承诺期的履行作为新秩序构建中的谈判筹码。因而,这种交叉关系如何协调,毫无疑问将会直接影响新秩序的构建。

(三)新秩序的建立是一个长期的过程

新秩序的构建虽然从程序上已经启动,但历次国际气候谈判的实践证明,在应对气候变化国际法律秩序的构建过程中,任何一点细微的进步都需要国际社会付出巨大的努力。新秩序的构建虽然确立了"全面、公平和平衡"

---

① 参见崔伟宏、〔美〕S.弗雷德·辛格、〔法〕万森·库尔提欧、承继成编著:《自然是气候变化的主要驱动因素》,中国科学技术出版社 2012 年版,第 316 页。

的基调,但在这一统一基调下,甚至针对这一基调本身的认知而存在争议和分歧从来没有停止。例如,在欧盟和其他的伞形国家(不包括日本、加拿大、俄罗斯),对平衡和主要进展的理解是在双轨制之间和各轨道内的发展是平衡的。也就是美国、中国、印度等排放大国要承担减排责任,各个议题主要按坎昆会议所达成的决议去推进。美国对"全面、公平和平衡"的理解是其他主要经济体国家,包括中国和印度都应承担法律约束力的减排责任,各个议题的推进要根据坎昆会议的决议,并与资金问题脱钩。日本、加拿大和俄罗斯的理解就是自己不承担《京都议定书》第二承诺期的减排目标,或最好为零目标,而要求美国和主要的发展中国家承担强制性的减排目标。发展中国家对"全面、公平和平衡"的解读是双轨制和 11 个议题的全面平衡的发展。与此同时,各国或不同的国家集团对气候变化法领域的一般核心问题,如共同但又区别责任原则以及减排责任划分标准等,均存在不同程度的争议与论争。① 类似的分歧表明,虽然新秩序构建进程在程序上已经启动,并达成了阶段性的成果。但鉴于国际气候谈判推动的难度以及各国就责任成立与承担的不同态度,可以想见的是,未来新型国际气候法律秩序的真正建立,仍将会是一个长期的过程。《巴黎协定》达成后能否顺利生效和实施,即是近期面临的一个考验。

第三节 新秩序进程的具体展开及其特征②

一、新秩序进程的具体展开

在上述背景下,构建新的国际气候法律秩序成为必然。这一进程历经德班、多哈、利马,直至巴黎气候大会,其中《巴黎协定》的通过是这一阶段的集中成果体现。我们亦据此将该进程至目前的具体展开分为两个阶段:

(一)德班平台下的展开:新秩序构建的开启

德班平台下的展开包括了德班、多哈、华沙、利马四次缔约方大会。2015年 12 月巴黎特设工作组的成立,意味着德班平台的使命结束。

1. 德班平台开启了全球气候新协议构建的进程。2011 年,《公约》第 17 次缔约方会议暨《京都议定书》第 7 次缔约方会议(COP17/CMP7,德班)召

---

① 参见曹明德:《中国参与国际气候治理的法律立场和策略:以气候正义为视角》,载《中国法学》2016 年第 1 期。
② 本节主要内容已在《环球法律评论》2016 年第 2 期刊发。参见陈贻健:《国际气候法律新秩序的困境与出路:基于"德班—巴黎"进程的分析》,载《环球法律评论》2016 年第 2 期。

开,会议除在启动了绿色气候基金,就资金等问题上取得了重要进展①外,更核心的成果是建立了"德班增强行动平台特设工作组(ADP)",启动2020年后国际气候机制谈判(又称"德班平台"谈判)。德班平台的建立,一方面将对《议定书》的第二承诺期问题作出安排,另一方面将面向2020年后的国际气候合作,推动国际社会在2015年前制定一份包括公约所有缔约方在内的议定书、另一法律文书或具有法律效力的法律文件,以供缔约方大会通过并在缔约方批准后执行。德班气候大会达成的诸项成果具有历史性意义,它显示了国际社会构建气候法律新秩序的努力和初步方向。②

2. 多哈会议促进了国际气候谈判轨道的统一。2012年《公约》第18次缔约方会议暨《京都议定书》第8次缔约方会议(COP18/CMP8,多哈)召开,会议确定了《京都议定书》第二承诺期从2013年开始,到2020年结束;要求发达国家平均二氧化碳减排强度为在1990年基础上减少18%,但2014年需重新审查这一减排强度并提高减排水平。③多哈气候大会延续了《京都议定书》第二承诺期,弥补了2020前国际社会减排行动的空白,同时也结束了"巴厘路线图"下的双轨谈判(AWG-KP和AWG—LCA),将谈判轨道和各国精力转向德班平台。为了促进和巩固德班平台在多哈会议中取得的成果,会议还制定了德班增强行动平台谈判日程表,对2015年底之前的谈判设立明确的时间期限,保证德班平台的顺利运行。④

3. 华沙会议进一步深化了单一轨道下的谈判进程。2013年《公约》第20次缔约方会议暨《京都议定书》第9次缔约方会议(COP19/CMP9,华沙)召开,会议力图在德班平台下取得更多的共识,为2015年在法国巴黎召开的第二十一届联合国气候变化公约框架大会架桥铺路。华沙会议在程序性和准备性事项方面达成了一些共识。会议进一步落实了单一轨道的谈判模式,通过对核心争议的梳理深化了德班平台的主要议题,各缔约方对国际温室气体减排责任分担的形式和时间进行了交流。最终发达国家再次承诺应出资支持发展中国家应对气候变化,损失损害补偿机制问题在此次会议中初步达成协议。⑤

---

① See 3/CP.17,FCCC/CP/2011/9/Add.1.
② 参见金普春等:《谈判艰难,德班气候大会终获新成果——气候变化谈判历程和南非德班气候大会观察·下篇》,载中国国家林业局官方网站,http://www.forestry.gov.cn/portal/main/s/195/content-515686.html,最后访问日期:2016年7月18日。
③ 参见吕学都、莫凌水:《多哈世界气候大会成果及其影响》,载《阅江学刊》2013年第2期。
④ 参见周泓、柳建国:《多哈会议结果分析》,载《中国环境管理》2013年第3期。
⑤ 参见李莉娜、杨富强:《华沙气候谈判大会的遗产》,载《世界环境》2014年第1期。

4. 利马会议提出全球气候新协议的初步方案。2014年《公约》第20次缔约方会议暨《京都议定书》第10次缔约方会议(COP20/CMP10,利马)召开,会议达成了以下共识:重申各国须在2015年初制定并提交2020年之后的"预期国家自主贡献预案"(Intended Nationally Determined Contributions,INDC),并对所需提交的基本信息作出要求;在自主贡献预案中将"适应"提到了与"减缓"相似的重要位置;产出了一份巴黎协定草案,作为2015年谈判起草巴黎协定文本的基础。① 利马会议是德班平台向巴黎气候大会平稳推进的助力者,将德班平台在气候变化国际谈判领域的新突破以会议文件的形式确定下来,使"国家自主贡献"能够成为巴黎气候大会中的重要参考标准。巴黎协定草案,特别是"国家自主贡献预案"的提出,为全球气候协议的制定提供了新的思路。

(二)巴黎协定的达成:新秩序构建的阶段性成果

德班平台项下构建新秩序的种种不断努力,为2015年12月在巴黎举行的气候大会(COP21/CMP11)上通过《巴黎协定》奠定了坚实的基础,实现了德班平台和巴黎特设工作组之间的对接,使国际气候法律新秩序的构建取得了阶段性成果("德班—巴黎"新秩序构建进程及成果见图表2)。德班平台的主要任务是在2015年完成一份可供巴黎气候大会讨论通过的全球气候新协议,随着2015年12月巴黎气候大会的召开以及《巴黎协定》的通过,德班平台的使命随之完成。② 尽管巴黎气候大会通过的《巴黎协定》仍然存在较多不足,例如国家自主承诺贡献和协议雄心勃勃的目标还存在距离、对缔约国承诺的减排目标约束不够③,但会议还是对新秩序的构建起到了积极的作用:首先,会议通过了《巴黎协定》,完成了德班平台设定的主要任务④,避免了国际气候谈判再次陷入哥本哈根大会以来的低潮状态,为今后国际气候法律新秩序的构建奠定了基础;其次,巴黎气候大会将《公约》所有缔约方囊括在统一轨道之下,增强了谈判共识,提高了谈判效率;再次,《巴黎协定》强调了2020年前的减排行动,弥合了德班之后至《巴黎协定》生效前国际减排的空档期;最后,《巴黎协定》确定了"国家自主贡献预案"为2020年后应对气候变化的国际合作提供了灵活的法律框架。这一"自下而上"的减排模式,虽然存在与减排目标背离的可能,但为各国根据各自能力和国情进行灵活减排提

---

① See 1/ CP. 20,FCCC/CP/2014/10/Add. 1.
② See 1/CP. 17 Para. 3,FCCC/CP/2011/9/Add. 1.
③ See "Post-Paris climate: the Historic Agreement", *Down to earth* (New Delhi, India),(12) 2015.
④ See Decision-/CP. 21(n 1)Para. 6,FCCC/CP/2015/L. 9/Rev. 1.

供了引导,从而能够将更多的国家纳入减排行动,并逐步朝更有雄心,更具力度的方向努力。

图表 2 "德班—巴黎"国际气候法律新秩序构建的进程

会议	时间	地点	核心决议	对新秩序的主要贡献
COP17/CMP7	2011.11.28—12.11	德班	设立德班加强行动平台问题特设工作组(1/CP.17)	设立德班平台并启动制定全球气候新协议进程
COP18/CMP8	2012.11.26—12.8	多哈	"多哈修正案"(1/CMP.8)	1. 关闭长期合作行动; 2. 明确《京都议定书》第二承诺期
COP19/CMP9	2013.11.11—22	华沙	进一步推进德班平台(1/CP.19)	提出预期的国家自主贡献
COP20/CMP10	2014.12.1—14	利马	利马气候行动呼吁(1/CP.20)	全球气候新协议草案
COP21/CMP11	2015.11.30—12.11	巴黎	巴黎气候协定(—/CP.21)	通过以国家自主贡献为核心的全球气候新协议

二、新秩序构建呈现的主要特征

德班平台之后的历次国际气候会议,在深化德班成果的同时对新秩序的构建起到了承接和推动的作用:多哈会议结束了"双轨制"谈判;华沙会议深化了德班平台下的议题并开始涉及巴黎协定草案的一些要素;利马会议确立了"国家自主贡献方案"作为巴黎协定的核心要素之一,为新秩序构建提供了初步的文本基础。《巴黎协定》的通过,则确立了国际气候法律新秩序中的阶段性架构。上述从德班到巴黎的进程,体现了新秩序的主要特征,在一定程度上反映了新秩序的发展趋势。

1. 缔约主体的广泛性

《巴黎协定》的达成实现了德班平台预定的目标,即通过一份囊括所有 195 个《公约》缔约方的全球气候新协议。这一协议将京都机制和长期合作行动下的缔约方,尤其是将美国等一直游离在《京都议定书》之外的国家以及在德班大会前后退出《京都议定书》的少数国家重新凝聚在一起。其中美国作为温室气体排放大国,游离在京都机制之外十多年,对国际气候谈判的推进产生了极大的负面影响。《巴黎协定》在缔约主体的广泛性方面迈进了一大步,从而保证了参与减排主体的广泛性,提升了国际社会对于重建新秩序的信心,对于优化国际气候谈判资源,促进谈判效率均具有积极的意义。

2. 谈判轨道的一致性

国际气候谈判轨道经历了从《公约》下的"一轨"到"巴厘路线图"后的"双

轨"甚至"三轨"并存,至今逐步向"一轨"回归的过程。2005年蒙特利尔会议(COP11)提出了启动《议定书》第二承诺期谈判的问题,并成立了《京都议定书》特设工作组(AWG-KP)①;2007年的巴厘岛会议(COP13)谈判经各方妥协达成"巴厘路线图"(Bali Roadmap)共识,成立长期合作行动特设工作组(AWG-LCA),从而形成了"双轨"并进的局面。②其中,AWG-KP的轨道主要是为了解决附件一国家第二承诺期的减排义务,AWG-LCA主要是就发展中国家和未签署《京都议定书》的国家(主要指美国)采取的应对气候变化行动进行谈判。③数年来,双轨谈判均未取得明显的进展。京都第二承诺期的减排承诺一拖再拖,为期2年的长期合作行动谈判也屡次由缔约方大会授权后延,未能产生实质性的谈判成果。④及至德班平台的出现到多哈会议之前,"双轨制"实际上已经演化为"三轨"(AWG-KP、AWG-LCA和ADP)。德班平台的推进,相对缓解了双轨制下的谈判拖沓、程序低效的状况;多哈气候大会明确了京都第二承诺期的期限问题,同时终止了长期合作行动的轨道,将国际气候谈判逐步转移到德班平台的轨道之上,两大工作组先前创设的各种协调机构也逐步融入德班平台;《巴黎协定》则实现了巴黎特设工作组和德班平台的对接,使2020后的国际气候谈判逐步转移到统一的轨道之上运行。谈判轨道的一致性,有利于谈判主体将精力集中于实质性问题,高效利用谈判资源,提高谈判效率。

3. 减排责任分担模式的动态性和约束性

减排责任分担方式是国际气候谈判中的核心问题。作为国际气候新秩序构建的阶段成果,《巴黎协定》对减排责任分担作出了与《京都议定书》"自上而下"模式截然不同的安排,即由各国通过"国家自主贡献方案"自主承担减排责任。但这种"自下而上"的减排模式不应是一种长期性的、定型的机制安排,而是具有动态性的特征:首先,从《巴黎协定》的减排目标来看,这样的减排模式安排灵活性有余但约束力不足,难以保证减排目标的实现,因此只能理解一种为照顾主体广泛性而做的阶段性安排。其次,《巴黎协定》要求"国家自主贡献方案"的力度是逐步增强的,并非一成不变或可以随意降低。如《巴黎协定》第3条要求,"作为应对全球气候变化的国家自主贡献……所有缔约方的努力将随着时间的推移而逐渐增加",第4条3项要求,"各缔约

---

① 参见UNFCCC官方网站COP11的决议,载http://unfccc.int/meetings/montreal_nov_2005/session/6269/php/view/decisions.php,最后访问时间2016年7月3日。
② 参见UNFCCC官方网站COP13的决议,载http://unfccc.int/meetings/bali_dec_2007/session/6265/php/view/decisions.php,最后访问日期:2016年7月3日。
③ See 1/CP.13, FCCC/CP/2007/6/Add.1.
④ See 1/CP.17 Para.1, FCCC/CP/2011/9/Add.1.

方下一次的国家自主贡献将按不同的国情,逐步增加缔约方当前的国家自主贡献,并反映其尽可能大的力度……"最后,新秩序构建进程中将进一步强化减排分担模式的约束力。《巴黎协定》总体而言还是延续了"京都模式"下促进性、非惩罚性的遵约机制①,规定了"全球总结"的方式以评估包括"国家自主贡献方案"的执行情况②,但仅依靠这样的遵约促进方式,难以保证上述缔约方减排力度的逐步增强。随着气候变化的事实和后果严重性日益突出以及各国在自主减排过程中积累的经验和能力增强,适时强化"自下而上"减排模式的约束力并促使其与"自上而下"方式动态结合,才能逐步适应《公约》及《巴黎协定》目标的需要。

---

① *See* Decision -/CP. 21-Parise Agreement Art. 13(3),FCCC/CP/2015/L. 9/Rev. 1.
② *See* Decision -/CP. 21-Parise Agreement Art. 14(1),FCCC/CP/2015/L. 9/Rev. 1.

第二章　国际气候法律新秩序构建中的公平性问题

应对气候变化是牵涉到巨大时空尺度的全球性议题,它既要求确保人类共同利益的实现,亦需要协调近 200 个在经济发展阶段、科技水平、地理状况、政治体制、历史文化等各方面存有巨大差异的国家的利益主张。这必然会引起广泛的、多层次的公平性问题,公平性问题的解决需要公平原则的指引。从《公约》开始,即明确了公平原则在国际气候法律秩序构建中的基础性地位,《巴黎协定》对此再次明确予以肯认。公平原则以及由此展开的公平性相关问题的论争,是构建和完善国际气候法必须解决的首要问题。虽然《巴黎协定》尚未生效,但自德班以来构建全球气候新秩序的进程已经展开并形成了区别于京都模式的新框架。从《巴黎协定》确立的国家自主贡献方案(Intended Nationally Determined Contribution, INDC)来看,新秩序构建中的公平性问题出现了以可接受性代替公平性实质争论的倾向。这一实用主义的做法虽然有利于维持新秩序在主体方面的广泛性,获得最大程度的支持,但是对公平性问题的解决却没有实质性的推进,也不利于应对气候变化目标的实现。因此,在未来国际气候法律新秩序构建的进程中,秉持务实的精神固然重要,但也不应回避关于公平性问题的实质性争论。公平性问题实质争论的协调和解决,有助于在新秩序构建的过程中形成长期愿景和价值共识,促进应对气候变化最终目标的实现。

第一节　气候变化领域公平性问题的理论概述

新秩序构建中的公平性问题是气候变化公平性问题在新的谈判进程下的新发展,与原有的公平性问题有继承关系,也体现出一些特殊性。我们有必要对气候变化公平性问题的基本理论进行基础性的概括,并在类型化的基础上展开分析和研究,以便为进一步的理论分析奠定基础。

一、气候变化公平性问题的基本理论

气候变化公平性问题是公平价值或公平理念在气候变化领域的具体表

现,具有高度的复杂性,是气候变化应对中需要解决的关键性问题。

（一）公平

在汉语中,公平是指"处理事情合情合理、不偏袒任何一方"①。公平结合在一起表示对公共之物的均等的分配,现代则演变为在公共事务中均等分配、同等对待之义。②在英语中,公平既可以用 Equity,也可以用 Fairness,内涵与汉语相同,也是指居中和不偏不倚。《布莱克法律词典》对 Equity 的解释也是"公平(Fairness)、不偏袒(Impartiality)、公平对待(Evenhanded Dealing)"③。因此,就一般的意义上来说,公平就是指居中,以合乎情理、法理的同等标准对待同样的人和事。公平强调的是态度、规则、程序的统一性,其基本含义可以概括为两方面:第一,以同样的态度对待同样的人和事;第二,人们在从事同样的社会活动时,必须遵循同一的规则和程序,不允许有任何例外者。④

从公平的定义来看,公平是特定主体对于客观事实的价值判断,即对于特定问题的处理是否合情合理,保证同等情况同等对待的判断。无论是在日常生活语境还是在理论研究语境下,也都在这一意义上使用"公平"这一概念。例如,人们在评价某一社会现象时会使用"这很公平"或"这不公平"等类似表述。公平状态则是指客观事实与主体的公平观相互契合的状态,在公平状态下,各主体得到合乎情理和法理的对待。需要注意的是,对于公平状态的判定,并不取决于某一个体或者某一部分个体,而是取决于所有主体的合意。这种合意可以通过两种路径实现:一是所有主体授权权威性的第三方进行判定,并进而服从这种判定结果。例如在国内法上,法院、仲裁机构都可以就具体法律关系中各方主体是否获得公平对待进行判定。二是由主体相互间通过商谈进行判定,这使得公平的实现成为商谈过程,需要各方主体提出意见,并进行意见的交换,最终实现合意。在这一过程中,各主体通过意见和态度推动合意的达成,并具化出公平标准,使得公平状态得到实现。

公平包含了几个要素:一是主体,通俗来说,即哪些人之间的公平? 主体构成了公平性问题的首要因素,只有通过主体的合意,才能确定相应的公平性标准;二是标准,即以什么理由或者因素作为判定是否公平的基准。标准是公平的核心要素,不公平往往来源于对于标准的错误选择;三是客体,即标准所指向的对象,包括权利(利益)和义务。公平要求相同的主体相同的对

---

① 《新华汉语词典》,商务印书馆 2007 年版,第 339 页。
② 许超:《正义与公正、公平、平等之关系辨析》,载《社会科学战线》2010 年第 2 期。
③ See Bryan A. Garner, *Black's law dictionary*(9th edition), Thomson Reuters 2009, p.579.
④ 参见刘晓靖:《公平、公正、正义、平等辨析》,载《郑州大学学报》(哲学社会科学版)2009 年第 1 期。

待,包括权利(利益)的公平享有和义务的公平负担。反过来说,例外的情况必须进行正当性论证。

公平与正义、平等以及公正之间往往相互混用,但在具体的内涵上,公平与上述概念之间存在细微的差别:首先,就正义与公平的区别来说,正义是较为抽象的、高层次的概念。"正义表现为观念化的理念和价值,指向人类的终极目的,它构建在现实之中,又超越于现实之上,它是人们经过合乎价值理性的思索之后而构造的理想化图景……"[①]"正义"是人类社会的永恒追求,"正义"比"公正"和"公平"的要求都要高,它是一个关乎"人的价值、尊严以及人的发展的根本问题"的范畴。[②]就内涵来说,正义的内涵较为丰富,自由、平等、公平、安全、效率以及秩序等价值都可以归属到正义的范畴。公平则指向较为具体,内涵较为狭窄,主要作用于分配领域。其次,就公正与公平来说。公正侧重社会的"基本价值取向",强调其正当性,其应然性成分多一点。[③]"公正,就是对社会主体间权利与义务的配置比例是否恰当,差别是否合理的一种价值评判,同时公正也是利益分配过程中必须遵守的分配原则。"[④]而公平比较强调客观性,注重的是衡量标准道德"同一个尺度",带有明显的中性和"工具性"色彩。[⑤] 最后,就平等与公平的关系来说,平等是一种主体的资格与相互关系的等同性,"如果说公平是指人们对人与人之前的地位及相互关系的一种评价,它主要表达的是人们对人与人之前经济利益关系的合理性的认同,那么,平等则侧重于对人们的地位及其相互关系的一种事实描述,它主要表达的是人们的地位和利益获得的等同性。"[⑥]

(二)气候变化公平性问题

国际气候变化法构建中关于公平性问题的论争主要是指在应对气候变化过程中涉及的国家间利益的公平享有(Fair Shares)和义务的公平负担(Fair Burdens)的法律问题。[⑦] 气候变化公平性问题包含两个向度:一是收益的公平享有问题,即国际社会如何分配气候变化应对产生的收益;二是义务的公平负担问题,即国际社会如何分配应对气候变化的义务。气候变化公平性问题覆盖气候变化应对的全部领域和各个环节,包括减缓领域,适应领域,

---

[①] 许超:《正义与公正、公平、平等之关系辨析》,载《社会科学战线》2010年第2期。
[②] 参见王桂艳:《正义、公正、公平辨析》,载《南开学报》2006年第2期。
[③] 参见吴忠民:《关于公正、公平、平等的差异之辨析》,载《中共中央党校学报》2003年第4期。
[④] 陆树程、刘萍:《关于公平、公正、正义三个概念的哲学反思》,载《浙江学刊》2010年第2期。
[⑤] 同上。
[⑥] 洋龙:《平等与公平、正义、公正之比较》,载《文史哲》2004年第4期。
[⑦] See Steven Vanderheiden, "Justice in the Greenhouse: Climate Change and the Idea of Fairness", *Social Philosophy Today*, Vol.19, 2004, p.89.

资金、技术和能力建设领域以及与气候变化密切相关的国际贸易等领域。气候变化公平性问题体现了国际社会对于公平价值和原则的追求，使得气候变化问题在一定程度上转化为传统的社会与政治哲学问题。气候变化公平性问题虽然涉及事实的认定与判断，但并不是事实判断问题，而主要是价值判断和选择问题。亦即是说，气候变化公平性问题的争议焦点并不在于事实认定，而在于如何描述和解释事实背后的公平价值意蕴。但是，气候变化公平性问题的解决在很大程度上受到事实认定问题的影响，各国及公众对气候变化事实及其后果的认知，影响着其价值选择。公平性问题的解决，需要在特定的事实认定背景下，对相互冲突的价值作出选择和协调，同时兼顾各方利益需求和道德要求的方案，实现对"同等情况"的主体"同等对待"。气候变化公平性问题具有以下几方面的特点：

首先，所涉及的主体是国家。公平在不同层次的法律关系上发挥着作用，"对于'公平原则'（Principle of Fairness），我们一般承认公平的规范作用于一系列的广泛的领域和不同的层次——从人际关系（Interpersonal Relations）到国际关系（International Relations）。"[①]但是需注意的是，人际关系与国际关系本身属于两种完全不同的法律关系。就人际关系来说，个体间的公平需要由国内法进行调整，在国内法上，政府基于主权权力制定相应的法律，确定相应的政治体制和分配制度，确保基本的社会公平，个人需要服从于统一的权威，同时政府负有制定公平的分配政策的责任。而国家间关系则由国际法进行调整，主体是国家而非个人。与个人不同，国家在国际法之下享有国家主权原则，国家主权原则承认了主权的绝对性，明确了国家间的平等关系。因此，国际法是平位法，并没有一个超国家的主体能够为国家间利益分配确定相应的法律原则和制度，国家以国家利益为最高准则。尽管近些年来，"人类共同利益"（the Common Interests of Mankind）的提法日益流行，并且在一定程度上修正了国家利益绝对的理念，推动了国际法的发展[②]，但是毫无疑问，国际协议的基础和前提仍然是实现国家利益的公平安排。个体间公平和国家间公平的区别意味着对于气候变化公平性问题需要进行限缩性的理解，避免将人际公平问题与国际公平问题相互混淆。但是在有关气候变化公平性问题的探讨之中，相当多的理论探讨将两种类型的公平问题混杂在一起，使得问题进一步复杂化。

---

① Lasse Ringius, Asbjqrn Torvanger, Arild Underdal, "Burden Sharing and Fairness Principles in International Climate Policy", *International Environmental Agreements: Policies, Law and Economics* 2, Kluwer Academic Publishers, 2002, p. 2.
② 参见许健：《论国际法之"人类共同利益"原则》，载《北京理工大学学报》（社会科学版）2011年第5期。

其次,所适用的标准多样。公平的核心是标准,以不同的标准进行评判,可以得出不同的公平性结论。与传统的依赖于单一标准的公平性问题不同,气候变化公平性问题涉及多种标准,包括历史责任、脆弱性以及各自能力等,依据不同的标准,能够得出不同的利益分配和义务负担方案,且不同标准的侧重点也不同。历史责任标准主要解决义务负担问题,发达国家据此需要承担较大比例的减排义务。脆弱性标准主要解决收益分配问题,要求将收益较多分配给脆弱性较高的国家。各自能力则两者都有所侧重,要求经济水平较高国家承担较多的减排义务,并让渡减排收益。哪种标准应当在减排之中占据主导地位,或者不同标准之间应当按照何种比例适用,难以获得一致的同意。目前对于气候变化公平性问题的讨论,缺乏对标准本身的考察,对于标准的适用的理论基础和限制条件也没有涉及。更重要的是,仅仅将公平问题局限在价值领域解决,不考虑气候变化的事实背景,很难对各有优劣,又相互冲突的价值标准作出排序和取舍。

最后,权利义务所指向的对象具有双重性。气候变化公平性问题所涉及的客体包含两类:一是气候变化所带来之收益的公平分享,具体包括减缓行动带来的收益、适应行动带来的收益、资金与技术援助以及能力建设所带来的各种额外收益等;二是气候变化义务的公平负担,包括减缓行动的成本、适应行动的成本以及资金和技术援助的成本等。气候变化应对的国际行动是协同的、集体行动,行动的成本和收益并不必然由同一主体所承担和享有(适应行动的成本与收益往往由一国承担和享有)。此外,收益的分配和成本的分配完全是两种不同类型的公平性问题,需要遵循不同的公平标准,体现不同的公平理念。目前对于气候变化公平性问题的讨论,往往将这两类客体相互混淆,引起了讨论的混乱

(三) 气候变化公平性问题的重要性

气候变化公平性问题是气候变化应对和气候变化法律新秩序构建中的核心问题,体现了公平原则在气候变化应对中的基础性地位。《公约》第3条第1项规定:"各缔约方应当在公平的基础上,并根据它们共同但有区别的责任和各自的能力,为人类当代和后代的利益保护气候系统。因此,发达国家缔约方应当率先应对气候变化及其不利影响。"[①]这一条就提出公平的前提与基础。最新的《巴黎协定》也重申了公约的规定,要求在进行全球评估时考虑到公平问题,还要求各国在其提交的"国家自主贡献"(Intended Nationally

---

① United Nations Framework Convention on Climate Change, Article 3.1.

Determined Contribution，INDC)之中说明其确定的贡献的公平性和力度。①

随着谈判进程的不断深入，各方已经逐渐意识到，"碳公平"(Carbon Equity)是全球在应对气候变化议题上力求实现保护气候与可持续发展的关键，没有碳公平，就无法达成综合性的国际气候变化协议。②因此，新秩序构建的核心任务是解决公平性问题。具体来说，气候变化公平性问题的重要性体现在以下几个方面：

首先，对气候变化公平性问题的讨论有利于各方交换意见、消除分歧、形成共识。前已述及，公平状态的实现需要各方的合意。气候变化应对涉及近200个在经济、政治、文化等方面具有巨大差异的国家的利益和价值协调，需要各方就有关议题展开深入讨论，并相互交换意见，求得共识。气候变化公平性问题揭示了各方之间的利益和价值冲突点，从事实之中抽象、总结出相关问题，为各方的交流提供了前提和基础。围绕公平性问题，各方通过商谈能够消除分歧，为具体协议的达成奠定基础。

其次，气候变化公平性问题的解决有利于实现共赢，推动帕累托改进。气候变化应对有赖于不同层面上的集体行动，而这种集体行动的前提是保证各方得到公平的对待。在公平状态下，气候变化应对保证各国都能够从气候变化协议之中获得相应的利益，实现共赢。这种共赢体现了国际帕累托主义的要求，即所有国家都必须相信自己会因气候变化协议的签署而使自身的状况自然好转，在国家间的平权体制下，如果协议得不到所有国家的认同，那么它是不可能达成的。③因此，必须主动识别和优先解决气候变化公平性问题，在此基础上，才有可能够达成全球性的协议。

最后，气候变化公平性问题的解决有利于协议的贯彻与执行。协议的达成并不意味着协议能够得到切实有效的实施。有关国际关系和国际法学的大量研究表明，如果国家不能够对协议的公平性表示认可，即便其基于政治与道德的压力参加了协议，也可以通过消极行动、拖延行动、不行动以及国内法上的政策逃避或规避国际法义务，从而架空协议。④而与此相反，如果国际协议能够解决公平性问题，保证各国能够获得公平对待，国家就会倾向于采取积极的行动，配合国际社会的统一步骤安排，从而保证应对气候变化之国

---

① Adoption of the Paris Agreement，27.
② BASIC experts,"Equitable access to sustainable development: Contribution to the body of scientific knowledge", 2011, available at http://gdrights.org/wp-content/uploads/2011/12/EASD-final.pdf.(Last visited Jul.18, 2016).
③ 参见〔美〕埃里克·波斯纳、戴维·韦斯巴赫：《气候变化的正义》，李智、张键译，社会科学文献出版社2011年版，第9页。
④ See Yoram Margalioth, "Assessing Moral Claims in International Climate Change Negotiations", *Journal of Energy, Climate, and the Environment*, Vol.3, 2012, p.77.

际集体行动的推动。

二、气候变化公平性问题的类型

气候变化公平性问题是在事实认定以及价值判断的分歧基础上所产生的问题,基于对事实的认定和价值判断的不同,产生了不同类型的公平性问题。新秩序构建的逻辑起点,便是需要对这些问题予以关注和回应,加深对这些问题的讨论,并通过原则和制度的贯彻落实以保证气候公平的实现。

(一) 与气候变化公平性问题相关的事实

随着对气候变化科学研究和统计的深入,气候变化相关事实已经愈来愈清晰,这些事实构成了应对气候变化行动的情境。国际社会对于两个基本的事实已经形成了共识:一是气候变化现实存在,对人类社会的存续构成了显著的威胁,构成了不可逆转的风险。基于此,新秩序下国际社会提出了将温度控制在2℃以内的目标;二是国际社会可以从气候变化应对的行动中获得显著收益,如果主要排放国家采取行动,收益将会显著超过成本。[①]这两个事实构成了气候变化应对的科学和经济学前提和基础,但是在气候变化公平性问题上,仅仅依靠这两个事实还不充分,需要进一步发掘事实、勾勒情境。总体来说,涉及公平性问题的基本事实包括两方面的事实,即排放事实和损害事实,排放事实主要涉及义务分配问题,而损害事实则主要涉及收益分配问题。

1. 排放事实

讨论公平性问题的基本前提是明确排放情况。气候变化应对法律上的责任主体是国家而非个体,国家是温室气体的排放者,而不考虑国内排放的具体分配情况。基于责任自负的基本法理,各国应当基于其排放承担相应的责任,相同排放者应当承担相同责任。但是各国基于哪种排放承担哪种责任,则仍然处在争议之中,有很多种方法可以用于比较各国在气候变化问题上的责任。[②]在不同的标准和统计方法之下,排放的事实呈现出不同的面貌,从而使得各排放者在公平性问题之中处在不同的位置上。具体来说,普遍被采用的碳排放标准包括累积碳排放量、碳排放流量、年度碳排放量以及人均碳排放量等,以何种标准来测算排放情况,会直接影响到对于公平的理解。

---

① 有经济学者认为与不采取任何控制政策相比,采取最佳减排政策的净现值收益会达到3.4万亿美元。See William Nordhaus, "the Challenge of Global Warming: Economic Models and Environmental Policy" (2007), p. 22, available at https://grist.files.wordpress.com/2007/09/dice_mss_072407_all.pdf, (Last visited Jul. 18, 2016).

② See Duncan Clark, "Which Countries are most Responsible for Climate Change" (2011), available at http://www.theguardian.com/environment/2011/apr/21/countries-responsible-climate-change, (Last visited Jul. 18, 2016).

(1) 累积碳排放量

温室气体在大气中的衰减时间较长,在短时间内难以自然消减,因此,各国在历史上排放了多少温室气体是重要的事实。以累积排放量(Cumulative Emissions)进行统计,依此可以直观的观察各国对大气中温室气体存量的"贡献度",从而表明各国应当在多达程度上对目前的温室气体存量负责。无论从长期累积排放量还是从短期累积排放量来看,美国和欧盟的累积排放量都居于前两位(参见图表3和图表4)。但是需要注意的是,图表3和图表4数据仅仅统计了基于化石能源消费产生的碳排放量。发达国家要求,土地利用改变所引起的碳排放量也应当纳入统计范围,一旦将这一指标纳入,各国的排名就完全不同,使得事实呈现出新的面貌(参见图表5)。基于此,发达国家学者指出,富国和穷国其实都是主要的排放者,但是如果将土地利用变化因素排除在外,富国似乎显得更像是排放的源头。①这一有关事实的争议直接涉及有关历史责任的公平性问题的讨论。

图表3　1850—2002累积碳排放量②

Country	% of World	(Rank)
United States	29.3	(1)
EU-25	26.5	(2)
Russia	8.1	(3)
China	7.6	(4)
Germany	7.3	(5)
United Kingdom	6.3	(6)
Japan	4.1	(7)
France	2.9	(8)
India	2.2	(9)
Ukraine	2.2	(10)
Canada	2.1	(11)
Poland	2.1	(12)
Italy	1.6	(13)
South Africa	1.2	(14)
Australia	1.1	(15)
Mexico	1.0	(16)
Spain	0.9	(20)
Brazil	0.8	(22)
South Korea	0.8	(23)

---

① 参见〔美〕埃里克·波斯纳,戴维·韦斯巴赫:《气候变化的正义》,李智、张键译,社会科学文献出版社2011年版,第36页。
② Kevin A. Baumert & Timothy Herzog & Jonathan Pershing, "Greenhouse Gas Data and International Climate Policy", p. 32, available at https://www.oecd.org/env/cc/36448807.pdf (Last visited: April 15, 2016).

（续表）

Country	% of World	(Rank)
Iran	0.6	(24)
Indonesia	0.5	(27)
Saudi Arabia	0.5	(28)
Argentina	0.5	(29)
Turkey	0.4	(31)
Pakistan	(0.2)	(48)
Developed	76	
Developing	24	

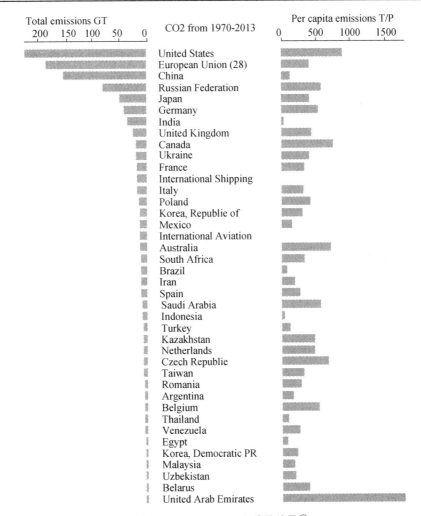

图表 4　1970—2013 累积碳排放量①

———

① "List of Countries by Carbon Dioxide Emissions", available at https://en.wikipedia.org/wiki/List_of_countries_by_carbon_dioxide_emissions, (Last visited Jul. 18, 2016).

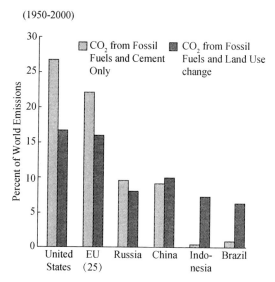

图表 5 1950—2000 包含与不包含土地利用变更的累积碳排放量对比①

(2) 碳排放流量

碳排放流量是指各国在一定时期内碳排放量的变化情况。碳排放量的变化意味着一些国家在当前或者不远的未来会成为主要的排放者。基于预防原则(Prevention Principle)或者谨慎原则(Precautionary Principle)的要求，公平原则会要求对这些国家施加更大的义务。从 1990—2014 年的碳排放流量的基本情况来看，由于已经实现了工业化，发达国家的排放量趋于平稳，而作为发展中国家的中国则由于经历了快速增长，占据了较大的碳排放流量(参见图表 6)。

(3) 年度碳排放量

年度碳排放量直观地反映了当前各国在世界上所占据的碳排放份额。依据分配正义的要求，占据份额较大的国家往往要承担较重的减排责任。尤其是在确定减排起点时正好处于上升期或者占据较大份额的国家，在公平问题上处在一种相对极为不利的地位。图表 7 反映了 2015 各国所占据的排放份额。显然，中国和美国占据了绝大多数的份额。这也就意味着，基于此种排放事实，势必意味着中国将承担较大的减排责任，这与发达国家理应负担的历史责任形成明显的冲突。

---

① Pew Center, "Climate Data: Insights and Observations"(2004), p. 14, available at http://www.c2es.org/docUploads/Climate%20Data%20new.pdf, (Last visited Jul. 18, 2016).

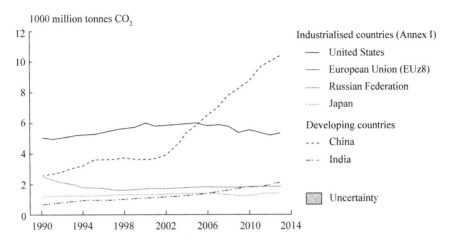

图表6　通过化石燃料消费和水泥生产的二氧化碳排放量最高的
五个国家以及欧盟(1990—2014)

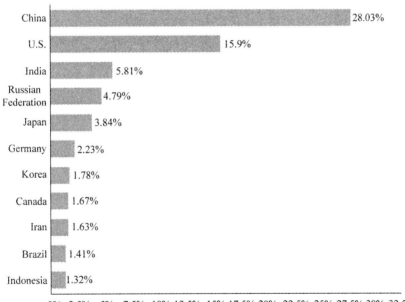

图表7　2015年各国总排放量占世界排放量比重①

(4) 人均碳排放量

与累积碳排放量和碳排放流量以国家为单位不同,人均碳排放量将国家

---

① "The largest producers of CO2 emissions worldwide in 2015, based on their share of global CO2 emissions", available at http://www.statista.com/statistics/271748/the-largest-emitters-of-co2-in-the-world/,(Last visited Jul. 18, 2016).

的人口数量引入到统计标准之中,人均碳排放量反映了各国国民平均水平福祉上的差异,表明各国的个体在碳排放空间上的差距,为人际公平观进入气候变化问题提供了事实上的基础。人均碳排放量既可以是累积人均碳排放量,也可以是人均碳排放流量或年度人均碳排放量。图表8反映了各国国民每人对二氧化碳存量的贡献度排名,该表的排名与通常的直观感受不同,经济发达且人口一直较少或拥有丰富森林资源并且曾大力开发森林资源的国家的排名十分靠前,而主要发达国家则排名靠后,而图表9和图表10分别反映了1960—2011年各主要国家人均排放量的变化趋势以及1990—2013年主要国家人均碳排放量的变化趋势,由于没有将土地利用变化统计在内,从这两项人均碳排放流量统计来看,发达国家普遍具有较高的人均累积排放。

图表8　人均累积二氧化碳排放(包含土地利用变革,1950—2000年)[①]

排序	国别	二氧化碳人均排放量(存量)
1	伯利兹	3390
2	圭亚那	2146
3	卢森堡	1310
4	马来西亚	900
5	巴布亚新几内亚	759
6	巴拿马	709
7	加拿大	708
8	捷克共和国	665
9	爱沙尼亚	664
10	美国	636
11	俄罗斯	634
……		
30	英国	497
33	欧盟23国	385
111	中国	85
165	印度	16

2. 损害事实

排放事实是讨论谁应当优先承担责任或者承担较大责任的前提,而损害事实则是讨论以下公平性问题的前提,即在特定的气候变化情境下,谁最容易受到损害,或者会受到最大的损害,从而应当获得公平的补偿。谁最容易

[①] 〔美〕埃里克·波斯纳,戴维·韦斯巴赫:《气候变化的正义》,李智、张键译,社会科学文献出版社2011年版,第37页。

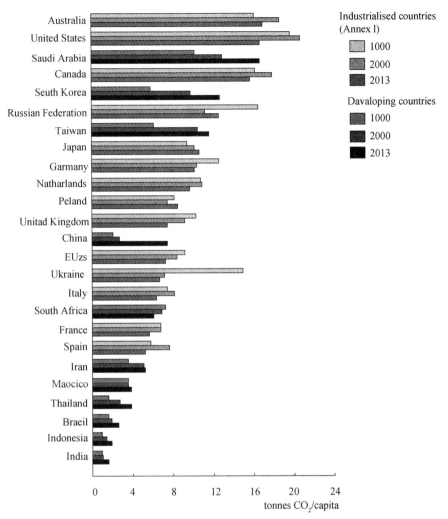

图表9 1960—2011年各主要国家基于化石能源消费及水泥生产的人均排放量变化趋势①

受到损害涉及国家的脆弱性(Vulnerability)评估,即特定系统在多大程度上暴露在气候变化风险之下(暴露性,Exposure)、特定系统如何受到气候变化的不良影响(敏感性,Sensitivity)以及特定系统在风险前维持系统,最小化损害或最大化收益的能力(适应能力,Adaptive Ability)问题。②关于脆弱性标准

---

① 〔美〕埃里克·波斯纳,戴维·韦斯巴赫:《气候变化的正义》,李智、张键译,社会科学文献出版社2011年版,第24页。
② See Gary Yohe & Elizabeth Malone & Antointte Brenkert & Michael Schlesinger & Henk Meij & Xiaoshi Xing & Daniel Lee, "A Synthetic Assessment of the Global Distribution of Vulnerability to Climate Change from the IPCC Perspective that Reflects Exposure and Adaptive Capacity" (2006), available at http://www.preventionweb.net/files/7736_sagdreport.pdf, (Last visited Jul. 18, 2016).

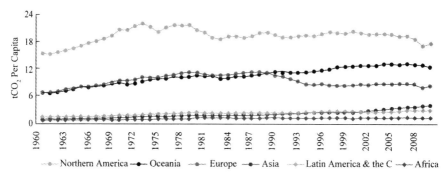

图表 10　1990—2013 年主要国家人均碳排放量的变化趋势①

的讨论会在后面的论述中进行,此处探讨的是脆弱性事实,即哪些国家具有较高的脆弱性。而哪些国家会受到最大的损害除了要考虑脆弱性之外,还必须加入"经济体量"这一因素,小国家可能极易遭受损害,但是其损害的总量在全球的比例则非常小。图表 7 是哥伦比亚大学国际地球科学信息网络中心(Center for International Earth Science information Network,CIESIN)依据"脆弱性—恢复能力指标模型"(Vulnerability-Resilience Indicator Model,VRIM)进行的国家影响评估,从图表 11 中可以看出,大量的非洲国家、中南美洲国家都处在高脆弱性序列之中。而发达国家普遍具有较低的脆弱性。图表 12 反映了在气温升高 2.5 ℃的情境下,气候变化对各主要国家或地区 GDP 以及各部门损害的情况(以 GDP 百分比变化为指标),从损害的总量来看,印度、非洲等高脆弱性,高度依赖于农业的国家受到的损害最大,而美国、中国受到的损害较小,俄罗斯甚至因为气候变化受益。

图表 11　各国脆弱性排名表(高、中、低三挡)②

Table 1: Rankings of the 100 Countries in the Brenkert and Malone(2005) Sample by Descending Vulnerability.

Lowest Third	Middle Third	Highest Third
Slerra-Leone	Cambodla	Trinidad-and-Tobago
Bangladesh	Iran	Papua-New-Guinea

---

① Johannes Friedrich&. Thomas Damassa,"The History of Carbon Dioxide Emissions",available at http://www.wri.org/blog/2014/05/history-carbon-dioxide-emissions,(Last visited Jul. 18,2016).

② Gary Yohe&. Elizabeth Malone&. Antointte Brenkert&. Michael Schlesinger&. Henk Meij&. Xiaoshi Xing&. Daniel Lee,'A Synthetic Assessment of the Global Distribution of Vulnerability to Climate Change from the IPCC Perspective that Reflects Exposure and Adaptive Capacity" (2006),available at http://www.preventionweb.net/files/7736_sagdreport.pdf,(Last visited Jul. 18,2016).

（续表）

Lowest Third	Middle Third	Highest Third
Somalla	Iraq	Ukraine
Mozambique	Vlet-Nam	Iceland
Ethlopla	Peru	Romanla
Rwanda	BolMa	Poland
Benin	Tunlsla	Hungary
Yemen	Mexloo	Albanla
Angola	Paraguay	Israel
Kenya	Algerla	Greece
Senegal	Phlippines	Portugal
Nigerla	Brazll	UK
Uganda	Jordan	Buigaria
Madagascar	Srl-Lanka	S-Korea
Sudan	Lebanon	Ireland
Nepal	Crina	Belans
Haltl	Egypt	Spaln
Guatemala	Gabon	New-Zealand
Syrla	Saudl-Arabla	Australla
Kuwalt	Libya	Nethertands
Swazlland	Kyrgyzstan	Unlted Arab Emirates
Zimbabwe	Ecuador	Italy
Paklstan	Indoneala	Beiglum
S-Atrlca	Uruguay	Denmark
Ghana	Jamalca	USA
Nicaragua	Thalland	France
India	Colombla	Austrla
Congo	Chle	Japan
Morocco	Panama	Canada
Honduras	Turkey	Swltzerland
El-Salvador	Costa-Rica	Sweden
Cameroon	Malaysla	Finland
Dominican-Republic	Argentina	Norway
	Venezuela	

Note: Countries whose categories are significantly different according the EST estimates are highlighted by color-blue indicates location in the next higher category; red indicates location in the next lower category.

图表 12　气温升高 2.5 ℃ 时气候变化对国家和地区 GDP 的损害[1]

Table 4.10　Summary of impacts in different sectors: impact of 2.5 degree warming (positive numbers are damages; negative numbers are benefits; impacts)

	Total [2.5 degree]	Agriculture	Other vulnerable market	Coastal	Health	Nonmarket time use	Settlements	Catastrophic impact [2.5 degree]	Catastrophic impact [6 degree]
United States	0.45	0.06	0.00	0.11	0.02	−0.28	0.10	0.44	2.97
China	0.22	−0.37	0.13	0.07	0.09	−0.26	0.05	0.52	3.51
Japan	0.50	−0.46	0.00	0.56	0.02	−0.31	0.25	0.45	3.04
OECD Europe	2.83	0.49	0.00	0.60	0.02	−0.43	0.25	1.91	13.00
Russia	−0.65	−0.69	−0.37	0.09	0.02	−0.75	0.05	0.99	6.74
India	4.93	1.08	0.40	0.09	0.69	0.30	0.10	2.27	15.41
Other high income	−0.39	−0.95	−0.31	0.16	0.02	−0.35	0.10	0.94	6.39
High-income OPEC	1.95	0.00	0.91	0.06	0.23	0.24	0.05	0.46	3.14
Eastern Europe	0.71	0.46	0.00	0.01	0.02	−0.36	0.10	0.47	3.23
Middle income	2.44	1.13	0.41	0.04	0.32	−0.04	0.10	0.47	3.21
Lower middle income	1.81	0.04	0.29	0.09	0.32	−0.04	0.10	1.01	6.86
Africa	3.91	0.05	0.09	0.02	3.00	0.25	0.10	0.39	2.68
Low income Global(a)	2.64	0.04	0.46	0.09	0.66	0.20	0.10	1.09	7.44
Output-weighted	1.50	0.13	0.05	0.32	0.10	−0.29	0.17	1.02	6.94
Population-weighted	1.88	0.17	0.23	0.12	0.56	−0.03	0.10	1.05	7.12

Note: (a) Output-weighted global average is weighted by projected output in 2100 from RICE base case. Population-weighted global average is weighted by population in 1995.

---

[1] William D. Nordhaus & Joseph Boyer, Warming the World: Economic Models of Global Warming, the MIT Press, 2000, p. 91.

总体来看，尽管上述统计的方法和路径有区别，但是都能够清晰地反映目前应对气候变化过程中各国的不同现实情况以及其所处的不同位置，这种在排放和损害方面的较大的差异从根本上决定了各国必然会根据自身特殊情势主张不同的公平性诉求，不同公平性诉求之间的冲突则进而引起了相应的公平性问题。毫无疑问，这些问题是法律制度与规范设计所必须考量和解决的优先问题之一。

（二）气候变化公平性问题的类型

气候变化公平性问题是"问题束"，而不是单一的问题。在这一前提之下，必须对公平性问题进行进一步的分解，明确不同领域、不同类型的公平性问题，并探讨不同领域、不同类型公平性问题的特殊性所在。总体来看，气候变化谈判的焦点集中几大领域，即减缓、适应、资金、技术和能力建设以及气候变化与国际贸易问题（以下简称"气候与贸易"问题），不同领域的争议焦点既有联系也有差别，体现了各国在各个领域的公平性诉求。以领域为区分，气候变化公平性问题可以分为减缓领域的公平性问题，适应领域的公平性问题，资金、技术和能力建设领域的公平性问题以及"气候与贸易"领域的公平性问题。

1. 减缓领域的公平性问题

减缓是气候变化应对的核心议题。减缓要求各国承担起相应的减排责任，也就是说，在各国间进行义务的公平分配。但是在具体的执行层面上，由于各国的经济状况、发展阶段以及历史文化等方面具有较大的差异，因此，如何确保各国承担起"相应"且"相对公平"的减排责任，存在着激烈的争论。一般而言，减缓领域的公平性问题包括以下几方面的问题：

首先，哪些主体的责任？减缓的特点在于全球大气空间具有一体性和系统性，由此决定了各国的排放难以避免的具有外部性特征，相应的，各国的减排活动也具有明显的外部性特征。从这一点上来说，各国的排放对于全球大气环境都具有危害，而各国也都能从他国的减排行动中获益。因此，公平的义务分担理念要求所有国家都必须承担起一定的减排责任。尤其是随着全球性升温控制目标的确定，各国应当承担起共同责任的观念已经得到了普遍的认可，不需要再讨论是否需要所有国家都承担起责任的问题，而只需要讨论责任分配，以及责任分配后的履行问题，如是否减轻或免除相应的责任。

其次，如何分配责任？关键性的问题是依据何种公平性标准对减排的责任和义务进行公平分配，这也是目前国际气候谈判中各国争议的焦点问题之一。责任分配的正当性依据何在？对于此问题，可供我们选择的标准有很多：其一，以历史累计排放量为依据，对于目前大气中二氧化碳存量贡献最大的国家应当承担起最大的责任。这种观点体现了一种朴素的矫正正义理念，即多得者应该多补偿，既然大气空间是有限的，排放越多的国家自然应该多承担责任。无论在国际法还是国内法上，都有大量的制度设计遵循了这一理念，例如个人所得税的累进征税制、电力消费的累进收费制度等。这一理念体现了集体主义的价值观，要求社会（无论是国际社会还是国内社会）避免不同主体所占资源的过大差距。其二，以排放变化趋势作为依据，排放增长最快最大的国家应当承担最多的责任。这种标准的基本依据是预防的理念和原则，体现了"一分预防胜过十分治理"的基本共识性观念。尽管排放增长最快最大的国家可能尚没有占据太多的份额，在历史上也没有占据太多的排放份额，但是它正在重走历史的老路，为了预防这种增长在未来造成过度的不公平，有必要提早对于"出头者"进行控制。这种控制似乎也符合代际公平的要求，为了保证后代人之间所享有的排放空间的公平，这种义务分担方法十分必要。其三，以当前的排放份额作为依据，占据排放空间最大的国家应当承担起相应的责任。这种理念是第一种标准所依据的理念的变型，只是在时间上是共时而不是历时的。其四，以国家能力作为义务分担依据。国家能力是综合性指标，主要体现在 GDP 上。国家能力体现了分配正义的要求，认为具有较强能力的主体应当承担起较多的责任。这种标准在《京都议定书》以及后续的谈判中一直得到很明显的运用，很多并不占很大排放份额的发达国家被要求承担更多的减排责任。其五，除了上述以国家为基本单位的标准之外，还有一种特殊的标准，即人均排放标准，人均排放标准所依据的理念是人人平等的理念，即每个个体都应当享有均等的排放权。2015 年由各国专家、法官等共同起草的《有关全球气候变化义务的奥斯陆原则》(Oslo Principle on Global Climate Change Obligations)就采用了这一标准。① 目前，尽管国际社会已经识别出了上述一系列的标准，但是尚没有一种标准得到国际社会的普遍的、完全的认同，相反，每一种标准的缺陷和所导致的问题都被各国和学者们反复批判。能否有效地回应这些批判，决定了国际社会能否寻求出一种能够实现最大程度公平的方案。

最后，如何履行责任？对此，各国的观点不尽相同，除了核心的基于经济活动的减排措施以外，很多国家还坚持要加强减少毁林及森林退化造成的碳

---

① "Oslo Principle on Global Climate Change Obligations", available at http://vkplusmobileback-end.persgroep.net/rest/content/assets/9a632464-ff2b-4ebe-bc99-1420e055283b, (Last visited Jul. 18, 2016).

排放、土地利用、土地利用转变和林业以及碳捕获和碳封存在减排措施之中的比例,减排措施是否要限制在与经济活动有关的减排上,还是可以将非经济性的减排措施纳入其中,也是各国的争议焦点,这也直接决定了各国的减排责任的大小,是必须解决的减缓领域的公平性问题之一。

2. 适应领域的公平性问题

适应所要解决的是提高各国应对气候变化影响的弹性并降低脆弱性。与减缓有利于全球各国有所不同,适应的收益在很大程度上是归属于本国的。① 适应提高了各国应对气候变化的能力,降低了国家在气候变化影响中的损失与损害,这无疑将会增加国际社会的总体福利水平,但是这并不意味着其他国家会因而获益。因此,适应似乎在很大程度上应当归属于国内事务。但是另一方面,之前的事实分析已经证明,脆弱性高的国家主要是不发达的、适应能力差的国家。这些国家受气候变化影响较大,同时其应对能力也较差。这些国家要实现相应的适应目标,必须获得外来的帮助或援助,这也是国际人权保护需求的基本要求。因此,尽管适应与减缓之间有着一定的差别,但是适应同样引起国际法上的公平性问题。适应领域的公平性问题主要包括以下几方面的问题:

首先,国家的援助建立在何种理论基础之上?目前来看,发达国家提出的基本依据是能力,即发达国家的援助建立在能力的基础之上。而与此相反,发展中国家则认为这种援助应当基于矫正正义,即对于因发达国家排放造成的损失应当予以补偿。② 这种对于理论基础的认识的不同直接决定了义务的分配。如果以能力为基础,无论是否属于历史上累积排放量最大的国家,只要国家目前具有相应的能力,都应当分担相应的义务。而如果以后一种为基础,则把减缓与适应相互连接起来,承担最多减缓责任的主体显然应当承担最多的援助适应行动的义务。

其次,应当优先援助哪类国家?通常来说,援助应当优先给予脆弱性最高的国家。但是对于脆弱性的标准,不同国家有着不同的意见。《公约》主要关注脆弱性的第一个要素即"暴露性指标",其提到的脆弱性高的国家包括小岛屿国家、低地国家、处于干旱或半干旱地区或者易受水灾、旱灾和荒漠化地区以及具有脆弱高山生态系统的国家。而很多研究则重视敏感性和适应能力。显然,一种公平的适应援助应当需要一种综合性的判断标准。③

---

① See Yoram Margalioth, "Assessing Moral Claims in International Climate Change Negotiations", *Journal of Energy, Climate, and the Environment*, Vol. 3, 2012, p. 62.
② See Jouni Paavola, W. Neil Adger, "Fair Adaptation to Climate Change", *Ecological Economics*, Vol. 56, 2006, p. 597.
③ Ibid., p. 605.

其次,成本效益原则是否要适用于援助的分配。从成本效益的角度考虑,能够实现效益最大化的援助应当被有限考虑,但是这种理论往往会使得援助优先流向具有良好体制机并因而能够创造较好效益的国家,而不是最需要援助的国家,清洁发展机制(CDM)的实践便证明了这一倾向。而以脆弱性为优先考虑因素的话,成本效益原则具有削弱既定目标的风险,从而引起新的不公平问题,对这一问题,需要予以进一步探讨。

最后,应当如何落实适应行动?当其他国家对本国进行援助时,意味着其他国家间接承担了一部本来应当由本国政府承担的义务,此时,应当由谁来主导适应行动,也是一个值得讨论的问题。从尊重国家主权的前提来说,本国政府仍然应当承担起主要的责任。但是援助方也具有合理的担忧,即担忧受援助国政府(尤其是缺乏管理能力的、腐败的政府)没有把资源使用到最为脆弱的问题和人群之上。除此之外,适应行动往往在国家、区域乃至地方层面上落实,援助方,尤其是非国家援助方即便合理地参与其中,也会受到地方经济、政治和文化方面的阻力。① 如何能够保证适应行动中援助方和受助方之间的公平关系,自然也需要进行深入地讨论。

3. 资金、技术和能力建设领域的公平性问题

资金、技术和能力建设在总体上是性质相同的公平性问题,但是也存在一定程度的差别。就性质的相同点来说,资金、技术和能力建设方面的义务均源于减缓、适应责任的延伸。另一方面,资金、技术和能力建设各自具有不同的特点,这也使得三个领域的公平性问题具有不同的表现形式和特点。

在资金领域,公平性问题包括以下几方面的问题:首先,依据各自能力原则以及公约的要求,经济实力最强的国家无疑要履行一定的供资义务。但是此种供资义务应当在哪些国家之间进行公平分配,是否需要对其施加一定的条件和限制,需要进一步讨论。其次,资金机制已经逐渐构建起来,但是机制内部应当如何管理和运行,各基金应当如何确定供资窗口,是否需要确定优先行动的领域和援助对象,是否要坚持平等供资的原则,也需要进一步讨论。再次,如何保证供资方和受资方在资金管理之中的公平参与和享有平等的话语权,也需要予以解决。尤其是考虑到在后巴黎时代的新秩序下,各国在"国家自主贡献"方案之中都提及了本国的资金需求,这种需求应当具有何种法律效力? 也需要进行进一步分析。

在技术领域,公平性问题表现在以下几个方面:首先,与资金领域不同,

---

① See Jouni Paavola, W. Neil Adger, "Fair Adaptation to Climate Change", *Ecological Economics* Vol. 56, 2006, p. 606.

技术领域所涉及的"环境友好技术"(Environmental Sound Technology)的国际开发与转让原本就有其一套完整的、建立在知识产权法基础上的规则体系,如何处理现有公约项下的技术机制与原有的知识产权法机制之间的关系,是缔约方需要解决的首要的公平性问题。其次,各国技术发展状况不同,对于技术的需求不同,对于技术机制的认同也不同,需要予以协调。最后,技术领域目前发挥作用的技术机制本身在机制体制设计上仍不健全,包括技术机制的定位、技术执行委员会与气候技术中心与网络的关系、气候技术中心与网络的关系、技术机制与其他机制的关系,都需要进一步完善,对于这些机制设计问题,各方的观点也不统一。

在能力建设领域,公平性问题表现在以下几个方面:首先,与资金和技术机制具有完善的组织体系支撑不同,能力建设尚未形成完善的组织体系,也没有形成体系化的响应网络。因此,有必要在气候变化框架之下建立专门的负责推进能力建设工作的机构,机构的设置和工作程序应当实现各方的平等参与。其次,能力建设的责任是否应当进行量化,并且在发达国家缔约方之间如何进行公平的分配,关系到各国的切实的国家利益,需要进行理论上的研究。再次,能力建设是否需要优先投入到某些国家或者某些领域,体现政策上的导向性,也需要予以进一步的深入探讨。

4. "气候与贸易"领域的公平性问题

从《公约》到《巴黎协定》,国际气候变化法律体系在内部建构上日趋成熟。但是,由于气候变化问题是一个全球性的综合议题,它必然与其他领域的法律问题产生关联。由于国际贸易中隐含碳(Embodied Carbon)的产品导致的碳排放转移以及由此而生的碳泄漏现象,成为气候变化法和国际贸易法即"气候与贸易"之间联结的焦点问题。由于碳转移而致的碳泄漏现象,使得国际气候法中减排责任分担机制的公平性受到质疑,但为限制碳泄漏现象采取的单边措施,诸如碳关税和边界调节措施,又造成了"气候与贸易"两个领域的紧张关系。碳泄露的公平性问题主要发生在"气候与贸易"关联的领域,其法律规制也主要涉及两个领域的制度协调。仅靠国际气候变化法或国际贸易法任何单一领域的规制措施,无法真正解决碳泄露及其引发的公平性问题。

第二节 新秩序构建中公平性问题的论争和制度困境

虽然京都阶段基于对公平的理解作出的"自上而下"的强制量化减排模式与新构建中"自下而上"的国家自主贡献模式有明显差别,但就对公平性问题的论争而言,并没有实质性的差异。各主体基于自身利益的立场并诉诸不同的公平性理论,是气候谈判中公平性论争的根源,这种论争导致了新秩序构建进程中的一些制度困境。

一、公平性问题的论争实践及演变

公平性问题的存在,表明缔约方之间在公平观上的对立和冲突,这种对立和冲突构成了公平性问题研究的基本情境。从气候变化谈判的发展历程来看,缔约方并没有尝试强制在缔约方之间建立统一的公平观,而是不断尝试调和不同公平观之间的对立和冲突,发展包容性的解决方案。基于此,公平性问题的理论分析框架需要将所有公平理论纳入其中,并且深入研究不同理论相互间关系,明确不同公平理论的位置和发生作用的对象,为进一步具体的分析奠定基础。

《京都议定书》尝试在"自上而下"的框架中解决公平性问题,但效果并不尽如人意。德班会议以来,国际社会尝试以"共存与调和"为基本思路来解决公平性问题,发展包容性的解决方案,为公平性问题的解决提供了崭新的思路。1992年通过的《公约》第3条第1项规定:"各缔约方应当在公平的基础上,并根据它们共同但有区别的责任和各自的能力,为人类当代和后代的利益保护气候系统。因此,发达国家缔约方应当率先对付气候变化及其不利影响。"[1]可以说,这一条款确立了共区原则以及公平原则在气候变化应对之中的基础性地位。但是作为框架性条约,《公约》并没有对具体的权利义务分配进行实质性规定,而是将其留待后续的谈判解决。

从1995年柏林第一次缔约方会议开始,各缔约方就开始围绕如何分配具体的权利义务展开了争论,并提出了不同的分担方案(参见图表13)。在这些方案中,各国所采取的标准也具有很大的差异(参见图表14)。从图表14可以清晰地得出以下结论:其一,各国的方案之中具有一些共同的标准。在各国提出的提议中,至少有10个提议涉及"责任"(即污染者付费),至少7个提议建立在"能力"之上,还有至少8个提议包含了"需要"(或者以"权利"概念替代)。其二,尽管具有一些共同的标准,但是各国对于占主导地位的标准以及标准的适用仍然存在着较大的差异,各国普遍希望建立多标准的分配方案,以兼顾各国的实际差异。

---

[1] United Nations Framework Convention on Climate Change, Article 3.1.

图表 13　柏林授权特别小组(AGBM)工作期间缔约方提交的义务分担提议①

类型	提议要点	提议方
趋于一致	经过一段时间使人均排放趋同,高于 1990 排放标准的国家要减少排放,使得未来某一节点所有国家人均排放趋同	法国 瑞士 欧盟
历史责任	强调应当以工业革命开始各国对于累积排放的贡献为标准	巴西 巴西—公共健康与环境国家研究所
多标准	多种标准混合在一起,包括支付能力(人均GDP)、平等主义(人均排放量)、能源效率(单位GDP 排放)。在一个或者多个标准上高于或低于平均水平的国家要承担相应的减排责任	挪威、冰岛
化石能源依赖性		
"菜单"路径	关注对于化石燃料出口收入的依赖性,并且考虑到经济发展与人口增长	澳大利亚、伊朗
部门路径	一个可选择的菜单方法,各国可以在两到三个减缓方案中选择一种	日本Ⅰ 日本Ⅱ 荷兰在欧盟内部谈判中提出
支付能力	自下而上路径,将经济分为多个部门	波兰 爱沙尼亚 俄罗斯
成本效益	将人均 GDP 作为分配的依据,人均 GDP 可以作为支付能力的可选变量。此外,部分提议涉及到人均排放以及/或者对于全球排放的贡献	韩国
	关注成本效益,承诺必须能够在各国间平均分配边际成本	新西兰

图表 14　柏林授权特别小组(AGBM)工作期间缔约方提交的义务分担方法总览②

提议	公平原则	类型
法国	需要(权利)(无区别的)	趋同
瑞士	需要(权利)(+平等义务)	趋同
欧盟	需要(权利)	趋同
巴西	责任(污染者付费)	历史责任
巴西—公共健康与环境国家研究所	责任(污染者付费)	历史责任

---

① United Nations Framework Convention on Climate Change, Article 3.1, p.14.
② Id, p.15.

（续表）

提议	公平原则	类型
挪威	需要、责任和能力	多标准
冰岛	需要、责任和能力	多标准
澳大利亚	需要（权利）、能力和责任	化石能源依赖性
伊朗	混合体：需要＋已取得的权利	化石能源依赖性
日本Ⅰ	平等义务	"菜单"路径
日本Ⅱ	平等义务，由责任修正	"菜单"路径
荷兰	需要，以部门为基础	部门路径
波兰等	责任与能力	支付能力
爱沙尼亚	责任与能力	支付能力
波兰和俄罗斯联邦	能力与责任	支付能力
韩国	责任与能力	支付能力
新西兰	未确定	成本效益

《京都议定书》的减排框架在一定程度上体现了上述提案中所提到的减排责任、能力和需求等标准，不仅考虑到了发达国家缔约方和发展中国家缔约方之间的差异，也考虑到了发达国家缔约方内部的差异。它不仅没有为发展中国家缔约方规定强制性减排义务，而且还考虑到部分发达国家的特殊情况，例如依据《公约》第4.8(h)条的规定，允许澳大利亚和冰岛增加排放量。① 但是《京都议定书》在标准的适用上，过于强调责任和能力的地位，在区别对待上走得较远，引起了较大的争议，使得自《京都议定书》以后至德班会议之前，谈判一直没有取得实质性的进展。

《京都议定书》之所以没有取得预期的成功，根本的原因在于自上而下的减排路径无法调和不同缔约方之间在公平观上的冲突。在2011年德班会议之后，缔约方转向自下而上的减排路径，特别是2015年的巴黎气候大会更是通过《巴黎协定》明确了"自下而上"的国家自主贡献方案，要求各国根据本国的具体情况和公平观念提出本国的减排路径和方案，这不仅为突破谈判僵局提供了契机，也为解决调和公平观论争提供了基础：首先，由缔约方依据本国对公平性标准的理解自行提出减排方案，作出承诺，对缔约方产生了"禁止反言"的效果，为形成获得共识的标准奠定了基础；其次，自下而上的减排路径能够保证在标准适用上最大程度的灵活性和准确性，弥补了自上而下框架中有关标准适用的粗糙问题，减少方案执行的阻力；再次，新的减排路径通过建立质询程序，为各国间的交流与协商提供了程序性的保障，有利于促进共识

---

① 第4.8(h)条规定，要特别关注"其经济高度依赖于矿物燃料和相关的能源密集产品的生产、加工和出口所带来的收入，和/或高度依赖于这种燃料和产品的消费的国家"。See United Nations Framework Convention on Climate Change, Article 4.8 (h).

的达成。总体而言,新秩序下缔约方不再尝试确定适用于所有主体的公平性标准,而是尝试发展出基于"共存与调和"的解决方案。

在"共存与调和"的解决方案之下,有关公平性问题的理论研究的总体方向也要根据实践的进展进行转变,不能再尝试建立起单一的解决方案,而是应当尝试调和不同理论的冲突,尝试建立起建基于多种标准的更为公平性的问题解决方案。要实现这一目标,需要对目前存在的主要的气候公平理论的优点和问题进行更为全面的比较和分析。

二、新秩序构建中公平性问题论争的理论梳理

气候谈判各个具体领域中的公平论争,反映了不同主体所依据的公平理论的差异。在气候变化国际谈判中,不同缔约方公平观的冲突使得气候变化谈判成为了不同公平理论间的"竞技场"。有学者对谈判中出现的相关理论进行了归纳、总结,指出谈判中出现的主要公平理论包括"平等主义"(Egalitarian)、"主权"(Sovereignty)、"平行标准"(Horizontal)、"垂直标准"(Vertical)以及"污染者付费"(Polluter Pays)(参见图表15)。依据所解决问题的区别,这些公平理论主要可以分为两大类:第一类探讨应当如何在缔约方之间公平地分担义务(成本),即哪些国家应当承担更多的义务,承担义务的合理性和正当性的基础何在;第二类探讨的是如何在缔约方之间公平地分配利益,分配利益的合理性和正当性基础何在。围绕这两类理论,缔约方之间展开了激烈的争论。当然这种区分并非是绝对的,例如平等主义对利益和义务的分担都有指导意义。

图表 15　气候变化谈判中可供选择的公平原则以及义务分担规范①

公平原则	解释	包含的义务分担规范
平等主义	每个个体享有平等的污染的权利或者不被污染的权利	以人口为依据允许或削减排放
主权	所有国家享有平等的污染或者不被污染的权利,目前的排放状况构成了一个客观的权利	在所有国家间成比例的允许或削减排放以维持目前的排放比例
平行标准	具有相同经济状况的国家享有相近的排放权并承担相近的义务	使国家的净收益变化均等化(作为GDP一部分的减缓的净成本对于每个国家均等)

---

① Lasse Ringius, Asbjqrn Torvanger, Arild Underdal, "Burden Sharing and Fairness Principles in International Climate Policy", *International Environmental Agreements: Policies, Law and Economics* 2, Kluwer Academic Publishers, 2002, p.5.

(续表)

公平原则	解释	包含的义务分担规范
垂直标准	支付能力越高,义务越重	减缓的净成本与人均GDP直接关联
污染者付费	义务与排放(包括历史排放)成比例	在国家间按照排比例地分担减缓成本

(一)有关公平分担义务的理论论争

应对气候变化的行动需要付出相应的成本,成本可以在全球范围内进行整体的测算。问题的关键在于,基于各国情况的差别,不同国家之间不可能承担相同程度的成本。围绕着成本的分担问题,产生了多种公平理论,其中,最为重要的是历史责任理论和能力理论。

1. 历史责任(Historical Responsibility)

历史责任不仅仅是气候变化公平性问题中的焦点问题,也是当代国际政治中南北关系的核心问题。在1992年《里约宣言》谈判时,77国集团就尝试将历史责任写入宣言之中。77国集团提出的原则七草案文本为"全球环境持续退化的主要原因是不可持续的生产和消费方式,尤其是在发达国家中。鉴于发达国家对全球环境退化所负有的历史和当下的责任以及发达国家应对全球环境退化的能力,发达国家应当在优先和优惠的条款中向发展中国家提供充足的,新的以及额外的经济援助和环境友好技术,以保证发展中国家实现可持续发展"。这招致了发达国家的反对,最终的文本表述为发达国家承认其"在国际社会追求可持续发展过程中所承担的责任"。对于最终文本,发展中国家也不满意,认为这一条款并没有明确历史责任。[①]这鲜明地反映了发达国家阵营和发展中国家阵营之间在历史责任上立场的对立。

在气候变化谈判中,《公约》仍然没有明确采用"历史责任"这一术语,仅在行文中隐晦地表达了这一思想。《公约》在前言中规定:"注意到历史上和目前全球温室气体排放的最大部分源自发达国家。"又在第3条规定:"各缔约方应当在公平的基础上,并根据它们共同但有区别的责任和各自的能力,为人类当代和后代的利益保护气候系统。因此,发达国家缔约方应当率先对付气候变化及其不利影响。"《京都议定书》贯彻了率先的要求,要求主要发达国家承担量化的减排任务,而发展中国家则不承担量化减排任务。这引起了对于历史责任的激烈争论。

---

① See Duncan French,"Developing states and international environmental law: the importance of differentiated responsibilities", *International & Comparative Law Quarterly*, vol. 49, 2000, pp. 37—38.

从概念的内涵来看,历史责任比较多的在国际政治话语之中使用,在国际政治关系之中扮演着重要的角色。但是从法律理论的角度来看,历史责任则是一个模糊的概念,缺乏必要的精确性。缔约方对于历史责任的认识,建立在对于历史累计碳排放量和人均累积碳排放量的直观认知基础之上,但是历史责任本身并非不证自明,它涉及几个理论上的问题,历史责任背后的法律基础是什么?谁对谁的责任?"历史"的时间段如何起算?什么责任?围绕这些问题,各国学者间展开了激烈的辩论。

历史责任可以在国际政治或者伦理学的意义上得以宽泛使用,但是在历史责任影响到现实的义务分配和法律制度框架设计时,则必须明确历史责任的法律基础,或者说,明确部分缔约方追究另一部分缔约方的请求权基础。从国际上的实践和理论探讨来看,可能的理论基础包括两种理论,一是基于污染者负担理念或原则要求发达国家缔约方承担历史责任,二是基于侵权法的归责原则,要求发达国家缔约方承担历史责任。两种理论基础存在着根本的不同。污染者负担理念或原则的基本目的在于"通过明确污染者对于污染预防、控制和治理等方面的责任,促进环境问题的公平解决和推动可持续发展目标的公平实现"①。与侵权责任相比,基于污染者负担的责任范围更加广泛,证明责任也更轻,并不需要证明故意或者过失的存在,也不必要达到损害的水平,只要存在污染行为,就应当支付相应的对价。基于此,有一些学者要求将污染者负担作为要求发达国家缔约方承担责任的理由。②但是适用这一原则必须遵守相应的前提,即必须在法律上确定排放温室气体属于污染行为。能否将温室气体排放等同于传统意义上的污染行为,仍然存在法律上的争议。在国内法上,尽管美国和欧盟都将二氧化碳定义为污染物,使得适用污染者负担原则有了法律上的先例,但是这仍然存在较大的争议,将二氧化碳作为污染物进行规制并不是普遍的选择,相反,更多的国家采用特别立法的形式。③

---

① 柯坚:《污染者负担原则的嬗变》,载《法学评论》2010年第6期。
② 例如,有学者认为,发达国家的公民引起了损害,而且他们不是发展中国家的公民,因此应当承担责任。See H Shue, "Global Environment and International Inequality", *International Affairs*, Vol. 75, 1999, pp. 533—537.
③ 在美国,联邦最高法院认为二氧化碳等温室气体符合《清洁空气法》下对"空气污染物"的广泛定义,从而在2014年6月通过判决确认美国环保署至少对部分固定源排放的温室气体的监管权。而欧盟在1996年和2010年颁布的《污染预防和控制整合指令》(96/61/EC)(Integrated Pollution Prevention and Control Directive)以及《工业污染物排放指令》(2010/75/EU)(Industrial Emission Directive)中均规定工业污染物包括二氧化碳和其他温室气体。但是美国的做法是在专门立法无法通过的情况下的不得以选择,而欧盟则欧盟制定了专门的控制二氧化碳排放的《欧盟排放交易指令》(2003/87/EC),并注意《欧盟排放交易指令》与《工业污染物排放指令》的衔接。凡纳入欧盟排放交易体系的,适用《欧盟排放交易指令》;未纳入EU-ETS的,适用《工业污染物排放指令》。参见李艳芳、张忠利:《二氧化碳的法律定位及其排放规制立法路径选择》,载《社会科学研究》2015年第2期。

除此之外，谁是污染者，国家、经济体还是个人，应当如何分配责任，对此也仍然存在很大的争议。①

与污染者负担理念或原则不同，侵权责任理论则将排放行为视为一种侵权行为，这一理论在实践中有一定的基础。在全球范围内发生的一些诉讼证明了这种理论的影响力。例如，因纽特人代表 2005 年向美洲政府间人权委员会（Inter-American Commission on Human Rights）提出人权控诉，质控美国大量排放温室气体加剧气候变化进程并且缺少相应的国内规制措施，并请求人权救济。②但是侵权责任理论也存在一定的缺陷：首先，从侵权责任的目的来看，侵权责任的重要目标是实现预防功能，而历史责任并不能实现这一目标。其次，从侵权责任的主体来看，侵权责任需要明确的区分受害者和侵害者，而大气中温室效应是所有国家排放的共同结果，尤其是发达国家强调土地利用变化也会导致排放的增加，这意味着不存在单纯的侵害者和受害者。③再次，就侵权责任的要件来看，要证明发达国家存在过错（Fault）和过失行为（Negligent Behavior）十分困难并且充满争议，尤其是在历史跨度十分久远的情况下。④

在主体上，除了前述的侵害者与受害者混同的问题外，历史责任在主体上的模糊性也带来了问题。从发展中国家的视角来看，历史责任是国家对国家的责任乃至于阵营对阵营的责任，即发达国家对发展中国家的责任，国家是基本的责任主体。而发达国家学者则认为"集体责任"（Collective Responsibility）的理念已经不再适用，对历史责任需要在个体的层面上探讨。国家的当代人不应当为上代人的排放承担责任，只应当承担当代排放的责任。⑤

进一步来说，即便要追究历史责任，应当从何时开始起算才是公平的？从科学意义上来说，何时起算取决于计算方法和指标，最为简单的方法是选择可以追溯到的有数据记载的最早的时间。不过，很多研究选择以工业革命作为最早的起点。工业革命并无确定的起点，但是一般认为温室气体含量开

---

① See Smmon Caney, "Cosmopolitan Justice, Responsibility, and Global Climate Change", Leiden Journal of International Law, Vol. 18, 2005, p.755.
② 参见张梓太、沈灏：《全球因应气候变化的司法诉讼研究——以美国为例》，载《江苏社会科学》2015 年第 1 期。
③ See Eric A. Posner, Cass R. Sunstein, "Climate Change Justice", Public Law and Legal Theory Working Paper No.177, 2007, pp.21—24.
④ See Yoram Margalioth, "Assessing Moral Claims in International Climate Change Negotiations", Journal of Energy, Climate, and the Environment, Vol. 3, 2012, p.65.
⑤ See Eric A. Posner, Cass R. Sunstein, "Climate Change Justice", Public Law and Legal Theory Working Paper No.177, 2007, p.29.

始稳步上升始于1751年,1751年到1840年间的任何时间都可以作为起点。①从法律上来说,以"认知限制"(Epistemic Constraint)作为起点则更加妥当,即缔约方政府知道或者应当知道温室气体会导致损害时开始计算。具体来说,即IPCC1990年发布第一次评估报告时,就可以推定各国知晓了温室气体的危害。②除此之外,也有研究认为,从伦理角度来将,应当从1949年开始起算,因为世界上的绝大多数人都出生在1949年以后。③

最后,历史责任是一种什么责任?从责任的一般形式来看,既然历史责任是来自于发达国家缔约方历史上的高排放,那么,历史责任应当是指累计排放量高的国家承担更多的减排责任。但是在发展中国家缔约方看来,历史责任不仅仅意味着更多的减排责任,还包括发达国家对发展中国家的补偿,基于这种认识,《京都议定书》采用了清洁发展机制这种补偿机制,以实现额外的减排。但是历史责任是否能够适用于资金、技术和能力建设领域的公平性问题,如何在其中体现历史责任,仍然存在着较大的争议。

由此可以看出,历史责任从法律的视角来看仍然是存在着诸多争议和不确定性的,历史责任转化为法律责任的前提是必须解决上述理论上的争议。

2. 能力(Capacity)

能力是指各国依据各自实际的资源与能力等承担责任,且具有更大能力(更多的资源,或者更低的成本)的主体有义务承担更多的责任。能力往往和历史责任一起被提出来,作为要求发达国家在南北关系中承担起更多责任的理论依据之一。通常而言,能力建立在全球共同利益的基础之上,体现了国际社会对国家的道德义务要求。

在气候变化领域,能力是基本的义务分担标准。《公约》第3条明确规定了各国应当根据其"各自能力"(Respective Capacity)采取行动。但是《京都议定书》并没有采用能力标准,而是更多地依赖于历史责任。从巴厘岛会议之后,随着双轨制的建立,能力标准的地位得到了较大的提升,各国依据各自能力采取行动的框架初步开始形成。德班会议决议重申了能力标准,并要求在考虑缓解行动多样性时注意"发展中国家的不同国情和各自能力"。④《巴黎协定》下各自能力得到了最大的体现,各国都需要基于本国的能力和国情提

---

① See Mathias Friman and Gustav Strandberg, "Historical Responsibility for Climate Change: Science and the Science-policy Interface", 2014, *Wiley Interdisciplinary Reviews: Climate Change*, Vol. 5, Issue 3, p. 306.
② Ibid., p. 306.
③ See Schussler R., "Climate Justice: A Question of Historical Responsibility"? *Journal of Global Ethics*, Vol. 7, 2011, pp. 261—278.
④ Outcome of the work of the Ad Hoc Working Group on Long-term Cooperative Action under the Convention, Decision 2/CP.17, article 33.

出本国的贡献,并接受他国审评。

各国基于本国能力采取行动,主要是基于全球利益的共同性和国际社会的客观状况。气候变化应对需要各国的协同行动,这意味着国际社会必须紧密团结起来,通过相互合作实现气候变化应对目标。而与此同时,发达国家和发展中国家之间在发展阶段和发展状况上具有巨大的差异。这两方面的因素决定了能力在应对气候变化的义务分担之中扮演着重要的角色。但是从法律制度设计的需要来看,能力的内涵也十分模糊。具体来说,能力体现在什么方面?能力标准应当适用于哪些领域?如何适用能力标准?这些问题都决定了依据能力进行义务分担的公平性。

首先,国家能力是一个十分模糊的概念,国家能否有效地应对气候变化,不仅仅取决于国家的经济实力,也取决于国家的政治制度、动员能力和资源调配的效率等因素。正因为如此,能力的衡量难以建立在单一指标基础上,尤其是考虑到不同领域的差异性,能力并不能成为一个可以操作的标准。即便是在使用单一指标,也存在着最大的争议。一般用来衡量国家发展状况的指标是国民生产总值和人均国民生产总值,这两种指标带来的衡量结果将完全不同,具体采用哪一种指标,缔约方之间存在着较大的争议。

其次,从实用主义的角度看,能力可以适用于减缓中的义务分担,但是在适应以及资金、技术和能力建设方面,仅凭能力可能并不能导致公平的实现。不同缔约方之间的减缓能力存在着较大差异。发达国家有能力在不损害他们的生活水平的前提下大幅度减少排放,而与此相反,考虑到世界人口的快速增长,农业活动产生的排放却不可避免,发展中国家政府也没有能力控制基于发达国家消费而产生的林业退化。[①] 因此,在肯定各自能力的前提下,缔约方各自承担力所能及的责任具有合理性和正当性。但是减缓并不涉及支持援助问题。在适应以及资金、技术和能力建设领域,发达国家缔约方除了要承担其自身的义务以外,还必须向发展中国家缔约方提供支持与援助。那么,这种支助是否应当以能力为依据?这需要进行审慎的判断。显然,在实践中,能力是支助的基本前提,但是如果完全以能力作为支助前提,缔约方就可以以能力作为理由拖延或者拒绝支助,这就模糊了支助的法律性质,使得支助难以成为一项法律上的义务。此外,能力标准建立在"各自"的基础上,其本质上不涉及不同缔约方之间的关系问题,此点和历史责任不同,历史责任涉及部分国家对其他国家的责任问题,会引起财富的转移乃至于赔偿问题。因此,在支助问题上,能力标准的作用是有限的。

---

① See Daniel A. Farber, "Climate Justice", *Michigan Law Review*, Vol. 110, 2011—2012, p. 991.

再次,能力标准的适用也是一个复杂的问题。对于国家在气候变化应对中的能力,本国政府最为清楚,因此,由本国政府根据能力提出义务分担方案最为准确。但是这种方案难以避免会受到国家利益、国内政治等因素对该方案造成的不利影响。因此,能力标准的适用建立在两个前提基础之上。首先,各国需要就本国情况进行及时和准确的通报,通过不同缔约方之间的信息交流,加强各国彼此间对各自相互能力的了解。其次,在此基础上,各国通过国家制订的贡献提出相应的方案时,由其他国家根据对其能力的了解,进行相应的质询。在这一点上,能力标准的适用和历史责任的适用有很大不同。

总的来说,能力和历史责任一样,尽管能够在一定程度上解决新秩序构建中的公平性问题,但是其适用也需要满足严格的条件,作用的范围也是有限的。毫无疑问,不同国家将会依据各自国情和国家理性利益等来主张自身有关"历史责任"和"能力"的观点与诉求,这也是当前国际社会就有关公平分担义务之前述两项标准呈现出理论纷争与不同意见的理由之一。

(二) 有关公平分配利益的理论

应对气候变化除了要分担相应的成本之外,还需要对利益进行分配,这包括几方面的利益:一是排放权的分配,即各国可以在未来一段时间内获得多大的碳排放空间;二是额外收益的分配,减排行动会带来净收益,这部分收益也需要进行公平分配;三是发展中国家缔约方获得的支助,这部分支助也应当属于利益分配的一部分。在这三个方面中,排放权的分配是核心的议题。与一般的国内法上的行动不同,应对气候变化的国际集体行动所要解决的是具有外部性的气候变化问题,其行动框架也建立在共区原则基础之上,这意味着减排的成本并不是平均分担到各个缔约方之上,减排收益与减排成本也并非相对应。因此,必须在义务分担之外单独讨论利益分配的相关公平理论。总体来看,在利益分配之中主要有两种理论在发挥作用,一是平等主义理论,二是需要理论,这两种理论相互混杂在一起,在上述三个利益分配领域之中发挥着复杂的作用,有时相互融合,有时又相互冲突。

1. 平等主义理论

平等主义是一种绝对的公平理论,其核心理念是基于所有主体享有平等的生存和发展的权利。平等主义可以在两个层面上进行理解:一是国家层面上的平等主义,即各国享有平等的权利。另一种责任是个体层面上的平等主义,即以人均法来进行利益的分配。平等主义主要用于排放权分配的讨论,但是也可以围绕平等主义讨论后面两种类型的利益的分配问题。

在排放权的分配问题上,基于国家平等的主权理论(图表14)认为,排放量应当被维持在现有的状况之下,从而使得每个缔约方都有权将排放量保持在目前的水平。《京都议定书》的方案很大程度上是建立在这种观念的基础之上,把现有排放量作为减排的基础,要求全部或大部分签约国按照指定的百分比来降低排放水平。①但基于个体平等的平等主义理论认为,考虑到各国间人均排放水平的巨大差异,这种方法会产生严重的公平性问题。基于大气是人类的共同资源这一事实,每个个体都应当享有平等的排放权,因此,应当以人均法来进行排放权的分配。从前一节所提供的事实来看,尽管一些发展中国家缔约方在排放总量上已经达到了很高的水平,但是从人均水平来看,远远低于发达国家,这意味着发达国家和发展中国家人均生活水平上的巨大差异。考虑到发展中国家发展和消除贫困的优先任务,人均法具有强烈的伦理意蕴。但是有发达国家学者对此持反对态度。美国著名法学家波斯纳和孙斯坦认为,在人均法之下,如果存在总量的限制,发展中国家由于大量的人口,会获得较高的排放权份额,此时发达国家(主要是美国)必须向发展中国家大量购买排放权,从而导致一国财富向其他国家的转移。这种转移是发达国家缔约方国内不可能接受的,即便接受,也不意味着必须通过排放权的方式进行。②除此之外,波斯纳等学者还认为,人均排放权并不意味着最终每个个体享有平等的排放权,排放权仍然是由政府进行分配。此外,人均排放权会激励人口较少的国家鼓励生育。更重要的是,人均排放法会使得合理施政、推动经济发展的政府受到隐形的"惩罚"。③

在额外收益的分配上,基于国家平等的平等主义也是一种在理论上可供选择的方案,但是平等主义在此处同样具有缺乏效率的问题。从效率的角度来看,最好的处理盈利的方式就是把它奖励给那些在协议签署前就已经着手减少温室气体排放的国家,避免对这些国家的隐形惩罚。④但是这种方法也必须接受一定的限制,至少在最基本的层面上,需要坚持帕累托改进的要求,使得国际社会能够实现共赢,完全的依据效率也并不必然会导致理想的结果。此外,也需要在收益的分配中构成对效率和平等主义的挑战,这在后面会进行进一步论述。

---

① 参见〔美〕埃里克·波斯纳、戴维·韦斯巴赫:《气候变化的正义》,李智、张键译,社会科学文献出版社2011年版,第153页。
② 例如,如果全球以2005年排放水平封顶,美国为了维持在2005年排放水平,必须向发展中国家如中国和印度支付上千亿美元购买排放权。See Eric A. Posner, Cass R. Sunstein, "Climate Change Justice", *The Georgetown Law Journal*, Vol. 96, p. 1608.
③ 参见〔美〕埃里克·波斯纳、戴维·韦斯巴赫:《气候变化的正义》,李智、张键译,社会科学文献出版社2011年版,第166—173页。
④ 同上书,第172页。

在支助问题上,平等主义存在着发挥作用的空间。尚没有发现针对援助中的公平性问题的研究,但是考虑到支助的有限性,如何在受助方之间公平的分配支助,也是一个需要考虑的问题。可供选择方案很多,基于国家平等的平等主义是一种可能的选择,即各国都享有平等的支助。但是在实践中这显然是难以具体操作的,也与支助的目的相互冲突。实践证明,支助往往会在具有良好制度基础和动员能力的国家取得更多的效益,因此,支助流向这类国家显然更有效率。但是仍需要考虑需要的作用,能力匮乏的国家往往又是最需要的国家。显然,单一性的标准并不能在支助中发挥有效的维持公平的功能。

由此可以看出,平等主义理论也并不是完美的理论,不能单独解决新秩序构建中的公平性问题。

2. 需要理论

与平等主义不同,需要是完全不同的利益分配理论,需求使得部分国家在利益分配中优先于其他国家。需求的基本内涵是必须对部分国家予以特殊照顾,并对其要求和特殊情况进行优先考虑。需要主要是针对发展中国家缔约方,《公约》第 3 条规定:"应当充分考虑到发展中国家缔约方,尤其是特别易受气候变化不利影响的那些发展中国家缔约方的具体需要和特殊情况,也应当充分考虑到那些按本公约必须承担不成比例或不正常负担的缔约方特别是发展中国家缔约方的具体需要和特殊情况。"从《公约》前言、第 8 条以及有关资金技术方面的规定来看,发展中国家的需要包括"实现经济可持续增长和消除贫困"、降低脆弱性以及资金和技术等方面的支助。

以需要为标准进行利益的分配具有两方面的理论基础:一方面,从道义主义的角度来说,发展中国家在国际经济政治秩序中处于弱势地位,需要解决发展等方面的问题,发达国家有道义上的义务去帮助发展中国家;另一方面,从福利主义的角度来说,需要表明更高的支付意愿,这意味着同样的资源在发展中国家缔约方之中能够增加更大的福利,为了实现最大化的福利,应当以需要来进行利益的分配。但是需要注意的是,不同国家的需要是多样化的,并且不同的需要之间具有潜在的冲突,需要与其他标准之间也并不总是相互契合,这意味着当国际社会尝试以需要作为一种利益分配的公平性基础时,必须注意到需要对于公平的潜在的负面影响,并尝试解决这些影响,以最大化发挥需要的功能。

首先,在排放权的分配上,需要是一种潜在的分配标准。发展中国家缔约方普遍具有较低的人均排放,而发达国家缔约方则具有较高的人均排放,这主要是由发达国家较高的生活水准所带来的。因此,为了满足生存和发展的需要,发展中国家缔约方要求在人均排放上的增长。但是问题在于发展中国家的情况也是多样的,最贫穷国家和最脆弱国家并不完全重合,那么,进一步带来的问题是发展的需要和脆弱性需要应当如何进行优先性排序?对此,有学者认为应当以脆弱性作为首要标准,最为脆弱的国家和人群的需要应当首先获得考虑①,也有学者认为应当优先分配给最贫穷的国家②,这两种内在的需要之间的潜在关系和矛盾,需要进一步的讨论。

其次,在额外收益的分配上,需要也与其他标准存在着冲突。除了与平等主义的冲突之外,需要与效率之间的冲突最为明显。为了实现全球应对气候变化的目标,以需要为标准,将额外收益或者至少部分额外收益分配给具有特殊需要的国家是一种可能的选择。这使得额外收益仍然被用于气候变化的应对活动之上,减少了缔约方的负担,但是仍然需要强调的是,需要仍然要和其他标准进行相互衔接和结合,对需要施加限制,避免对于公平原则的偏离。

最后,在支助上,需要显然是非常重要的标准。相比能力而言,需要更加适合于调整支助的分配,也能够有效地保证支助之目标的实现。尤其在技术领域,技术方面的转移和支助需要结合对受助国的技术需求评估进行。但是仍然需要考虑的公平问题是如何衡量不同国家的需要,并且在支助中平衡各国具体的不同需要。此外,也存在着这种担心,即受助国的低效和腐败往往会使得支助难以最终落在最需要的领域和人群之中。因此,如何在适应以及国际资金、技术、能力建设设计公平的参与程序,确保对于受助国的有效监督,也是需要考虑的问题。

三、新秩序构建中的公平性论争导致的制度困境③

新秩序构建中的公平性论争导致了气候谈判实践中的诸多制度性困境,如谈判主体的立场分化、谈判决策程序的民主失灵、长期愿景和行动方案的目标背离。尽管《巴黎协定》的签订被视为国际气候法律秩序构建的一个阶段性成果,但仍难以消除上述困境的影响。质言之,造成上述难以克服之困境的主要原因有两方面:其一,国际气候法律新秩序的构建不同于其他类型

---

① See Beverly Wright, "Toward Equity: Prioritizing Vulnerable Communities in Climate Change", *Duke Forum for Law & Social Change*, Vol. 4, Issue 1, 2012, p. 5.
② 参见〔美〕埃里克·波斯纳、戴维·韦斯巴赫:《气候变化的正义》,李智、张键译,社会科学文献出版社 2011 年版,第 122 页。
③ 制度困境部分的主要内容已在《环球法律评论》2016 年第 2 期刊发。参见陈贻健:《国际气候法律新秩序的困境与出路:基于"德班—巴黎"进程的分析》,载《环球法律评论》2016 年第 2 期。

国际法律新秩序的构建。气候变化问题与其他环境问题相比虽然在时间、空间尺度上往往更大,更复杂,但其产生根源与其他环境问题实质上具有共同性。通常的理论解释主要将气候容量资源视为"公共物品",具有消费的非竞争性和非排他性,从而会导致"公地悲剧"①和"集体行动"中的"搭便车"②。由于《公约》开始设定了应对气候变化的目标,因此在既定的减排目标下,气候容量资源就成为经济学上所言的一个总量有限的"公地"。对于各国而言,其收益增长与气候容量的利用、与其碳排放数量正相关。因此,每个主体均倾向于尽可能多地消耗气候容量资源并将气候变化的成本外部化,避免由自己承担应对气候变化的成本,同时又希望能从其他主体对气候容量资源这一公共物品的购买(例如减缓气候变化的投入)中获益。③因此,在应对气候变化的"集体行动"或国际气候法律新秩序的构建进程中,各国均容易倾向于置应对气候变化的集体行动目标于不顾,而采取有利于私人目标的单方行动。上述"公地悲剧"和"集体行动困境"的存在,给国际气候法律新秩序构建带来了一系列困境。其二,当前针对国际社会有关气候变化领域之减排义务、收益分配等问题,尚没有形成统一一致的公平正义观,即各国有关气候变化义务负担和利益分配都会结合自身国情、能力和需求等因素主张不同的适用标准等,而国际社会平权结构的特征以及有关该些领域统一公平判断标准的缺乏,自然会滋生诸多制度困境。在国际气候法律新秩序构建进程中,各方主体在公平理论层面存在争议,直接导致的是缔约方主体的立场分化以及谈判进程中民主失灵现象的出现,并最终致使减排目标与减排模式的背离趋势进一步加强。

(一)缔约主体立场的分化仍然存在且趋于复杂

《巴黎协定》将《公约》所有缔约方都囊括在新协议之下,实现了德班平台既定目标,增强了缔约主体的广泛性。缔约主体的广泛性意味着各方在德班平台的基础上,对于加强应对气候变化国际合作的必要性,对于"共同但有区别的责任"原则的理解,对于国际气候法律新秩序的构建等问题形成了更多的共识。但这种形式共识并不意味着各主体的立场分化得到了弥合:

首先,总体而言,发达国家和发展中国家作为两大主要阵营的基本立场分歧仍然存在。《巴黎协定》的一个显著变化是对"历史责任"的淡化④,而历

---

① *See* Garrett Hardin,"The Tragedy of the Commons",162 *Science* 1243,1248 (1968).
② 参见〔美〕曼瑟尔·奥尔森:《集体行动的逻辑》,陈郁等译,上海三联书店1995年版,第18页。
③ 参见〔美〕汤姆·泰坦伯格:《环境与自然资源经济学》(第5版),严旭阳等译,经济科学出版社2003年版,第72页。
④ *See* "Post-Paris Climate the Historic Agreement", *Source*, *Down to earth* (New Delhi, India), (12)2015.

史责任恰恰是发展中国家要求发达国家承担强制量化减排义务,并向发展中国家提供资金、技术和能力建设援助的基础。历史责任的淡化导致了在《巴黎协定》的减排责任模式上更多地趋向了"共同责任",即各缔约方均通过"国家自主贡献"承担减排义务,但这种转变并没有根本上改变国际气候谈判中发达国家和发展中国家两大阵营对峙基本态势。这种对峙在各国提交的"国家自主贡献方案"的力度、资金、技术、能力建设援助等问题上仍然会有冲突。

其次,发达国家阵营内部的分歧继续加大。国情的差异和气候变化的不同影响使"G77加中国"在气候谈判问题上日益分裂为三个层次:具有地区或全球政治经济地位的新兴经济体(包括基础四国,BASIC);严重依赖石油出口的石油输出国组织成员国(APEC);排放总量和人均排放极低,但受气候变化不利影响最大的小岛屿国家联盟(AOSIS)和最不发达国家(LDCs)。① 随着小岛国家联盟和最不发达国家遭受着越来越严重的气候变化不利影响,它们与G77集团内主要发展中国家在应对气候变化上的分歧越来越明显②,而欧盟在气候谈判中的政策立场符合小岛屿国家联盟和最不发达国家的利益,导致它们间的传统对抗性谈判关系出现松动,立场趋向一致。③ 其他发展中国家与欧盟结盟的倾向也愈加明显,这种苗头表现最为明显的是"CATAGENA(卡他戛纳)对话组"的成立和运作。该组织是由小岛国联盟、拉丁美洲、欧洲、东南亚和非洲的29个国家组成的跨越南北联盟正式对话组织,旨在促进联合国气候变化框架会议的进程和建立有法律约束力的条约,反对延迟谈判和固守某集团利益。④ 严重依赖石油出口的石油输出国组织成员国,如沙特,虽然基于利用灵活市场机制等动因更加关注减排问题,开始承认沙特也在遭受着气候变化问题,但仍然坚称应对气候变化的措施会严重损害本国的经济。⑤ 基础四国(中国、印度、巴西和南非)的出现使主要发展中国家在应对气候变化中的责任和地位问题凸显出来,加大了与其他发展中国家的差异性,在哥本哈根会议上基础四国试图与美国通过小范围闭门会谈方式达成《哥本哈根协议》,一定意义上也降低了诸多发展中国家对基础四国的信

---

① 参见高小升:《试论基础四国在后哥本哈根气候谈判中的立场和作用》,载《当代亚太》2011年第2期。
② 参见严双伍、高小升:《后哥本哈根气候谈判中的基础四国》,载《社会科学》2011年第2期。
③ 参见曹亚斌:《全球气候谈判中的小岛屿国家联盟》,载《现代国际关系》2011年第8期。
④ 参见侯艳丽、昂丽、杨富强:《全球气候变化谈判变局之谋——坎昆会议后的思考》,载《中国能源》2011年第1期(第33卷)。
⑤ 参见杨毅:《浅析沙特阿拉伯在国际气候变化谈判中的立场与策略》,载《西亚非洲》2011年第9期。

任。① 实际上,基础四国(BASIC)本身并非是一个正式的气候谈判集团,②四国之间在发展水平和碳排放特征方面存在的差异甚至超过发达国家和发展中国家的一般差异,因此这一集团内部成员也面临着自身的国家身份身份和共同体身份认同上的冲突。③在波恩会议中,中国与 G77 国集团在一些关键问题认识上的不同导致了无法形成一致共识。而德班平台的"主席候选人"之争,则是发展中国家内部分歧的一个集中爆发和体现。④

最后,发达国家内部的分歧也非常明显。发达国家内部主要是伞形集团与欧盟之间的不同立场:由美国、日本、拿大、澳大利亚、新西兰等国家组成的伞形集团在德班之后试图弱化减排责任,先后退出或明确表示不再履行《京都议定书》第二承诺期。如日本认为自己在原来的基础上再完成6%的减排目标就是让"已经拧干的毛巾还要挤出水来"。⑤而欧盟虽然由于欧债危机和全球经济复苏乏力的影响,其减排雄心和推动力度有所减弱,但在减排模式和力度等基本主张上仍与伞形集团不同。上述复杂的主体立场无疑加大了国际气候法律新秩序构建的难度。

(二)谈判程序中的"民主失灵"现象导致谈判进程拖沓低效

德班平台上的多哈气候大会,终止了"巴厘路线图"以来的双轨谈判;《巴黎协定》成立了"巴黎特设工作组",结束了德班平台的使命,这意味着 2020 后国际气候法律新秩序的构建将在统一的轨道上展开。但是,谈判轨道的合并并不意味着谈判程序的顺利推进。长期以来,国际气候谈判在程序上的拖沓和无效率一直为人诟病,而这一弊端很大程度上源于一致同意的表决制度。⑥全体一致原则是国际会议传统的表决方式,是国家主权平等原则的制度体现。⑦国际气候谈判也采用了一致同意原则。该原则来源于《公约》授权,根据授权,公约规则……⑧而根据 1996 年《缔约方会议及其附属机构议事规则草案》,《公约》及其《议定书》的表决事项,除非有相反的规定,否则应

---

① 参见严双伍、高小升:《后哥本哈根气候谈判中的基础四国》,载《社会科学》2011 年第 2 期。
② See Anne-Sophie Tabau, Marion Lemoine, "Willing Power, Fearing Responsibilities: BASIC in the Climate Negotiations", 3 *CCLR* 197, 208(2012), pp. 197—208.
③ See Kathryn Hochstetler, ManjanaMilkoreit, Emerging Powers in the Climate Negotiations: Shifting Identity Conceptions, 67(1) *Political Research Quarterly* 224, 235(2014).
④ 参见杨富强:《气候变化谈判战略的新思维》,载《中国能源》2012 年第 7 期(第 34 卷)。
⑤ 参见宫笠俐:《日本在国际气候谈判中的立场转变及原因分析》,载《当代亚太》2012 年第 1 期。
⑥ See Louis John, "United National Decision-Making: Confrontation or Consensus?", 1 *Harv. Intl. L.* 438(1974).
⑦ 参见梅红:《简述国际组织的表决方式》,载《法学评论》1985 年第 5 期。
⑧ See UNFCCC (n 6) Art. 7(2)(k).

一致同意才能获得通过。①由此，一致同意成为国际气候谈判表决时的一般规则。这一规则充分尊重了各国的主权，从而使其通过的决议具有普遍的效力和执行力，更容易得到缔约方的执行。

一致同意规则的缺点也很明显，即一个或几个极少数的国家就可以否决绝大多数国家的意见。由于气候谈判牵涉利益重大，国家间的立场和利益分歧难以避免，不同国家间基于自身利益诉求而形成各自的阵营，各阵营内部又分化出不同集团，在涉及责任分担等关键议题时，主体间的利益分歧将会导致协商一致的谈判成果难以顺利产生，从而导致民主程序不能产生出应对气候变化的有效方案，出现国际气候谈判中的"民主失灵"。②正如斯塔所说，全体一致同意原则是为保障少数而设计的，但是由于夸大了绝对的平等，却变成了反对多数的一项暴政。③过于强调一致同意原则，已经对国际气候法律新秩序的构建产生了明显的消极作用。因为，目前国际社会针对气候变化之义务与利益的分配尚未能达成较为一致的公平判断，也即各国有关气候变化之公平性问题的主张仍然存在诸多理论争议。这就意味着，一致同意规则将面临很大的挑战，一个或几个国家如加拿大、美国、日本等就可以否决国际社会的集体性意见，势必制约国际气候谈判的效率。为了提高谈判效率，加快全球应对气候变化国际合作的进程，设置公平、有效的表决程序以避免"民主失灵"，是国际气候新法律秩序构建中必须关注和改进的关键性环节。

（三）减排目标与减排模式背离的趋势进一步加剧

《公约》第 2 条明确提出了应对气候变化的最终目标，即将"将大气中温室气体的浓度稳定在防止气候系统受到危险的人为干扰的水平上。"此后在 IPCC 科学评估的基础上，2℃温升控制目标逐渐成为国际气候谈判的共识。2015 年通过的《巴黎协定》重申了"把全球平均气温升幅控制在工业化前水平以上低于 2℃之内"的目标，同时进一步提出要"努力将温升幅度控制在工业化前水平以上低于 1.5℃之内"，进一步强化了减排的雄心。④但是，雄心勃勃的减排目标需要强有力的减排行动予以支撑。反观自《公约》以来达成的法律成果，除《京都议定书》设置了量化强制减排模式外，其他法律文件都没能进一步加强减排行动的力度。即便是"京都模式"下的减排行动而言，由

---

① See UNFCCC, Draft Rules of Procedure of the Conference of the Parties and Its Subsidiary Bodies, UN Doc FCCC/CP/1996/2.
② 相关论点可参见〔澳〕大卫·希尔曼、约瑟夫·史密斯：《气候变化的挑战与民主的失灵》，武锡申、李楠译，社会科学文献出版社 2009 年版。
③ 参见梅红：《简述国际组织的表决方式》，载《法学评论》1985 年第 5 期。
④ See Decision -/CP. 21 Paris Agreement Art. 2.1(a), FCCC/CP/2015/L.9/Rev.1.

于"灵活机制"的存在以及缺乏有力的遵约机制,其对 2 ℃温升控制目标的贡献也极其有限。所以,减排目标的强化和减排模式的弱化并存一直是国际气候法面临的窘境。有学者认为国际气候变化法中的实用主义倾向逐步在替代气候正义的伦理考量。①

《巴黎协定》以"自下而上"式的"国家自主决定贡献"模式作为新的减排模式,虽然照顾了缔约主体的广泛性和减排的灵活性,但在减排力度上实际更是一种弱化。德班平台和《巴黎协定》本身也注意到了这种困境:德班气候大会在设立德班平台的决定中即表示"严重关切地注意到"了减缓全球温室气体年排放量的总合效果和全球平均温升维持在 2 ℃ 或 1.5 ℃ 以下的可能性的总合排放路径之间的"差距"②;《巴黎协定》重申了这种关切并再次予以"强调"。③申言之,《巴黎协定》并没有扭转减排目标和减排行动背离的趋势,甚至由于缺乏"京都机制"下的强制量化减排,这种背离趋势还可能进一步加剧。质言之,国际社会呈现出此种减排目标与减排模式相背离趋势不断加强现象的主要原因在于,各国在气候变化应对领域就公平问题的讨论仍然存在着诸多难以达成共识的理论论争。一方面,各国为避免国际社会的道德舆论压力以及《公约》及其议定书等法律文件所确立的相应国际法义务,往往会在相应的国际谈判和国内法上确立较为强化的减排目标以保证与国际社会的同步前进;另一方面,各国基于自身特殊情势和理性利益的考量,会选择积极应对、消极应对和有意规避等不同的气候变化应对策略,为合理和正当化自身的策略选择,各国往往会结合自身情形提出或主张不同的公平性论点并辅之以相应的论据。由此导致的便是,在国际社会以及各国不断确认和重申愈加急切且雄心勃勃之减排目标的同时,所达成和确立的却是与目标并不相匹配的减排模式。

第三节 公平性问题的综合解决框架

前述分析可以看出,各国基于自身利益立场而借助相应的公平性主张予以表达,引发了气候谈判包括新秩序构建进程中的公平性理论论争,也导致新秩序构建进程出现诸多制度困境。探讨公平性问题的解决,对新秩序构建有重要意义。从上节几种有关义务分担和利益分享的主要公平理论分析可

---

① See Benoît Mayer,"Climate Change and International Law in the Grim Days,The European Journal of International Law",24 (3)*EJIL*947,970 (2013).

② See 1/CP. 17 para. 2,FCCC/CP/2011/9/Add. 1.

③ See Decision -/CP. 21 Para. 9,FCCC/CP/2015/L. 9.

以得到以下结论:从宏观的层面上来看,鉴于新秩序构建中公平性问题的复杂性和各公平理论的局限性,任何一种公平理论都不能单独解决所有的公平性问题,没有一种普适的、单一的公平性理论。从新秩序下国际气候变化法律框架的整体发展方向和发展路径来看,国际社会需要一种综合的、多样性的公平性问题解决框架。这种框架建立在对多种公平理论和公平标准进行调和和协调的基础之上。不同的公平理论之间的相互协调能够弥补单一公平理论的缺陷,照顾到不同国家的公平观和立场,使得国际社会能够对不同领域中产生的公平性问题进行针对性的调整。这从整体上也与新秩序下多元共存的理念具有深层次上的契合。

综合性的公平性问题解决框架是多层次的:在理念层面上,综合性公平性问题解决框架要求以气候变化的事实和应对气候变化的目的为基础,基于平等主义和历史责任,参考排放行为和后果公平划分各国的权利和义务,而将资源能源禀赋、需要和能力等作为责任履行而非责任认定的考量因素。在法律原则层面上,公平性问题综合解决框架要求澄清共区原则和气候变化事实各自能力原则的内涵、地位和适用范围,并加以贯彻落实。在具体领域的公平性问题解决上,综合性解决框架要求以前述理念和原则为指引,结合该领域的实际情形作出针对性的解决方案。在构建路径和制度设计层面,公平性问题的综合解决框架还包含了新秩序在微观层面具体构建路径的转向和针对制度困境的制度应对。

一、理念层面

理念和原则是规范的来源,贯穿于应对气候变化的全过程之中,是调整新秩序下公平性问题的根本准则。在理念层面,综合性公平性问题解决框架首先要求既要坚持分配正义,也要坚持矫正正义。分配正义是基础。"分配正义所主要关注的是在社会成员或群体成员之间进行权利、权力、义务和责任配置的问题。"[①]分配正义要求向前看而不是向后看,这符合发达国家缔约方的诉求,与此同时,分配正义也要求照顾弱势缔约方的现实和需求,这也符合发展中国家缔约方的需求。矫正正义作为补充,在分配正义的基础之上,也需要依据矫正正义的理论来调整缔约方之间的义务分担和利益分享,修正分配不正义以及不公平的情况。其次,要求坚持同一性和差异性的统一。同一性要求人们因某些被认可的同一而得到相同的对待,而差异性关注的是不

[①] 〔美〕E.博登海默:《法理学——法哲学及其方法》,邓正来译,中国政法大学出版社1999年版,第256页。

同的人因某些被认可的差异而得到不同的对待。①同一性和差异性要求相互依存,相互补充,进而共同保证公平得以更好地实现。

在规则层面,需要从两个方面确立一些有关公平性问题解决的基本规则,这些规则并不是直接调整权利义务的规范(Norms),而是针对新秩序构建中的公平性问题的一般性的指导准则(Guide),是解决公平性问题的基本要求。这些规则中既有实体方面的规则,也有程序方面的规则。

第一,个体的生存权和发展权应当得到基本的保障,这是所有公平性问题解决的基本前提。"人权可以在探讨如何在一个新的气候变化框架中实现公平问题上扮演角色"②。应对气候变化不仅仅涉及国家间的利益,也涉及个体的利益,气候变化的影响最终势必会施加于个体之上,这意味着应对气候变化不仅属于国际政治问题,也属于国际人权问题。不管不同领域的义务和利益如何进行分配,应当保证的一个基本前提是保障个体的生存权和发展权,确保最为脆弱的人群受到充分的保护。

第二,国家利益应当得到充分的尊重。国家是国际行动的基本单位,应对气候变化的国际协调与国内行动都有赖于国家主权的作用。因此,在所有的公平性问题中,都必须尊重各国的国家利益,避免全球性共同利益与国家利益之间的失衡。这就要求在公平性问题之中,尊重各国的公平观和公平性立场,允许各国根据本国的公平观提出行动方案。新的气候变化法律秩序建立在这种理念的基础之上,通过对国家利益的尊重,推动国际社会的普遍动员。

第三,弱势国家的必须获得特别的关注。基于道义主义和福利主义的双重要求,最脆弱国家和最贫穷的国家是气候变化公平性问题中最需要关注的对象,这类国家应当获得更多的份额和帮助。从表面上看,这一规则和上一规则之间具有潜在的冲突——任何国家的国家利益都是平等的,但是从实质上看,这一规则构成了对上一规则的补充,体现了对结果公平的追求,使得新秩序下公平原则能够获得实质上的贯彻。

第四,每一种公平标准都需要和其他标准相互结合,相互限制。每一种公平标准都具有一定的局限性和缺陷,为了避免适用公平标准带来的不公平

---

① 参见易小明:《分配正义的两个基本原则》,载《中国社会科学》2015年第3期。
② Edward Cameron, "Tara Shine, and Weidi Bevins, Climate justice: Equity and Justice Informing a New Climate Agreement", 2013, p. 17, available at https://ggss.cf/url？sa=t&rct=j&q=&esrc=s&frm=1&source=web&cd=1&ved=0ahUKEwjC692ErK7MAhWJaT4KHfQDDXEQFggdMAA&url = http%3A%2F%2Fwww.wri.org%2Fsites%2Fdefault%2Ffiles%2Fclimate_justice_equity_and_justice_informing_a_new_climate_agreement.pdf&usg=AFQjCNFjuF3K32FfC_-5ugZfUYx66wZdoA。最后访问时间:2016年7月18日。

问题,每一种公平标准都需要与其他标注相互结合起来进行适用。例如能力需要和需要标准相互结合,需要标准也要受到平等主义的限制,以此才能够兼顾不同国家的公平立场,避免谈判的僵局和实质性的失败。

第五,遵循协商民主的要求,确保各国的平等参与、协商和讨论。新秩序的重要特点在于各国之间不再划分为特定的阵营,而是各自根据本国的公平观提出目标,并相互间进行商谈达成共识。这意味着新秩序能够在最大程度上确立各国间的平等地位,避免特定的公平观因为特定的阵营的力量而占据绝对的优势地位,损害公平性问题中各种公平观共存的基本共识。在这一实践情况之下,必须确立各国平等参与协商的规则,允许各国间进行相互质询,确保各种公平观之间的平衡。

从上面的要求我们可以看到,公平性问题的综合解决框架要求在理念层面尽量包容平等、历史责任、能力以及需要等公平理论的基本要求,这几种公平理论的冲突无法通过自身优劣的比较解决,而是应当放在气候变化的事实和后果的背景下进行协调。虽然从单一的理论分析来看,任何一种理论均有其支持的依据,但是在国际气候变化法的框架下,任何一种理论的选择都不能偏离应对气候变化和保障气候安全这一目的。基于这一理念,我们秉持的基本观点是:对新秩序构建中的公平性问题的探讨离不开气候变化的背景以及国际气候法律秩序应对气候变化的目的,应当基于排放行为和后果公平划分各国的权利和义务,而将资源能源禀赋以及能力等作为责任履行而非责任认定的考量因素。尽管解决公平性问题的综合框架要求充分考虑各种公平性理论的基本主张和价值诉求,力求实现价值论上的"帕累托最优";但各种公平主张不可避免会具有冲突的一面,例如基于人权的平等主义、基于主权的祖父法则、基于自由的需求主张、基于责任的污染者付费,以及基于能力的平行标准和垂直标准,均具有合理的价值和事实支持,并得到了相关利益主体的大力推动,无论采取哪一种公平标准均会一定程度上破坏其他标准。因此,公平性问题的解决无法回避价值冲突问题,关键还是回到"同等情况同样对待"这一基础性的公平标准上。鉴于 AR5 已经对人类排放行为与气候变化之间的因果关系给出了近乎确定性的结论(Exremely likely,95％以上的可能性),因此在确定气候变化领域的权利和义务划分时应当将重点集中在排放行为及排放后果上,以此建立一致性的客观标准。在没有确立更科学、合理的标准之前,人均累积排放标准可以作为确定"同等情况"的责任认定指标。至于在责任履行方面是否考虑资源能源禀赋甚至能力因素等,则是另一个层面的问题。

总而言之,公平性问题之综合解决框架理论既是一个综合的、动态的集体行动框架,也是一个包容的理论分析框架。综合性公平性问题解决框架理论的提出,建立在对自德班会议以来的新秩序构建的客观实践和发展规律的理论总结的基础之上。新秩序的核心理念是包容不同的公平理论和公平观,包含不同的价值判断和排放、损害等方面的事实因素,并且在制度和规范层面上强调多种标准的综合运用,这为具体领域的公平性问题的解决提供了一个整体的分析框架。

二、法律原则层面[①]

公平性问题的综合解决框架只具有对价值和事实的包容性是不够的,还还必须对权利的分配和义务的分担起到实际的指导作用。[②] 就法律的创设而言,具体法律规则的设计必须符合已经确立的法律原则的指引与制约;就法律的实施而言,法律原则起到填补空白和法律纠偏的作用,即当法律的相关规定缺失或者明显与法律目标和基本原则相冲突时,法律原则可直接通过适用的方式起到填补空白或者法律纠偏的作用。具体到国际气候法律新秩序构建领域,还必须确立相应的法律原则作为支撑,这些原则对国际气候变化法律新秩序的构建和实施起到极为关键的指引、制约和填补作用。就应对气候变化领域而言,从《公约》到《京都议定书》到《巴黎协定》,都一直强调公平原则的基础地位,并将公平原则进一步具体化为共同但有区别责任原则和各自能力原则。但问题在于对上述原则的理解一直存在偏差和误读。在新秩序构建进程中,解决公平性问题的基础是明确共区原则和各自能力原则的地位、内涵、适用范围等方面的问题。

(一)共同但有区别责任原则仍是解决公平性问题的基本法律原则

在国际气候法律秩序中,共同但有区别责任原则(Common but Differentiated Responsibility,以下简称共区原则)是确立强制量化减排义务,分配资金、技术及能力建设等义务设置的基础,也是各国对于公平性问题的集中体现。在京都时代及《京都议定书》制定前夕,各国对气候变化的事实和后果有着更一致的背景信念,对于应对气候变化的展望持更为乐观的态度,更愿意进行一些尝试性的探索,这些意愿加之谈判中的各种因素,使得各国对国际气候法律秩序中的公平性问题持有的异议更容易得到暂时调和。[③]但在后京

[①] 本部分的主要内容已刊发于《法商研究》2013 年第 4 期。参见陈贻健:《共同但有区别责任原则的演变及我国的应对:以后京都进程为视角》,载《法商研究》2013 年第 4 期。
[②] 参见朱力宇主编:《法理学》,科学出版社 2013 年版,第 167 页。
[③] See Daniel Barstow Magraw, "The Worst of Times", or "It Wouldn't Be Cool," 38 Envtl. L. Rep. News & Analysis 10575, 10577.

都进程以及德班平台下,由于前述科技、经济、政治三大特殊情境因素的影响,国际社会对公平性问题获得的阶段性妥协或共识将进一步分化,围绕新秩序构建中的公平性问题的法律论争进一步加剧并显现出新的动向。当然,即便是《巴黎协定》,在重新确立该原则的地位的同时,并没有对该原则作出明确的、符合公平原则应然含义的解释。对共区原则的模糊处理,从谈判效果而言,可以搁置争议,把更多的缔约方聚集在新协议下。但是,长期而言,对共区作出符合公平原则要求的解读,仍是不能回避的任务。共区原则最终应当从异质责任原则转向同质的责任原则、从静态的主观身份原则转向动态的客观要件原则。

(二)对共同但有区别责任原则的重新解读

1. 从异质的责任原则到同质的责任原则

共区原则中的"责任"究竟是"法律责任"还是"道义责任",抑或是两者兼而有之? 这个问题决定了京都模式的减排责任分担的公平性,也是围绕共区原则法律论争的第一个问题。发展中国家一直以来坚持根据共区原则要求发达国家承担量化的强制减排义务(法律责任)而发展中国家只进行自愿减排(道义责任),而发达国家则要求部分发展中国家,尤其是温室气体排放日益增长的发展中国家与发达国家一道承担强制减排义务(法律责任)。这些要求实际上涉及对共区中"责任"性质的理解,即共区中的"责任"是"同质"的责任还是"异质"的责任? 同质的责任是指同为"道义上的责任"或同为"法律上的责任";异质的责任是指责任一词同时兼具"道义上的责任"和"法律上的责任"两种含义。如果共区原则中的"责任"为异质责任,则可以解释目前国际气候变化立法中要求发达国家承担"法律责任"而发展中国家承担"道义责任"的现象;但如果共区原则中的"责任"应理解为同质责任,则所有主体,无论发达国家或发展中国家,均应承担同一性质的责任,也即如发展中国家承担的是"道义上的责任",则发达国家承担的也是"道义上的责任",如发达国家承担的是"法律上的责任",则发展中国家承担的也是"法律上的责任"。这两种理解是围绕共区原则论争的核心问题之一,也是国际气候谈判的核心问题。

目前的国际气候变化立法虽然确立了共区原则,并要求相关国家根据此原则参与应对气候变化的行动,但并未对这一原则中"责任"性质作出明确的解释。仅从《京都议定书》的规定看,似乎通过立法支持了关于共区中的"责任"应为异质责任的观点,因为《京都议定书》实际上确立了这样一种责任分担模式:即在第一承诺期内,发达国家承担量化的强制减排义务,而发展中家只承担自愿减排的道义责任。然而,伴随着后京都进程相关论争的展开和深入,共区中的责任为异质责任的观念受到了越来越多的挑战,并将导致共区原则向同质责任原则的演变。其理由在于:

首先,将共区中的责任解释为异质责任在形式上有违文义解释的基本规则。文义解释尽管存在很多具体的运用规则,然而平义规则(通常含义规则)、确定性规则、一致性规则、语法规则是其中一些优位的基本规则。运用这些规则分析可知,共区原则应当为同质责任原则更为合理:从平义规则而言,共区原则(共区原则)中的"责任",应当解释为法律上的"责任",这是该用语在法律文本中的通常含义;从确定性的要求来看,将"责任"解释为道义上的"责任"和法律上的"责任"两个概念,导致共区在含义上陷入了矛盾之中,增加了共区理解上的主观随意性;从一致性的要求来看,既然《公约》及其《京都议定书》均要求各国在共区原则指导之下应对气候变化,则此原则应当适用于任何缔约方,如"责任"为法律上的,则各国均应根据共区原则承担法律责任,如"责任"为道义上的,则各国均应根据共区原则履行道义上的要求,而不应当在同一法律框架中区别对待;从语法规则来看,在共区原则的表述中,"但有区别"是在"共同"之后作为补充性限定语存在,这表明了"共同"是"责任"的首要特征而"但有区别"是补充性特征。从反面推论,如果将共区原则从文义上解释为异质责任,则意味着"责任"的性质是"但有区别"的,而"责任"性质之外的"责任"领域、种类、强度、方式、时间等方面是"共同"的,在此情况下,即使"责任"性质"但有区别",但由于"责任"领域、种类、强度、方式、时间等方面"共同",共区实质上仍然是同质的责任原则而非异质的责任原则,"但有区别"对于"责任"性质的限定用语无论从形式解释还是实质解释来说均无意义。

其次,将共区中的责任解释为异质责任有违公平原则的要求。公平原则作为一项基本法律原则应当得到普遍遵循。《公约》第 3 条第 1 款明确提到,"各缔约方应当在公平的基础上,并根据它们共同但有区别的责任和各自的能力,为人类当代和后代的利益保护气候系统。"[①]因此,共区原则的解释和适用应当以公平原则为基础。在应对气候变化的过程中,发展中国家的特殊情况和需求应当得到考虑,但通过将共区原则中的"责任"解释为异质责任从而照顾发展中国家的做法在一定程度上违背了公平原则的精神。

通常认为,发达国家承担强制减排义务而发展中国家只进行自愿减排的安排源自历史责任的追溯,也就是说历史责任是异质责任的公平论基础,但

---

① United Nations Framework Convention on Climate Change, May 9, 1992, 1771 U. N. T. S. 165. art. 3(1).

历史责任的追溯本身存在诸多可质疑的地方:第一,发达国家在发展过程中的高排放是当今大气中温室气体增加的主要原因,但在当时的科学技术条件下,温室气体排放行为对于气候变化的影响尚未为公众普遍知悉。虽然1827年科学家Baron J. B. Fourier最早提出温室效应,但是长期以来,科学家对于温室效应的预测一直停留在理论阶段,而且在当时各国限于科技水平在发展方式上尚不能作出其他灵活选择。1979年世界气象组织召开世界气候大会宣言指出,可以确信,在过去一个世纪,石油燃料的燃烧、森林减少和土地利用变化已经使大气中二氧化碳的总量增加了15%,同时以每年0.4%速度增长。① 因此,通常认为直到1990年气候变暖理论才被国际社会普遍知悉并接受,这也是《京都议定书》在设定减排义务时实际认可的一个时点。第二,从历史累积排放的指标看,并非只有发达国家在历史上具有高排放,如果将土地利用的排放计入历史累积排放,则在1950—2000年间世界各国的碳排放总量中,发达国家占了大多数,但是部分发展中国家的历史累积排放也不低,如发展中国家的马来西亚高居第4位,巴西和印度尼西亚排到了第34位和35位,而发达国家的日本则只排在第41位(见表16)。②第三,发达国家在通过高排放追求经济社会发展的过程中并非只产生了环境污染、环境破坏、气候变化等负外部效应③,同时也带来了商品和服务的丰富、技术创新以及竞争性的市场体系等正外部效应。正是因为发达国家的工业化才为全球经济的一体化奠定了基础,使得国际分工更加细致深入,世界各国之间的联系更加密切,进而催生了信息化时代的到来,更加促进科学技术和发明创造的产生,使全世界人们更加深刻地认识到生物多样性的重要。

图表16　累积性排放:源自能源与土地使用变更的二氧化碳(1950—2000)

排序	国别	二氧化碳公吨数(百万)	百分比	二氧化碳人均吨数	排序
1	美国	184827	16.9	623.3	11
2	中国	108117	9.9	82.9	111
3	俄联邦	90068	8.3	629.2	10
4	印尼	79996	7.3	362.7	35

---

① See World Meteorological Organization, World Climate Conference Declaration and Supporting Documents 2, Geneva, 1979.
② See Eric A. Posner, David Weisbach, *Climate Change Justice*, Princeton University Press, 2010, p37, Table 1.6.
③ See Richard B. Stewart, "International Trade and Environment: Lessons from the Federal Experience", 49 *Wash. & Lee L. Rev.* 1329 (1992), in Foundations of Environmental Law and Policy, supra note 28, at 280, 284 (1997).

(续表)

排序	国别	二氧化碳公吨数（百万）	百分比	二氧化碳人均吨数	排序
5	巴西	68029	6.2	364.1	34
6	德国	46382	4.3	562.4	13
7	日本	41603	3.8	325.6	41
8	英国	29164	2.7	484.2	18
9	加拿大	22642	2.1	700.7	7
10	马来西亚	22228	2.0	866.5	4

表格来源：埃里克·波斯纳、戴维·韦斯巴赫：《气候变化的公平》，社会科学文献出版社2011年版，第35页。

如果负外部性需要进行责任追溯的话，那么正外部性是否存在需要补偿？因此，笼统地将历史责任作为异质责任的解释依据是有失公允的。

最后，将共区原则中的责任解释为异质责任背离了国际气候变化立法的目的。《公约》第2条提到，"本公约以及缔约方会议可能通过的任何相关法律文书的最终目标是：根据本公约的各项有关规定，将大气中温室气体的浓度稳定在防止气候系统受到危险的人为干扰的水平上。"①《京东议定书》在序言中重申了这一目标，并通过为附件一国家设置量化的强制减排义务等途径将实现这一目标的手段具体化。但是，如果仅靠附件一国家的减排努力，即使是《京东议定书》规定的减排目标确能实现，而附件B之外的其他国家不努力实施减排措施，《公约》试图稳定气候系统的目标仍很难实现。发展中国家对经济社会发展的特殊需求应当得到考虑，这是共区原则强调"但有区别"的题中之意，但这一题中之意如要通过异质责任的解释来实现，则不仅在逻辑上难以自圆，而且也背离了国际气候变化立法的目的。国际气候变化立法的目的侧重于环境保护和应对气候变化而不是促进经济社会发展，在国际气候变化立法的语境中，经济社会发展应当是在保证应对气候变化的目的得到实现的前提下，通过可持续发展的方式予以促成。只有在以经济社会发展为主题的国际条约中，发展才是优先考虑的议题。所以，在国际气候变化立法中，将共区原则中的责任解释为异质责任，人为机械地划分责任主体，会导致通过国际气候变化立法建立起来的应对气候变化机制处于无效率的状态，从

---

① 参见《联合国气候变化框架公约》，http://unfccc.int/resource/docs/convkp/convchin.pdf。最后访问时间：2016年7月18日。

而无法保证国际气候变化立法的目的得到实现。①

总而言之,在后京都进程中,由于共区原则面临的特殊情境,发达国家履行《议定书》的困难在加大,会改变之前作为一种谈判策略而对解释共区原则时采取的宽泛、灵活态度,转而强调异质责任在法律解释上存在的问题,主张将共区原则的责任解释为同质责任,而发展中国家虽然仍可通过历史责任、现实责任以及自身的发展需求作为反对将其解释为同质责任的依据。但正如前述,这些依据并不十分充分。因此,上述情形可能使得共区原则进一步出现从异质责任原则向同质责任原则转变的走向。

2. 从静态的主观身份原则到动态的客观要件原则

从目前共区原则的立法和实践状况来看,它实际上是一种主观层面上的身份原则,因为共区原则的适用是根据附件一国家和非附件一国家的身份划分进而实现主体间的责任分配,但共区原则并未包含身份划分的依据。接踵而来的问题便是,这种身份划分和责任分配的依据何在,是否具有合理性? 这是围绕共区原则法律论争的第二个问题。《京都议定书》将共区原则下的主体划分为两种类型:一是附件一国家,包括美国、英国、德国、日本、土耳其等24个国家和欧盟以及正在向市场经济过渡的东欧国家和独联体成员国家;二是非附件一国家(主要是发展中国家)。附件一国家承担强制减排的法律责任,其他国家承担道义"责任",只进行自愿减排。但《公约》并未明确这种划分的客观依据,致使附件一国家和非附件一国家的划分成了一种静态的、主观的身份划分。②这种静态的、主观的身份划分在国际气候谈判的进程中,曾经为打破谈判僵局、推动《京都议定书》生效起到了一定积极作用。但是在后京都进程中,由于一些现实困境进一步分化了各国之前建立的对共区原则的共识,加之这种静态的、主观身份划分本身未能反映国际形势和各国情况的变化,从而受到了不同程度的质疑。③

其中,缺乏普遍适用性和动态适应性是主观身份原则在合理性上存在的主要不足。国际气候法律框架中的共区原则通常被视为是对1987年《关于

---

① 在此需要着重强调的是,对共区原则作为异质责任原则的否定,并不是忽视发展中国家的特殊情况和需要。促进经济社会发展和消除贫困是发展中国家的优先事项,这一主张得到了《公约》及其《议定书》的充分肯定。对共区原则作为异质责任原则的质疑,并不是忽视上述主张,而是要在进一步厘清国际气候变化立法中的权利义务的基础上,为发展中国家在应对气候变化的进程中追求可持续发展找到正当性的道路。

② See Mary J. Bortscheller, "Equitable but Ineffective: How the Principle of Common but Differentiated Responsibilities Hobbles the Global Fight Against Climate Change", 10 *Sustainable Dev. L. & Pol'y* 49.

③ See Nina E. Bafundo, "Compliance With The Ozone Treaty: Weak States and The Principle Of Common but Differentiated Responsibility", 21 *Am. U. Int'l L. Rev.* 461.

消耗臭氧层物质的蒙特利尔议定书》(Montreal Protocol on Substances that Depletethe Ozone Layer),以下简称《蒙特利尔议定书》)成功经验的提炼①,但《蒙特利尔议定书》为享有过渡期待遇的发展中国家设置了明确的标准,即只有"Article 5"中"人均生产和消费的消耗臭氧层物质不超过 0.3 千克"的国家享有此待遇②,而《公约》中关于附件一国家的划分却相对缺乏客观的划分标准。发达国家和发展中国家的身份认定,在世界银行、世界贸易组织的立法和实践中,在国际社会对外援助的立法和实践中,都是一个客观标准化的认定结果。③联合国开发计划署(UNDP)2010 年 11 月 4 日发布的《2010 年人文发展报告》对世界各国的分组进行了重新的修正,修正后发达国家或地区的数量由 2009 年的 38 个,上升的 2010 年的 44 个,增加了 6 个。其中经合组织中的发达国家有 28 个,非经合组织中的发达国家有 16 个,包括中国在内的其他国家属于发展中国家。④ 世贸组织成员分四类:发达成员、发展中成员、转轨经济体成员和最不发达成员。这些分类均有一个或多个客观标准。但在气候变化法律框架中责任主体的身份却成为了一种主观的身份划分。并且,这种划分与我们通常所理解的发展中国家和发达国家的划分也并不相同,如通常经合组织的成员都被认为是发达国家,但是在《公约》中,作为经合组织成员的韩国和墨西哥并未被作为发达国家划入附件 B 中承担强制减排义务⑤,而其中的正朝市场经济过渡的国家显然也不等同于发达国家。《公约》并未为这种划分提供一个新的客观标准。此外,附件一国家和非附件一国家的温室气体排放特征以及经济社会发展等因素是一个变量,这些变量在《京都议定书》的第一承诺期之后可能会发生各种变化,如果仍固守附件一国家和非附件一国家的身份划分显然是不合时宜的。⑥主观身份划分原则以及

---

① See Cass R. Sunstein,"Of Montreal and Kyoto: A Tale of Two Protocols",38 *Envtl. Rep. News & Analysis* 10566,10572 (2008).
② See Michael Weisslitz,"Rethinking The Equitable Principle of Common but Differentiated Responsibility:Differential versus absolute norms of compliance and contribution in the global Climate change context", 13 *Colo. J. Int'l Envtl. L. & Pol'y* 473,Summer 2002.
③ 发达国家和发展中国家划分的主要依据是经济发展水平和贫富状况,较常见的划分方式有两种。一是将 1960 年成立的经济合作与发展组织的成员国视为发达国家;一是世界银行根据人均 GNI(国民收入)这一指标,将世界上近 200 个国家分为高收入国家(9361 美元以上)、中收入国家(761 美元—9360 美元之间)、低收入国家(760 美元以下),其中高收入国家是发达国家,中低收入国家为发展中国家。
④ 参见联合国开发计划署:《2010 年人类发展报告》,载联合国网站:http://www.un.org/zh/development/hdr/2010/pdf/HDR_2010_CN_Tables.pdf,最后访问时间:2016 你那 7 月 28 日。
⑤ 部分学者也注意到了这种划分的特殊性,如边永民:《论共同但有区别的责任原则在国际环境法中的地位》,载《暨南学报》(哲学社会科学版)2007 年第 4 期。
⑥ 例如,按照正常情境估计,发展中国家的碳排放将在 2020 年之前超过发达国家,并占到所有增长的碳排放总量的 75% 以上。See Christine Batruch,"'Hot Air' as Precedent for Developing Countries Equity Considerations", 17 *UCLA J. Envtl. L. & Pol'y* 45 (1998—99).

根据此划分确立不同性质的责任分配模式,应当是包含了历史责任、经济发展水平、减排能力以及减排意愿等多方面因素综合考量的结果,是各国在谈判过程中折衷和妥协的结果。但这种折衷和妥协形成的静态的、主观的身份划分,并不具有普适性,更无法适应情势变更的需要。

因此,在后京都进程中,共区原则作为一种静态的、主观的身份原则可能会向动态的、客观要件原则转变。动态的客观要件原则要求共区原则在适用的过程中应当提供明确、客观的身份划分标准,这一标准可能是历史累积排放指标,也可能是多种指标的综合。实际上,部分国家主张人均历史累积排放的分配分案,其实质是要寻求发展机会的平等。但固守于人均历史累积排放量这一指标,则会出现上述损害部分同等情况的国家的发展机会的情况,也"违背同等情况同样对待"的公平标准。未来的共区原则应当是一种动态的客观要件标准,应当随客观要件的标准而变但不因人为划分的身份差异而有不同。否则,共区原则将会因难以适应后京都进程的新形势而被架空或弃之不用。

共区原则从异质责任向同质责任、从静态的主观身份原则到动态的客观标准原则的走向,可以概括为从无效率(Inefficient)的共同但有区别责任原则到有效率(Efficient 或 Rational Bargaining)共同但有区别的责任原则的演变。[①] 在这一过程中,共区原则将在确保应对气候变化目标实现的基础上,日益减少福利主义的成分,力求在公平的基础上使各方利益最大化。从而保证自身在逻辑上是自洽的,是符合对于公平性最基本的一致性要求的,从而才能减少争议,在应对气候变化的实践中是更有效率的。

(三)新秩序构建中应避免将各自能力原则与共区原则混用

很多人对共区原则存在误读,认为共区原则中责任区别的依据是主体的"能力",由于能力差异所以各个主体在应对气候变化过程中的责任不同。这一解读实际上又回到了我们前述中分析过的异质原则、主观身份原则的错误上,并容易导致共区原则与各自能力原则混用。实际上,"能力"不宜作为共区原则中责任划分的客观标准,共区原则也不能与各自能力原则混同。

1. "能力"并非是法律上的责任分配要件,只有在"能力"的获得与"影响"正相关时,将"能力"作为责任分配考量因素才具有正当性

对气候变化领域责任分配要件的争论主要可以简化为"能力"和"影响"两个因素,这里的"影响"实际上包含了传统侵权法中的行为、后果及因果关

[①] See Christopher D. Stone,"Common But Differentiated Responsibilities In International Law", 98 Am. J. Int'l L. 276C, *American Journal of International Law* April,2004.

系的连接。作为1992年联合国环境与发展大会成果之一的《里约环境与发展宣言》(以下简称《里约宣言》)原则七责任分配的要件作出了有限的阐述,其具体内容为:"各国应本着全球伙伴精神,为维护、保护和恢复地球生态系统的健康和完整进行合作。鉴于导致全球环境退化的各种不同因素,各国负有共同但有区别的责任。发达国家承认,鉴于它们的社会给全球环境带来的压力,以及它们所掌握的技术和财政资源,它们在追求可持续发展的国际努力中负有责任。"《里约宣言》的阐述包含了"压力(环境退化)"和"能力(技术和财政资源)"两个归责要件,在气候变化领域,对环境的"压力"也即是对气候系统的"影响",因此,"影响"和"能力"成为日后在国际气候法律框架下讨论责任分配的两个主要要素。气候变化领域责任分配的要件到底是什么?是"影响"还是"能力",抑或是"影响+能力"两者兼而有之?因为归责的依据不同,会影响到责任分配的量甚至责任的性质。通常认为,"影响"是一个归责要件是没有疑问的,任何法律责任的承担,均来自于主体的行为以及与之有因果关系的行为后果,也即"影响";但是对于单一的"能力"要件或者"能力+影响"的双重要件是否是责任分配的构成要素,还有待分析。在国际气候法律新秩序构建的进程中,无论发达国家或发展中国家在应对气候变化的"能力"方面均深受经济波动的影响,是否将"能力"作为责任归责要件也被更多的论及。实际上,无论从文本还是法理的角度分析,将"能力"视为归责要件确实值得商榷。

将"能力"作为归责原则或者作为归责要件之一,缺乏法理上的支持。正如贫穷不能使盗窃免责一样,缺乏减轻损害的资源以及能力匮乏不能在气候变化中成立责任的抗辩。[1]在国际法上,传统国家责任的法理基础是国家行为的不法性或不当性,一般表现为一国对其所负国际义务的违反;而对于一国领土或其管辖或控制下的其他地区进行的活动引发的环境责任通常是放在"跨界损害"的概念下进行讨论的。对"跨界损害"法律责任的共识集中体现于联合国国际法委员通过的两份立法成果中:一是2001年二读通过的《关于预防危险活动的跨界损害的条款草案》(以下简称《预防草案》);二是2006年二读通过的《关于危险活动造成的跨界损害案件中损失分配的原则草案》(以下简称《分配草案》)。[2]这两份法律文件初步界定了构成"跨界损害"法律责任的几个要素:其一,引起损害的这类活动未受国际法禁止,如引起气候变

---

[1] See generally Vladimir Kotov & Elena Nikitina, Norilsk Nickel: Russia Wrestles with an Old Polluter, ENV'T, Nov. 1996, at 6.
[2] 《预防草案》文本可参见联合国大会第五十六届会议正式记录第97段,《分配草案》文本可参见联合国大会第61届会正式记录,第66段。

化或环境损害的活动通常是符合国际法要求的正常生产经营活动;其二,损害必须导致了对其他国家的人的健康或工业、财产、环境、农业等真实的破坏作用,这种破坏作用按照事实或客观标准被认定为是重大的;其三,损害必须是跨界的;其四,损害必须是由这类活动通过其有形后果而引起的。① 由此可见,国际法上的跨界损害责任是一种严格责任或结果责任②,其关注的是行为的结果而不是行为的合法性,更不是行为人的"能力"。同样,将"能力"作为归责原则在国内法上同样也难以找到法理依据。在国内环境法中,不会因为企业的盈利能力弱而降低其环境标准③,在国内侵权法中也是如此,侵权法上的归责原则通常包括无过错责任原则和过错责任原则,无过错责任的构成要件强调的是行为、损害后果以及行为与损害后果之间的因果关系,而过错责任的构成要件则在前述三项之外另加上过错,无论过错责任原则或无过错责任原则,均没有将"能力"作为归责依据或要件。

"能力"与"影响"本身也没有必然的正相关关系④,在因果关系上也不必然结合在一起。《公约》及其《京都议定书》基于共区原则对发达国家作出率先减排、资金和技术转移等方面的义务规定,应当理解为发达国家对在历史上以及现实中因气候变化造成的"影响"后果的责任承担而非是对发达国家"能力"因素考量的结果。发达国家和发展中国家承担的减排责任的性质之所以会不同,不在于"能力"的不同,而是在于无论从历史还是现实角度考察,发达国家总体上对环境的影响范围和强度都是显而易见且相对极为重大的。共区原则的原意强调的也是"影响"后果,这种影响只要符合一致性的、客观的责任认定标准,即应承担相应的法律责任。⑤因此,共区原则应当是一种由行为后果的"影响"决定的一元归责原则而非"能力+影响"的二元归责原则。"能力"并非共区的构成要件。

2. 各种法律文本均将共区与各自能力作为并列的原则加以表述,因此不应将各自能力作为共区中责任区别的依据

从文本分析来看,无论在《公约》还是《京都议定书》中,均是将"能力"视

---

① 参见联合国国际法委员会第 58 届会议工作报告。联合国大会第 61 届会议补编第 10 号(A/61/10)。参见联合国官方网站。
② See Malcolm N. Shaw: InternationalLaw. Fifth edition, 北京大学出版社 2005 年版。转引自万霞:《跨界损害责任制度的新发展》,载《当代法学》2008 年第 1 期。
③ See Gregory C., Keating, Pressing Precaution Beyond the Point of Cost-Justification, 56 Vand. L. Rev. 653, 687—97 (2003).
④ 经济社会发展水平高的国家碳累积排放并不必然就高,而经济社会发展水平低的国家碳累积排放也不必然就低。
⑤ 需要指出的是,"能力"虽然不影响发达国家和发展中国家承担的责任的性质,但对承担责任的具体方式,责任的种类、数量和时间先后仍是有影响的。

为一个与共区并列的原则,而不是共区原则中的一个要素和责任归属的判定依据。对于"能力"是否是共区原则中责任的归责要件问题,《公约》和《京都议定书》均有一些相关表述。这些相关表述在《公约》中有三处:一是在序言中,《公约》各缔约方"承认气候变化的全球性要求所有国家根据其共同但有区别的责任和各自的能力及其社会和经济条件,尽可能开展最广泛的合作,并参与有效和适当的国际应对行动"。① 二是在《公约》第 3 条"原则"部分第 1 项中规定:"各缔约方应当在公平的基础上,并根据它们共同但有区别的责任和各自的能力,为人类当代和后代的利益保护气候系统。"② 三是在《公约》第 4 条"承诺"部分第 1 款中要求,"所有缔约方,考虑到它们共同但有区别的责任,以及各自具体的国家和区域发展优先顺序、目标和情况",应当作出相关的一般性承诺。《京都议定书》仅有两处提及共区:一是在序言中提到,《议定书》是"在《公约》第 3 条的指导下"③,即是在包括共区等在内的诸项原则指导下,由各缔约方协议达成的;二是在《议定书》第 10 条第 1 款提及,"所有缔约方,考虑到它们的共同但有区别的责任以及它们特殊的国家和区域发展优先顺序、目标和情况,在不对未列入附件 B 的缔约方引入任何新的承诺,但重申依《公约》第 4 条第 1 款规定的现有承诺并继续促进履行这些承诺以实现可持续发展的情况下,考虑到《公约》第 4 条第 3 款、第 5 款和第 7 款",应当履行制定应对气候变化的国家方案等义务。在上述《公约》及其《京都议定书》对共区原则的表述中,并没有明确指出共区原则背后的归责原则,但我们却可以进行相应的分析和推论:从《公约》的规定可见,在对共区原则的表述中,共区与"能力"原则是并列被提及的,公约序言中表述为"共同但有区别的责任和各自的能力",公约第 3 条"原则"部分第 1 项中表述为"共同但有区别的责任和各自的能力",第 4 条"承诺"部分第 1 款中为"共同但有区别的责任,以及各自具体的国家和区域发展优先顺序、目标和情况"(其中"情况"显然可以涵盖"能力")。在序言中,共区与能力原则共同构成了贯彻其上位原则——国际合作原则的子原则,以便"尽可能开展最广泛的合作,并参与有效和适当的国际应对行动";在第 3 条"原则"部分第 1 项中,共区与能力原则又共同构成了其上位原则——"公平原则"的子原则,以便"在公平的基础上","为人类当代和后代的利益保护气候系统";在第 4 条"承诺"部分第 1 款中,共区也是与包含在"具体的国家和区域情况"中的"能力"原则并列的。《京都

---

① 参见 UNFCCC 官方网站的《公约》文本,载 http://unfccc.int/key_documents/the_convention/items/2853.php,Text of the Convention,最后访问日期:2016 年 7 月 9 日。
② 同上。
③ 参见 UNFCCC 官方网站的《议定书》文本;http://unfccc.int/key_documents/kyoto_protocol/items/6445.php,Text of the Kyoto Protocol,最后访问日期:2016 年 7 月 9 日。

议定书》进一步重申了《公约》对共区的表述，并未作出不一致的规定。由此可见，在《公约》和《京都议定书》的相关规范中，"能力"是一个与共区并列的原则，而不是共区原则中的一个要素，更不是共区原则中责任归属的判定依据。（见图表17）

图表17　主要法律文本中对共区原则和各自能力原则的并列表述

序号	文件名称	通过时间	相关段落	备注
1	联合国气候变化框架公约	1997	1.（序言）"注意到在气候变化的预测中，特别是在其时间、幅度和区域格局方面，有许多不确定性，承认气候变化的全球性要求所有国家根据其共同但有区别的责任和各自的能力及其社会和经济条件，尽可能开展最广泛的合作，并参与有效和适当的国际应对行动……" 2.（第3条）各缔约方在为实现本公约的目标和履行其各项规定而采取行动时，除其他外，应以下列作为指导： （1）各缔约方应当在公平的基础上，并根据它们共同但有区别的责任和各自的能力，为人类当代和后代的利益保护气候系统。因此，发达国家缔约方应当率先对付气候变化及其不利影响…… 3.（第4条）（1）所有缔约方，考虑到它们共同但有区别的责任，以及各自具体的国家和区域发展优先顺序、目标和情况，应……	共3处涉及共区原则，分别在序言、第3条和第4条中。
2	京都议定书	2005	1.（第10条）所有缔约方，考虑到它们的共同但有区别的责任以及它们特殊的国家和区域发展优先顺序、目标和情况，在不对未列入附件一的缔约方引入任何新的承诺，但重申依《公约》第4条第1款规定的现有承诺并继续促进履行这些承诺以实现可持续发展的情况下，考虑到《公约》第4条第3款、第5款和第7款，应……	
3	第13次缔约方会议报告（巴厘岛）	2007.12	1.（巴厘行动计划） "（1）决定启动一个全面进程，以通过目前、2012年之前和2012年以后的长期合作行动，充分、有效和持续地执行《公约》，争取在第十五届会议上达成议定结果并通过一项决定，为此，除其他外应处理下列问题： （a）长期合作行动的共同愿景，包括一个长期的全球减排目标，以便根据《公约》的规定和原则、特别是共同但有区别的责任和各自能力的原则，并顾及社会经济条件和其他相关因素，实现《公约》的最终目标。"	

(续表)

序号	文件名称	通过时间	相关段落	备注
4	第15次缔约方会议（哥本哈根）	2009.12	"哥本哈根协议""兹商定本项《哥本哈根协议》，立即付诸实施。 我们着重指出，气候变化是现时代的最大挑战之一。我们强调坚定的政治决心，要按照共同但有区别的责任原则和各自能力，立即行动起来应对气候变化。为实现《公约》的最终目标，将大气中温室气体浓度稳定在能防止对气候系统造成危险的人为干扰的水平，认识到科学意见认为全球温升幅度应在2摄氏度以下，我们应在平等的基础上、在可持续发展的背景下，加强应对气候变化的长期合作行动。我们承认气候变化的严重影响，并且承认应对措施对于在气候变化不利效应面前特别脆弱的国家的潜在影响，强调需要制订一项包含国际支助的全面的适应方案。"	
5	第16次缔约方会议（坎昆）	2010.11	第1/CP.16号决定坎昆协议：《公约》之下的长期合作问题特设工作组的工作结果/一、长期合作行动的共同愿景 "1. 申明气候变化是我们时代的最大挑战之一，所有缔约方对长期合作行动有一个共同愿景，开展长期合作行动，以在公平的基础上，并根据它们共同但有区别的责任和各自的能力，实现《公约》第二条所定的目标，……" 第1/CP.16号决定坎昆协议：《公约》之下的长期合作问题特设工作组的工作结果 /三. 加强缓解行动/ A. 发达国家缔约方适合本国的缓解承诺或行动 "强调所有缔约方需要在平等的基础上并按照共同但有区别的责任和各自能力，大幅度削减全球温室气体排放量，并遵照作出紧急承诺，加快和加强执行《公约》……"	
6	第17次缔约方会议（德班）	2011.12	1. 第2/CP.17号决定《公约》之下的长期合作行动问题特设工作组的工作结果/ 二、加强适应行动/ E. 提高缓解行动的成本效益和促进缓解行动的各种方针，包括利用市场的机会，同时铭记发达国家和发展中国家的不同情况 "……申明需要与《公约》中的原则和承诺保持一致，尤其是缔约方应根据它们共同但有区别的责任和各自的能力保护气候系统。"	

(续表)

序号	文件名称	通过时间	相关段落	备注
6	第17次缔约方会议（德班）	2011.12	2. 第2/CP.17号决定《公约》之下的长期合作行动问题特设工作组的工作结果/七审评：进一步界定其范围和制订模式 "……160. 并同意审评应遵循公平原则和共同但有区别的责任原则以及各自的能力，除其他外，还应考虑……"	
7	第21次缔约方会议（巴黎）	2015.11	前言第3段：推行《公约》目标，并遵循其原则，包括以公平为基础并体现共同但有区别的责任和各自能力的原则，同时要根据不同的国情。	

3. 各自能力原则作为具体法律原则，主要适用于责任履行而非责任认定

综上所述，各自能力原则与共区共同构成了新秩序构建过程中解决公平性问题的法律原则框架，共区适用于责任认定，各自能力原则适用于责任履行。在责任认定环节引入"能力"因素，混淆了两者的区别，这种理解既缺乏法律规范的直接支持，也缺乏法理的支持，更导致了实践中的混淆和误读，阻碍了气候谈判的进程和成果达成。相关例证在气候谈判的实践中极为普遍，"京都模式"是以"能力"区别责任的典型，该模式虽然有其积极意义，但在公平性上难以作出符合逻辑的、一致性的解释；《巴黎协定》确立了囊括所有缔约方主体的国家自主贡献模式，但又陷入了另一个极端，其效果几乎等同于以各自能力取代了共区，允许各国根据自身的"能力"、各自的国情作出自主贡献承诺，共区包含的一致性客观责任标准的探讨被搁置一旁。因此，从公平性的角度而言，国际气候法律新秩序构建应当兼顾共区和各自能力的共同作用，使其分别在责任认定和分配、责任履行领域发挥各自作用。简言之，能力不一定来自于错误的排放行为，因此不应将"能力"作为决定"责任"有无的要素。将各自能力原则作为责任原则，以"能力"高低分配减排责任反而会产生不公平的结果。但是"能力"毫无疑问能保证责任的履行，将责任分配给有能力履行的主体，能保证责任履行的可能性更大；而将责任分配给无履行能力或履行能力弱的主体后，责任得到履行的可能性较小，这时可以从人道主义或其他因素考量的角度，减轻或免除责任的履行，但这并不意味着责任主体没有责任。因此，各自能力原则应当是"责任履行"原则而非像共区原则一样，是责任认定和分配原则。

三、路径转向①

在明确了解决公平性问题的法律原则的基础上,公平性问题的解决要得到落实,还必须以上述原则为指导,进一步推动新秩序构建的路径转向。从长期、宏观的层面看,国际气候法律新秩序的构建,势必最终要摆脱主体立场分化、民主程序低效、目标与行动背离等制度困境,这必须从构建路径上予以着手。从德班到巴黎进程的阶段性成果,虽然已经展现了未来新秩序的一些基本特征,但仍然缺乏十分清晰的建构路径。因此新秩序构建要摆脱困境还需要在路径和方向上做努力。基于《公约》及《巴黎协定》确定的目标和国际气候变化法的现状,新秩序构建的路径应重点放在"三个推动"上。

1. 推动共区原则的重心从"共同责任"向"区别责任"转移,推动共区和各自能力原则的各自落实

共区原则(共区)一向被视为国际气候法律秩序的基石。共区原则应被理解为各国均应共同承担性质相同但在量上应有所区分的应对气候变化的法律责任,责任区分的标准应当是一致性的客观标准而非主观的身份划分标准。②但在国际气候谈判的不同阶段,共区原则的重心也体现出不同程度的偏移。《京都议定书》确立了附件一发达国家率先承担量化强制减排责任的"京都模式",客观上反映了共区原则重点向区别责任的转移,而且发展中国家主张将区别责任解释为两种不同性质的责任——强制性的法律责任和自愿性的道义责任,附件一国家(主要指发达国家)承担量化强制减排义务而非附件一国家(主要是发展国家)无需承担。这种解释使共区原则的重心不只偏向区别责任,而且超出了区别责任法律解释的限度,共同责任则被大大弱化。

《巴黎协定》将共区原则的重心重新转移到"共同责任"一端,因为在"国家自主贡献"方案下,各国均需作出减排贡献,"共同责任"是占主导、是带有约束性的,但"国家自主贡献"却并未对各国减排贡献的量上作出同样具有约束性的安排,而是由各国根据自身国情确定。很显然,《巴黎协定》的重心是放在了"共同责任"一端,对"区别责任"则未做明确的法律约束,而是交由"各国自主决定"。但正如前文所述,这种以"共同责任"为中心的"国家自主贡献"模式,应当只是为将更广泛的缔约方主体纳入全球气候新协议的过渡性

---

① 本部分的主要内容已在《环球法律评论》2016 年第 2 期刊发。参见陈贻健:《国际气候法律新秩序的困境与出路:基于"德班—巴黎"进程的分析》,载《环球法律评论》2016 年第 2 期。
② 参见陈贻健:《共同但有区别责任原则的演变及我国的应对:以后京都进程为视角》,载《法商研究》2013 年第 4 期。

安排。"国家自主贡献"方案的效果要满足《公约》及《巴黎协定》的目标,并要在实施过程中得到各国的进一步认同,还必须在确保"共同责任"的基础上,进一步确保"区别责任"的落实:即各国虽然可以根据国情提出"国家自主贡献"方案,但该方案必须在制定、提交、确定和实施过程中公平地体现各国的"区别责任",例如在减缓贡献目标的确定上,发达国家可继续采用相对于基准年的全经济体减排量目标,而发展中国家则可选择偏离照常情景(BAU)的减排目标、碳强度指标、行业部门指标等一些相对灵活的贡献模式。其中碳强度指标的运用不会对发展中国家的经济社会发展带来硬性约束,已经在实践中为中国等发展中国家采用。当然,在共区原则中,共同责任和区别责任两者最终应当是统一的,必须同时兼顾应对气候变化目标的实现,体现在减排模式上,则应是"自下而上"与"自上而下"模式的结合。

随着共区原则重心从共同责任向区别责任的转移,更多"能力"不足的发展中国家可能会因为历史排放和现实排放总量较大,也基于共区这一责任认定和分配原则而成为减排责任主体,需要承担减排责任(在《巴黎协定》下是基于国家自主贡献承担)。作为新秩序构建进程中解决公平性问题的另一大法律原则——各自能力原则应当在责任履行领域发挥更大作用。部分能力不足的发展中国家,甚至最不发达国家或小岛屿国家,可能基于共区原则也需要承担减排责任,因为共区原则是基于客观的一致性标准认定和分配责任的,这也是公平原则的应有之义。但是,如果我们不考虑发达国家总体上确实因为经济社会的长期发展造成了大量的排放累积,并从这些排放中获得"能力"的长足发展,而发展中国家,尤其是最不发达国家和小岛屿国家,总体而言历史排放和现实排放较低,即便少数发展中国家确实有较高的历史累积排放,但这些国家并未能从排放中获得成比例的"能力"提升,在这样的情况下,如果在责任履行领域也一样地贯彻共区原则,虽然使得公平性的要求在逻辑上得以自洽,但在实践中则会导致发展中国家"贫者越贫"的恶性循环,导致事实上的不公平,从而使发展中国家没有能力更无意愿参与国际气候法律新秩序的构建。所以,区分责任认定与责任履行不同领域的法律原则,在责任履行领域落实各自能力原则,通过资金、技术、能力建设的支持,通过设置过渡期、履约基金、气候友好型技术转移机制等制度安排,提升发展中国家应对气候变化的能力和责任履行能力,才能进一步解决新秩序构建中的公平性问题。

2. 推动减排模式向"自下而上"与"自上而下"结合转变

共区原则重心的转移关系到各缔约方主体承担责任的性质和大小区分,而减排模式在"自下而上"和"自上而下"之间的结合程度则直接关系到其约束力度。"自上而下"模式是《公约》精神在初期的制度体现,其核心要义是在IPCC关于气候变化事实及其后果认知的基础上确定减缓气候变化的目标和相应的减排总量,"自上而下"地在各缔约方之间分配减排义务,通过各义务主体减排的总和效果实现预定的减排目标。这一模式在《京都议定书》中得到完整确立。① 其优点是有利于保证减排目标和减排模式的一致性,保证减排目标的实现;其缺点则是没有充分考虑到各国的减排能力、减排成本、减排意愿等特殊情况,也因此导致其推进和实施一直举步维艰,直至被迫转变。2014年华沙气候大会首次提出了"预期的国家自主决定贡献"模式②,《巴黎协定》则最后确立了"国家自主贡献"方案,使"自上而下"的强制量化减排模式完全转向"自下而上"。"自下而上"模式的优点主要体现在能够充分兼顾各个缔约方的实际情况,各国根据本国国情提出的"国家自主贡献"方案容易得到实施③,同时可以在实施过程中通过"全球总结"和审议对方案作出调整;其缺点则主要是在强调自主性、灵活性的同时降低了减排约束力,缺乏京都模式中"自上而下"的强制量化减排义务和遵约制度。

约束力的降低同时还可以从相关法律文本的措辞中窥见:《公约》最早通过规定各缔约方的相关承诺(commitment)来具体界定各方在应对气候变化问题上的责任,此处的"承诺"有更多强制性义务的含义;2007年"巴厘行动计划"则开始改用"承诺/行动"(commitment/action)来表述与减排相关的责任;在2009年哥本哈根大会和2010年坎昆大会期间,相关用词又被改为"许诺"(pledges);及至《巴黎协定》,各方明确放弃了"承诺"而使用"贡献"(contribution)代替。④ 减排约束力的弱化容易造成减排目标和减排模式之间的背离,因为各国"国家自主贡献"往往会低于减排目标要求。正如巴黎气候大会缔约方会议的决定"关切地指出"的,要将与工业化前水平相比的全球平均温度升幅维持在2℃以内,则应将排放量减至400亿吨,但估计2025年和2030

---

① 《京都议定书》第3条第1款规定在2008年至2012年间,附件一缔约方温室气体的排放总量应比1990年水平至少减少5%,在此目标下,欧盟、日本、加拿大、美国(后退出)以及当时的东欧经济转型国家分担了相应的减排指标。因此"京都"模式也成为"自上而下"模式的另一个代名词。
② 2009年哥本哈根气候大会后出现了"承诺+评审"的模式,2014年的华沙气候大会则首次提出了"预期的国家自主决定贡献"模式。参见张晓华、祁悦:《"预期的国家自主决定的贡献"概念浅析》,NCSC网站:http://www.ncsc.org.cn/article/yxcg/yjgd/201404/20140400000846.shtml,最后访问时间:2017年7月18日。
③ See Charlotte Streck, "Struggling With Expectations and Changing Realities: International Climate Negotiations", 21(1) *The Journal of Environment & Development* 52, 56, (2012).
④ 参见张晓华、祁悦:《"预期的国家自主决定的贡献"概念浅析》,载NCSC网站:http://www.ncsc.org.cn/article/yxcg/yjgd/201404/20140400000846.shtml,最后访问时间:2016年7月18日。

年由国家自主贡献而来的温室气体排放合计总量会达到预计的550亿吨水平,达不到最低成本2℃设想情景范围。因此,《巴黎协定》确立的"自下而上"模式还需要逐步与"自上而下"模式结合,通过强化"全球总结"、评估以及遵约机制,在减排模式的灵活性和强制性之间寻求平衡,从而确保《公约》及《巴黎协定》的减排目标的实现。

3. 推动国际气候法律秩序向"一体化"与"多元化"结合转变

从德班到巴黎的进程表明,国际气候法律新秩序的构建一直试图在联合国的框架内,以《公约》为基础,建立一个囊括所有缔约方国家的全球气候新协议,一直在朝"一体化"的方向努力。但自《公约》产生以来,联合国机制之外多层次的气候应对机制逐渐丰富,这些联合国框架外的"多元化"机制主要有以下几种类型:一是多边气候机制,如欧盟主导下的八国集团(G8)领导人峰会、20国能源与环境部长级会议、亚欧首脑会议,以及美国主导下的"碳收集领导人论坛""甲烷市场化伙伴计划""亚太地区清洁发展与气候新伙伴计划",等等;二是双边气候机制,如巴黎气候大会前,中美、中法分别通过联合声明建立的联系机制;三是一国地方层面的(sub-national)气候机制,典型的如澳大利亚新南威尔士州2003年实施了温室气体减缓计划①,维多利亚州于2010年通过了《气候变化法案》(The Victorian Climate Change Act),该法案设定了至2020年前减排量比2010年排放量降低20%的目标,该目标比澳大利亚政府提出的至2020年比2010年排放量降低5%的目标更有雄心。②此外,美国加州2006年通过了《加州全球暖化应对法案》(AB32),并建立了州内的排放权交易系统。③甚至有些地方政府之间还签订了应对气候变化的协议。④

上述机制的存在一方面可能是对联合国框架内机制的补充,另一方面又可能对其产生分化的作用。例如,美国倡导的"亚太地区清洁发展与气候新伙伴计划"(APP),一方面提供了一个不同于《京都议定书》的框架,其宗旨是建立一个自愿、无法律约束力的国际合作框架,强调以部门合作为切入点,通

---

① See Jacqueline Peel, Lee Godden, "Australian Environmental Management: a Dams' Story", 28 *U. N. S. W. L. J.* 668, 695 (2005).
② See Clean Energy Act 2011 (Cth), n. 102 above, ss. 17 and 18., available at http://www.aph.gov.au/Parliamentary_Business/Bills_Legislation/Bills_Search_Results/Result? bId = r4653. 最后访问时间:2016年7月18日。
③ See State of California Air Resources Board, California Cap-and-Trade Program, Resolution 10—42,20 Oct. 2011, available at: http://www.arb.ca.gov/regact/2010/capandtrade10/res11-32.pdf. 最后访问时间:2016年7月18日。
④ See Hari M. Osofsky,"Climate Change and Crises of International Law:Possiblities for Geographic Reenvisioning", 44 *Case W. Res. J. Int'l L.* 423,433(2011).

过合作促进伙伴国间更清洁,更有效技术的转让。①这些框架外"多元化"的灵活机制为不同层次和类型的主体进行气候合作提供了途径,弥补了联合国框架内"一体化"机制的不足。因此,为了更好地协调全球资源应对气候变化,应进一步推动气候变化法律新秩序向"一体化"与"多元化"结合的方向转变,促进联合国框架内机制与框架外机制的整合和协调。②有效整合两类机制的途径主要有:一是建立有效的沟通平台,使框架外机制的进展和成果随时反馈到联合国框架内的相关机构;二是将框架外机制的减排成果纳入框架内机制下,使缔约方在框架外机制下的减排努力同样能够得到认可,从而抵消其减排义务的履行;三是建立专门的评估和审核机构,使框架外机制下的减排成果能够经过认证进入框架内机制进行交易或者储存。

四、制度应对③

正如前面所述,公平性问题的论争带来了一系列制度困境。由于气候容量资源的准公共物品特性极易导致"公地悲剧"和"集体行动"中的"搭便车",加之国际社会的平权结构特征和有关国际主体就公平性问题所存在的广泛理论争议,势必在谈判过程中引发了主体分化、程序拖沓、减排与实际行动不力等困境。摆脱上述困境一方面需要科技进步、经济发展以及更有力的政治互信和共识,另一方面从法律角度而言,最亟须的是要建立行之有效的、微观层面的制度措施,合理协调利益主体之间的权利义务,公平分担减排义务,促进谈判程序在效率和公平之间的协调。

1. 通过选择性激励措施协调主体间的公平主张冲突,缓解谈判主体的立场分化

前面我们谈及,在应对气候变化的国际合作中,由于"集体行动困境"的存在,部分国家往往不是按照集体行动的逻辑行事,采取有利于实现集体行动目标的行动,而是将自身利益置于"集体行动利益"之上,追逐自身的目标,即理性主体会作出非理性的行为。如果没有作为"旁支付(side-payment)"的选择性激励措施,这些国家很难在减排上采取一致且有效的集体行动,并会因自身的减排成本、气候脆弱性不同而在减排行动中扮演不同的努力角色,

---

① 参见李慎明、王逸舟主编:《全球政治与安全报告2007》,社会科学文献出版社2007年版,第223—224页。
② See Margaret A. Young, "Climate Change Law and Regime Interaction", 2 *Carbon & Climate L. Rev.* 147, 1579(2011).
③ 制度应对部分的主要内容已在《环球法律评论》2016年第2期刊发。参见陈贻健:《国际气候法律新秩序的困境与出路:基于"德班—巴黎"进程的分析》,载《环球法律评论》2016年第2期。

成为推动者、摇摆者、旁观者、拖后腿者。①在部分国家应对气候变化的行动热情越变越"冷"的情况下，采取多样化的选择性激励措施改变旁观者、摇摆者、拖后腿者的立场显得尤为重要。为了促进不同立场的主体采取目标一致的集体行动，可通过碳交易市场的完善等形成对特定相关主体的选择性激励措施：

一是建立和完善无缝对接的碳交易市场制度，使有能力并有减排潜力的积极行动者通过市场交易获利。《京都议定书》确立了联合履约（JI）、清洁发展机制（CDM）以及排放贸易（ET）的灵活三机制②，由此催生了国际、区域、国家和地方层面碳交易市场的发展。至今为止在全球范围内较为成熟的代表性市场有：欧盟的欧盟排放权交易制（EU ETS）、英国的英国排放权交易制（ETG）、澳大利亚的澳大利亚国家信托（NSW）。③制约碳交易市场发展的因素很多，其中之一即是各个碳交易市场的连接及指标互换问题。如果目前主要的碳交易市场能够实现无缝对接，各种机制之间、各个市场之间的指标能够实现互认互换，例如，发展中国家在清洁发展机制（CDM）下实现的减排或在本国碳交易市场获得的交易指标可以参与到全球碳交易市场交易获利，则部分有能力并有减排潜力的国家，如基础四国，则会增强其减排的主动性，充分挖掘其减排空间。

二是在碳交易指标的核定中加入时间权重，鼓励碳减排的积极行动者。碳交易指标主要基于配额和项目产生，基于配额产生的碳交易指标取决于总量控制的目标设定，基于项目产生的碳交易指标则取决于经主管机构核定的项目减排量。在基于配额产生的碳交易指标经分配之后，主要涉及配额的跨期使用问题，即配额的储存与借用。④为了鼓励减排的积极行动者，应当在碳交易指标的核定时加入时间权重的考虑。对于基于配额产生的排放额度，在允许将节余的配额储存的同时，还应当保证当前减排获得的节余储存额度比时间延后的节余储存额度更有价值，能转换成更多的碳交易指标；对于基于项目产生的减排额度，应当保证基于当前项目产生的减排比时间延后的减排在核定减排量时也更有价值，能转换成更多的碳交易指标。从而使碳减排的行动者基于对当前减排效益的追求而转变旁观、摇摆和推后腿的立场，增加当前减排的投入，加大当前减排的力度。

三是重点对减排能力不足但有减排潜力的行动者进行资金、技术和能力

---

① See Detlef Sprinz, Tapani Vaahtoranta,"The Interest-based Explanation of International Environmental Policy",48(1)*Int. Organ* 77,81(1994).
② 参见《京都议定书》第 6 条、12 条、17 条。
③ 参见王润卓：《全球碳交易市场概况》，载《节能与环保》2012 年第 2 期。
④ 参见嵇欣：《国外碳排放交易体系的价格控制及其借鉴》，载《社会科学》2013 年第 12 期。

建设援助，而非泛化地全面援助，或将为促进减排进行的援助与发展领域、与人道主义的援助混为一谈。资金、技术和能力建设问题在国际气候谈判进程中一直进展缓慢。例如在资金问题上，虽然德班会议启动了绿色气候基金，发达国家也承诺到2020年前实现每年1,000亿美元的资金援助，但迄今并没有在保证透明度的情况下真正落实到位。据称已经兑现的总额300亿美元的"快速启动"资金，也没有能够保证透明度和真实性。《巴黎协定》在资金方面也没有实质的进展。① 资金、技术和能力建设难题的成因当然与发达国家推卸自身责任有关，但从制度设计的角度分析，资金、技术和能力建设制度功能出现偏差也是一个重要原因，即将资金、技术和能力建设与南北合作以及人道主义议题下的援助混同，强调对所有发展中国家的援助，忽视了部分发展中国家历史责任较高的事实②，同时也忽视了均等化地谈援助会极大降低减排效率的弊端。实际上，气候变化领域的资金、技术和能力建设援助应当优先支持减排能力不足，但减排潜力巨大的发展中国家，使有意愿减排的行动者有能力减排，有能力减排者有效率地减排，这样才能起到选择性激励的效果。

2. 引入"最大多数同意"原则，在保障程序公平的同时改善谈判效率

一致同意原则在保证各缔约方同等条件下最大程度争取本国利益的同时，也容易导致个别国家背离集体行动的逻辑，阻碍气候变化的谈判进程，从而出现气候变化谈判中的"民主失灵"现象。在新秩序构建的进程中，应当引入"最大多数同意"民主表决原则，但考虑到决议的执行力，同时应当确保碳排放量占比高的国家意见不被忽略。民主是通过结合机会公平的原则与差别原则达到的。民主并非要求每一位参与方获得均等的利益，而是在平等的机会面前获得冲突之内最大利益共识，使最大多数人受益。③ 由于各国对待气候变化的立场不同，谈判阵营间的博弈从未停息，在这样的分歧之下，想要达成全体一致的共识是极其困难的。纯粹通过绝对公平的程序得到的全体一致结果将经历漫长的谈判，低效率的长期谈判不仅会浪费各国资源，还会使气候变化的严重性无法及时得到缓解并进而造成灾难性的后果。因此，在决策机制中针对不同的情形，适当引入兼顾排放权重的"最大多数同意"原则，能够加快谈判的实质进展，促进气候安全的实现。④ "最大多数同意"原

---

① See Decision -/CP. 21 Paris Agreement Art. 9, FCCC/CP/2015/L. 9/Rev. 1.
② See Eric A. Posner, David Weisbach., *Climate Change Justice*, Princeton University Press, 2010, p37, p124.
③ 参见〔美〕约翰·罗尔斯：《正义论》，何怀宏等译，中国社会科学出版社2014年版，第75页。
④ See Alan Boyle, "Climate Change and International Law: A Post-Kyoto Perspective", 42(6) *Environmental Policy and Law* 333, 343(2012).

则在国际法实践中有很多范例可循,例如,WTO的决策机制中就包含了简单多数决、2/3多数决以及3/4多数决。①

在气候变化领域,为确保气候安全而对小部分国家意见的消极采纳,并非失去了正义的平衡,而是需要经过审慎地考量之后,确信那些不同意已作出决定的人,不符合气候公平和气候安全的价值要求,从而不可能在共同正义观的框架内令人信服地确立他们的观点。②实际上,近年来气候谈判中的全体一致同意原则在实践中也开始出现了例外。2010年坎昆会议期间,玻利维亚认为《坎昆协议》文本存在漏洞,因而极力反对坎昆文本的通过,但缔约方大会忽视了玻利维亚的意见仍然坚持通过了《坎昆协议》。在2012年进行的德班平台项下的多哈谈判中,缔约方大会也驳回了俄罗斯的意见并通过了决议。③当然,需要注意的是,在引入"最大多数同意"原则的同时,也要考虑到可能带来的负面影响。"多数决"的主要问题在于它可能造成多数主体不顾少数主体的不同意见而通过表决程序强行通过一个公约或决议,由于少数主体的正当权利没有得到充分行使,其利益没有得到充分保障。这时如果少数主体一方的力量也较为强大,则可能出现少数主体拒不遵守公约或决议的后果。如此一来,则使已通过的公约或决议成为一纸空文。另一方面,若同意方的阵营强大,有可能通过的协议会侵害对立方的国家利益。亚里士多德曾经指出雅典集会的多数规则程序使个别的公民和少数群体暴露在僭主国的强制之下。④这种情形在气候谈判领域同样需要注意,其中最需要考虑的因素是该国的碳排放占比以及其利益受到决议通过影响的程度。

3. 设置"过渡期"为发展中国家承担减排义务提供缓冲

《巴黎协定》确立的"国家自主贡献"减排模式实际上有类似于"准过渡期"的作用,不但为发展中国家也为发达国家在新的全球气候协议下承担有约束力的减排义务提供了缓冲。但从长期而言,基于"国家自主贡献"的"自下而上"模式可能还不足以实现《公约》及《巴黎协定》所确立的应对气候变化目标,"自下而上"还需要与"自上而下"的量化减排模式相结合。在将来减排模式转变的过程中⑤,"过渡期"仍然有适用的余地,且其适用应当主要针对发展中国家。

---

① 参见刘辉群主编:《世界贸易组织》,厦门大学出版社2014年版,第88—89页。
② 参见〔美〕约翰·罗尔斯:《正义论》,何怀宏等译,中国社会科学出版社2014年版,第363页。
③ See Duncan French, Lavanya Rajamani, "Climate Change and International Environmental Law: Musings on a Journey to Somewhere", 25(3) *Journal of Environmental Law* 437,461 (2013).
④ 参见〔美〕斯科特·戈登:《控制国家》,应奇等译,江苏人民出版社2001年版,第353页。
⑤ 如有的学者早年就曾提出,发展中国家也会逐步承担减排责任,其发展路径将是:自愿承诺相对减排—有约束力的相对减排—不具有约束力的绝对减排—有约束力的绝对减排。参见张海滨:《中国与国际气候变化谈判》,载《国际政治研究》2007年第1期。

基于发展中国家和发达国家在历史责任、现实排放以及应对气候变化能力的差异,未来要求发展中国家与发达国家同时承担量化强制减排义务仍然是不公平的。因此,应当效仿已有国际环境协议和 WTO 机制下的做法,在《巴黎协定》确立的"自下而上"减排模式逐步与"自上而下"模式结合的过程中,为发展中国家承担强制减排义务设置过渡期。为发展中国家承担的强制义务设置过渡期的做法在国际法上有先例可循,典型的如 WTO 为发展中国家设置的不少于 18 年的过渡期以及《蒙特利尔议定书》为发展中国家设置了 10 年的过渡期。[1] 例如,《关于消耗臭氧层物质的蒙特利尔议定书》第 5 条专门规定了发展中国家的特殊情况,为发展中国家设置了 10 年的过渡期,即"任何发展中国家缔约国,如果在本议定书对它生效之日或其后(在本议定书生效后 10 年内任何时间)直至 1999 年 1 月 1 日止其附件 A 所列控制物质每年的消费的计算数量低于人均 0.3 公斤,为满足其国内基本需要(就第 2 条第 1 款至第 4 款的履行而言可以比该几款内规定的时限延迟 10 年)应有权暂缓 10 年执行第 2(A)至 2(E)条规定的控制措施"[2]。当然,过渡期的设置应当具备一定的前提:一是不应当影响《公约》及《巴黎协定》目的的最终实现;二是过渡期的设置应当符合《公约》第 3 条要求"发达国家缔约方应当率先对付气候变化及其不利影响"的精神,发展中国家的义务履行应当是在发达国家充分履行其减排义务之后;三是要结合《巴黎协定》下发展中国家履行"国家自主贡献"的国家总结和审议情况来确定过渡期的长短。

4. 采取动态复合标准使减排分担方案,在保障实体公平的同时使方案更易为各国接受

减排义务分担方案一直是国际气候谈判中最核心也最具争议的焦点问题。在《公约》及其《京都议定书》的框架下,是以"自上而下"的强制量化减排方案为主导,这一模式是建立在发达国家、发展中国家身份的二元划分,以及发达国家的历史责任基础之上,总体呈现出机械、静态的特征。[3]《巴黎协定》确立的"国家自主贡献"方案实现了减排义务分担向"自下而上"的转变,该方案意味着各国可以基于自身国情作出自主贡献方案,具有动态性和复合性:由于各国国情,包括历史和实现排放、资源能源禀赋、人口数量等客观情况各不相同,因而该方案采用的实际上是"复合标准";又因为该方案在 2023

---

[1] See Ozone Secretariat, U. N. EP, The Montreal Protocol on Substances that Deplete the Ozone Layer (2000), available at http://www.unep.org/ozone/Montreal-Protocol/Montreal-Protocol2000.shtml. 最后访问时间:2016 年 7 月 18 日。
[2] 《关于消耗臭氧层物质的蒙特利尔议定书》第 5 条第 1 款。
[3] 参见陈贻健:《共同但有区别责任原则的演变及我国的应对:以后京进程为视角》,载《法商研究》2013 年第 4 期。

年第一次全球总结后每个 5 年会进行总结,并根据总结和评议结果作出调整①,使减排义务分担方案更具有动态性。这种自主、灵活的制度安排也为缔约方接受新协议奠定了基础。但是,基于《公约》以及《巴黎协定》应对气候变化的愿景,"国家自主贡献"方案仍然需要向更有雄心,更有力度的方向演进,更具约束力的减排义务分担方案仍将是气候变化法面临的核心议题。在此过程中,减排方案的动态复合标准需要更加明确,才更易于兼顾减排雄心和减排意愿。明确动态复合标准的路径是将"污染者负担"原则、"共区原则"结合,根据"国家自主贡献"方案履行过程中形成的、各国达成共识的一些基本标准,如历史排放量和现实排放量、累积排放和人均排放,从而保证即使减排义务分担方案在向"自上而下"转变的过程中,也能够得到缔约国的认同。

五、小　　结

总体而言,公平性问题的综合解决框架是一个包容性的框架,它要求充分各种公平性理论主张背后的价值诉求和事实基础,包括排放事实、损害事实等客观要素。具体到法律原则层面,它以公平原则为基础,以共区原则和各自能力原则为具体原则,其中共区原则主要适用于权利分配和义务分担,强调标准的客观一致性,各自能力原则是与共区原则平行的原则,主要适用于责任和义务的履行;在两个原则的适用过程中,强调避免混用,尤其是避免以能力作为共区原则中权利分配或义务分担的要件,最终使得共区原则在逻辑上无法自洽、在解释论上无法自圆其说。最后,公平性问题的综合解决框架还必须落实到新秩序构建的具体路径和制度构建上,在构建路径上应重点实现"三个推动",即推动共区原则的重心从"共同责任"向"区别责任"转移、推动减排模式向"自下而上"与"自上而下"结合转变、推动国际气候法律秩序向"一体化"与"多元化"结合转变;在制度构建方面通过选择性激励措施缓解谈判主体的立场分化、引入"最大多数同意"原则改善谈判效率、设置"过渡期"为发展中国家承担减排义务提供缓冲、采取动态复合标准使减排分担方案更能兼顾各国的公平性诉求。

---

① See Decision -/CP. 21 Paris Agreement Art. 14,FCCC/CP/2015/L. 9/Rev. 1.

第三章　减缓领域的公平性问题

减缓是人为通过减少温室气体排放和增加对温室气体的吸收来减少地球气候系统压力[1]，是应对气候变化最基本的途径之一。自气候变化问题受到国际社会的重视，并决定将其纳入国际法调整范围以来，减缓议题一直是一系列谈判中的重点。减缓领域的公平性问题主要体现在减排责任的分配上，从另一方面说就是碳排放权的分配，因为限定减排额也就是确定了允许的排放空间。发展中国家是否需要承担强制性减排义务，减排义务按照何种标准来分配等都是减缓领域公平性问题的具体体现。公平性问题是减缓领域谈判的核心，各国在公平性问题上达成的共识与出现的分歧都直接左右着减缓领域谈判的结果。

第一节　有关减缓议题的谈判进程

减缓议题不仅是气候变暖问题谈判的重点，同时也是难点。各国家和地区由于自身的情况或利益的不同而在减缓议题上持有不同的立场，于是一场关于减缓议题的谈判拉锯战自《公约》的谈判开始，至今仍在探索之中。

1.《公约》确立减排议题的总体框架

减缓是《公约》谈判的主要议题。但面对减少排放这个长期任务，客观而言，仅通过一次谈判即将几十年的任务确定是很难的，因而更为明智的选择是选择框架协议＋附件（议定书）的模式，附件可以随着实际情况而更新。[2]即使如此，谈判也并不顺利。欧盟国家使用的大多是核电、水电等清洁能源，可以承受减排所带来的负担，是减排的坚定支持者。小岛国家最容易受气候变暖影响，且本身排放量不大，所以也积极响应。美国、日本等作为温室气体排放大国，减排直接关系到其经济状况，对减排的态度十分谨慎。沙特阿拉伯等中东石油出口国对减排是持反对态度的。对除小岛国家以外的广大发

---

[1] See IPCC, Working Group II, *Climate Change 2007: Impacts, Adaptation and Vulnerability*, Cambridge University Press, 2007, p.878.

[2] 参见骆继宾：《回忆气候变化框架公约的谈判和签署》，载《中国气象报》2007年1月18日第3版。

展中国家而言,减排就必然会限制其经济发展。虽然各方分歧较大,但是《公约》毕竟不涉及具体的减排承诺,所以各方在相互妥协的基础上达成了《公约》的文本,并提交联合国里约环境与发展大会通过。

在减排议题上,《公约》在序言中引入了历史排放、人均排放、生存排放的概念,明确指出各缔约方注意到历史上和目前最大的温室气体排放源自发达国家,发展中国家的人均排放水平较低,但为了满足其生存和发展的需要,未来发展中国家在全球排放中的份额将会有所增加,还指出应当充分考虑到发展中国家实现经济持续增长和消除贫困的正当的优先需要[1];《公约》在正文中确立了"共同但有区别责任"原则、公平原则以及可持续发展原则,明确发达国家应率先承担减排责任,要求附件一国家应制定政策或采取措施,通过减排以及保护和增强其温室气体库和汇来减缓气候变化。就此点而言,发展中国家的主张得到了体现。但令人遗憾的是,《公约》并未使发达国家负担强制减排的义务,仅在第4条第2款中提到:"……同时认识到至本10年末使二氧化碳和《蒙特利尔议定书》未予管制的其他温室气体的认为排放回复到较早的水平,将会有助于这种改变……"将这一棘手问题推给了以后可能会达成的议定书。尽管有遗憾,但《公约》所确立的共区原则、公平原则等原则以及各方在历史排放、人均排放、生存排放问题上形成的共识,为后续关于减排责任分担的谈判确立了原则和依据,为后续减缓议题谈判奠定了坚实的基础。

2.《京都议定书》开启强制量化减排模式

自1994年公约生效以来,每年都会按规定举行一次缔约方会议,磋商《公约》履行等后续事宜,而减排责任的分担一直是缔约方会议的争议焦点。第一次缔约方会议通过了《柏林授权》,《柏林授权》认定《公约》关于附件一缔约方率先削减温室气体排放的规定是不充分的,并决定开始一个新的进程以制定一项旨在加强附件一缔约方的减排承诺和在2000年以后的时期采取适当行动的议定书或另一项法律文件,同时指出这一过程应在共区原则、发达国家率先行动、发展中国家的具体需要、发达国家在历史上和现在在全球温室气体排放中占的主要份额等原则和事实之下进行。另外,《柏林授权》还明确了"不要求非附件一国家作出新承诺"。[2]《柏林授权》开启了《公约》下的量化承诺谈判之路,为《京都议定书》的达成奠定了坚实的基础。

在《柏林授权》的基础上,第三次缔约方会议将削减发达国家的温室气体的排放量作为中心议题予以审议。会议前欧盟、美国等发达国家均提出了各

---

[1] 参见骆继宾:《回忆气候变化框架公约的谈判和签署》,载《中国气象报》2007年1月18日第3版。

[2] 参见王曦主编:《国际环境法》,法律出版社1998版,第170页。

自的标准，欧盟表示愿意到2015年温室气体排放量相对1990年减少15%；日本愿意到2010年相对1990年排放量减少5%；而美国则只愿意到2010年将排放量控制在1990年的水平上。伞形国家集团还极力主张为部分富有的发展中国家确立新义务。与此针锋相对的是，以77国集团和中国为代表的发展中国家则认为发展中国家不应承担任何新义务，否则将违反《柏林授权》，同时要求发达国家应当在2010年前减排15%，2020年前再进一步减排20%，使减排总量达到35%。① 这一谈判格局决定了《京都议定书》难以为发达国家设立严格的、大幅度的减排目标，但在如此复杂的国际形势下，能为发达国家设立具体的、量化的减排目标就足以让《京都议定书》成为具有里程碑意义的国际法文件。

《京都议定书》中关于减缓议题的内容主要有以下几点：第一，为各附件一国家分别设立了量化的减排责任。《京都议定书》要求附件一国家在承诺期内温室气体排放量从1990年整体减少5.2%。第二，京都三机制（联合履约、排放贸易、清洁发展）的引入。第三，允许用森林碳汇来折抵附件一国家的减排量。《京都议定书》延续了《公约》的内容，并将责任量化，但三机制与森林碳汇的引入都使得减排的效果大打折扣。即使如此，《公约》的生效之路也显得非常漫长而坎坷。在后续的《京都议定书》实施细则谈判中关于京都三机制与吸收汇问题的谈判一直没有进展，美国更是直接宣布退出《京都议定书》，为了使《京都议定书》能够生效而不致流产，广大发展中国家作出了妥协，最终达成了《波恩协定》和《马拉喀什协定》，为《京都议定书》的生效奠定了基础。根据《波恩协定》和《马拉喀什协定》，第一，机制的利用应是国内减排行动的补充，国内行动才是履约的重要内容，但并没有对机制的使用作出定量限制。第二，根据清洁发展机制开展的土地使用、土地使用的变化和林业项目活动的资格限于植树造林和再造林，在第一承诺期内，缔约方因根据清洁发展机制开展上述活动而增加的配量总数不应大于缔约方基准年排量的百分之一乘以五，且这类活动在以后承诺期的待遇待定。第三，遵约机制得以设立，并由尊约委员会来具体负责。遵约委员会下设有"促进事务组"与"执行事务组"两个分支机构，前者负责向缔约方提供执行方面的建议和协助，后者负责审查缔约方是否不遵守承诺及是否可能因此对结果造成影响。不遵约的强制性后果包括暂停参加温室气体减排贸易的资格，在下一承诺期的排放指标中扣减超量排放1.3倍的排放指标等。② 遵约机制的确立赋予了量化减排义务一定的强制性。

---

① 参见杨兴：《〈气候变化框架公约〉研究——国际法与比较法的视角》，中国法制出版社2007年版，第25页。
② 参见黄婧：《〈京都议定书〉遵约机制探析》，载《西部法学评论》2012年第1期。

无论如何,《京都议定书》开启了强制量化减排模式,其最终生效意味着发达国家第一承诺期量化减排责任的生效,标志着减缓议题中量化减排责任的谈判取得了阶段性的胜利,同时也预示着下一阶段的量化减排责任的谈判即将开展。

3. "巴厘路线图"启动强制减排的第二承诺期

《京都议定书》生效后,《公约》第 11 次缔约方大会即蒙特利尔会议启动了《京都议定书》第二承诺期谈判,绘就了一条双轨路线:《公约》附件一国家启动减排责任分配的谈判进程,同时各缔约就控制全球气候变暖的长期应对方案展开讨论。① 接着《公约》第 13 次缔约方大会在此基础上通过了"巴厘路线图",进一步确认了"双轨"谈判进程,并决定于 2009 年《公约》第 15 次缔约方会议和《京都议定书》第 5 次缔约方会议上最终完成谈判,并通过一项旨在 2012 年之后继续实施《公约》的法律文书。美国作出了让步,这使得《公约》重新赢得了国际社会的信心,为进一步的大讨论奠定了基础,同时,"巴厘岛路线图"也相应地给发展中国家设定了一定的义务②,包括:可衡量、可报告和可核实的技术、资金和能力建设的支持和扶持之下,可衡量、可报告的适当国家缓解行动;森林养护、可持续森林管理及加强森林储存的作用。③

"巴厘岛路线图"确定后,国际社会为了完成路线图开始了艰难的谈判,按照"路线图",2009 年哥本哈根会议本应达成继续实施《公约》的法律文书并未如约而至,而是通过了不具有法律约束力的《哥本哈根协议》。《哥本哈根协议》虽然未能如期完成"巴厘路线图",但是该协议将谈判维持在《公约》与《京都议定书》的框架之下,并坚持了"双轨制",首次提出将全球升温控制在 2℃ 以下,并规定发展中国家的减缓行动,只有获得了国际支持,才需要接受国际的测量、报告和核实,为之后的"双轨制"下的谈判做了铺垫。

2010 年坎昆会议达成的《坎昆协议》要求确保在第一承诺期和第二承诺期之间的衔接,并要求各发达国家提高其减排承诺。在减缓议题上,仍然主张发达国家适用绝对指标,并启动指标可比性的进程,而发展中国家为采取适当行动。④《坎昆协议》使人们对气候谈判重拾信心,但它也只是将最关键的第二承诺期的减排责任问题交给了之后的《公约》第 17 次缔约方会议,"巴厘岛路线图"仍未完成。

2011 年德班会议通过的德班一揽子协议标志着前一阶段的任务基本完

---

① 参见黄勇:《应对气候变化 世界艰难前行》,载《中国环境报》,2005 年 12 月 13 日第 4 版。
② 参见谷德近:《巴厘岛路线图——共同但有区别责任的演进》,载《法学》2008 年第 2 期。
③ 同上。
④ 参见解振华:《坎昆协议是气候变化谈判的积极进展》,载《人民日报》,2011 年 3 月 1 日第 22 版。

成,并确定了 2013 年至 2020 年间的主要安排。① 欧盟为主要代表的部分发达国家同意成为第二承诺期成员,并将开始日定为 2013 年 1 月 1 日,从而实现了两个承诺期的衔接。会议决定于 2012 年的多哈会议上完成确定发达国家的量化减排义务等相关后续工作。另外,会议还确定了减排指标检测的相关标准,但总体上而言,会议延续了第一承诺期的相关规则。②

德班会议上各方达成的共识具有十分重要的意义,至此为止,虽然谈判进程异常艰难,但各方一直在《公约》及《京都议定书》确立的原则、框架与机制下进行谈判,可以说虽然缓慢但一直在前进。此次德班会议上达成的德班一揽子协议为下一步多哈会议上《〈京都议定书〉修正案》的达成扫清了道路。

以前面坎昆会议、德班会议等会议结果为基础的多哈会议终于达成了《京都议定书》修正案。《修正案》明确第二承诺期始于 2013 年 1 月 1 日,终于 2020 年 12 月 31 日,期限为 8 年;建立了目标力度提高机制,规定附件一国家需最迟于 2014 年审视其减排义务,以切实提高全球的减排力度。③ 姗姗来迟的第二承诺期虽然在表面上实现了与第一承诺期的无缝连接,但是其所能起到的作用确是十分有限的。首先,美国、加拿大、日本、新西兰及俄罗斯已明确不参加《京都议定书》第二承诺期,所以《修正案》只能控制全球 10%—15% 的排放,远远不能达成全球平均气温上升不超过 2 摄氏度的目标。其次,虽然修正案建立了目标力度提高机制,但是所用的措辞仅仅是"呼吁"而不是"强制"各国最迟不晚于 2014 年把减排目标提高到 25%—40%。最后,根据《京都议定书》第 20 条的规定,对《议定书》的修正应于保存人收到本议定书至少 3/4 缔约方的接受文书之日后第 90 天起对接受该项修正的缔约方生效。所以,这次对《议定书》的修正是否能生效还是个未知数,在其生效之前对第二期承诺参与国只能具有政治约束力而无法律约束力。

4. "德班平台"开启减排新秩序构建的进程

德班会议的重要成果之一是德班平台的设立,德班平台设立的目标有两个:第一,加强各国在 2020 年前的减排力度;第二,达成一个关于 2020 年后全球应对气候变化的、全球参与减排的议定书或取得有法律效力的结果。在德班会议之后,多哈、华沙、利马会议相继召开,为上述两目标的达成作出了重要贡献。

多哈会议上确定了各国在《京都议定书》下第二承诺期的承诺,但其所确

---

① 参见钱国强:《德班会议及后德班进程展望》,载《环境经济》2012 年第 Z1 期。
② 同上。
③ 参见高翔、王文涛:《〈京都议定书〉第二承诺期与第一承诺期的差异辨析》,载《国际展望》2013 年第 4 期。

立的减排力度明显不够,根本无法实现将气温上升控制在 2 ℃以内的目标,引发了发展中国家的强烈不满。作为妥协,发达国家同意在 2014 年年底之前重新评估其减排承诺,并可以提高减排承诺。但多哈会议之后的华沙、利马会议虽然也将加强 2020 年前的减排承诺作为议题之一,却均没有任何进展,2014 年的利马会议最终也只是在其《利马气候行动号令》中要求所有国家将 2020 年前的减缓目标提高,并提请所有国家尽早批准《京都议定书》多哈修正案而已。①有鉴于此,到目前为止,德班平台在第一个目标的实现上略显无力。

德班平台的第二个目标的实现情况看起来要比第一个乐观的多。在多哈会议上各缔约方确定了达成第二项目标的时间表:2014 年提出全球气候变化新协议要素,2015 年 5 月提出谈判文件草案,2015 年底完成谈判。②之后的国际气候谈判也基本是按照这一时间表进行的。2013 年华沙会议启动了确定新协议要素的谈判。2014 年利马会议提出了可供 2015 年巴黎会议谈判的草案。一切看起来都在按部就班地进行,但实际上最终草案并不令人满意。《利马气候行动号令》中只是明确了《公约》的所有原则均为气候变化新协议所接纳,包括最关键的共区原则,但是并没有说明是否重新确定附件一国家,或者以何种标准来对各缔约国进行划分。《利马气候行动号令》所附的谈判文件草案虽然涵盖了应对气候变化的所有要素,但是所有的具体内容都未确定。

5.《巴黎协定》确立了国家自主贡献减排模式

2015 年 11 月 29 日,《公约》第 21 次缔约方会议在法国巴黎召开,在经 14 天的谈判之后,12 月 12 日最终出台了具有法律拘束力的《巴黎协定》。2016 年 4 月 22 日,170 多个国家领导人齐聚纽约联合国总部,共同签署这一协议,这是继 1992 年《联合国气候变化框架公约》,1997 年《京都议定书》之后,人类历史上应对气候变化的第三个里程碑式的国际法律文本,形成了 2020 年后的全球气候治理格局。③联合国秘书长潘基文甚至称其为"一次不朽的胜利"。④《巴黎协定》由序言和 29 个条款构成,它在全球应对气候变化制度安排上的新变化表现在以下四个方面⑤:

---

① 参见吕学都:《利马气候大会成果分析与展望》,载《气候变化研究进展》2015 年第 2 期。
② 同上。
③ 参见高翔:《〈巴黎协定〉与国际减缓气候变化合作模式的变迁》,载《气候变化研究进展》2016 年第 2 期。
④ See UN News Centre, COP21: UN Chief Hails New Climate Change Agreement as "'Monumental Triumph", http://www.un.org/apps/news/story.asp? NewsID=52802#.Vm0TzNKl-DE,(Last visited Jul. 18, 2016).
⑤ 参见吕江:《〈巴黎协定〉:新的制度安排、不确定性及中国选择》,载《国际观察》2016 年第 3 期。

其一,《巴黎协定》正式启动了 2020 年后全球温室气体减排的新进程。可以说,在某种程度上,《巴黎协定》是执行 2011 年《德班决议》的直接结果。此外,《巴黎协定》序言中提及的"按照《公约》缔约方会议第十七届会议第 1/CP.17 号决定建立的德班加强行动平台",也充分证明了这一点。故而,2012 年的《巴黎协定》正式启动了 2020 年后全球温室气体减排进程。这一进程无疑将有助于挽救自 2009 年《哥本哈根协议》以来的全球温室气体减排的制度危机,是继《京都议定书》之后,在《公约》下应对气候变化制度安排的新格局与新起点。

其二,《巴黎协定》首次将发展中国家纳入全球减排之列。《巴黎协定》第 4 条第 4 款规定,发展中国家缔约方应当继续加强它们的减缓努力,应鼓励它们根据不同的国情,逐渐实现绝对减排或限排目标,从而表明所有的国家均要减排,仅是在力度上不同而已。这无疑与《京都议定书》只规定"附件一国家"承担减排义务完全不同,意味着发展中国家游离于全球温室气体减排框架之外的时代已不复存在。

其三,《巴黎协定》依然坚持了"共同但有区别"的责任原则。尽管如上文所言,《巴黎协定》将所有国家都纳入了全球减排行列,但仍坚持共区原则。主要体现为以下几点:首先,《巴黎协定》序言第 3 段明文指出,推动《公约》目标的实现并遵循其原则,包括以公平为基础并体现共同但有区别的责任和各自能力的原则。其次,《巴黎协定》正文多处明确指出适用共区原则。[①]最后,《巴黎协定》对发展中国家、最不发达国家、小岛屿发展中国家在减缓和适应气候变化、减少损失和损害、相关技术的开发和转让、能力建设、资助透明度的增加等具体实施方面具有现实意义。

其四,《巴黎协定》确定了"国家自主贡献"在全球温室气体减排中的法律地位。《巴黎协定》在联合国气候变化大会的历史上第一次以法律形式确定了国家自主贡献作为 2020 年后全球温室气体减排的基本运行模式。这种自下而上式的减排路径打破了联合国气候变化谈判的法律僵局,能够促使每一个国家都能够从其自身能力出发进行减排,从而可避免因自上而下的减排所可能造成的国内经济动荡。同时,它是国际制度安排下的一种具有可行性

---

① 如《巴黎协定》第 2 条第 2 款规定,该协定的执行按照不同的国情,体现平等以及共同但有区别的责任和各自能力的原则。第 4 条第 3 款规定,各缔约方下一次的国家自主贡献将根据不同的国情,逐步增加缔约方当前的国家自主贡献,并反映其尽可能大的力度,同时反映其共同但有区别的责任和各自能力的原则。第 19 款要求所有的缔约方努力拟定并通报有关温室气体低排放的长期发展战略,同时注意第 2 条,根据不同国情,考虑其共同但有区别的责任和各自能力。

的"软减排"模式,具备将国家声誉等作为达到减排效用的手段和方法。①

发达国家加小岛屿国家联盟同其他发展中国家在这一问题上对立的结果可以从历次缔约方大会决议上窥见端倪。在德班一揽子决议之中首次没有提及"共区原则",虽然这并不能表明"共区原则"就不再适用,但这充分说明各缔约方在是否继续适用以及如何适用"共区原则"的问题上的矛盾加深。2014年的利马会议最终确认"共区原则"适用于将要在巴黎达成的气候变化新协议,但是"利马成果只在前言部分重申了德班平台将在'公约之下'、受公约原则指导,在正文部分声明'缔约方大会强调将在 2015 年达成一个有力度的、反映共同但有区别的责任、各自能力原则以及符合各国国情的协议'"。②但是对于国家类别的划分等问题则没有提及,留待巴黎会议解决。③ 2015 年巴黎会议取消了"附件一国家"与"非附件一"国家的划分,直接将所有缔约方纳入到统一的谈判轨道之中,并坚持了共区原则。

第二节　减缓领域公平性问题论争分析

各国在减缓议题上的谈判之所以进行得如此艰难,主要是各国在自身国情的基础之上,对如何分配减排责任才符合公平原则这一问题存在着不同的认识,也即各国均持有各自的公平主张。尽管从《公约》到《巴黎协定》的进程(除德班开始的少数会议外)都基本明确了共区原则对于解读公平原则的基础作用和地位,但国际社会对该原则的理解和适用一直存在争议。

1. 减缓领域公平性问题的论争焦点

如何公平地分配减排责任是减排领域无论如何也绕不开的话题,《公约》确定了共区原则,减排责任的分配需要在这一原则之下展开。但是各国对是否适用共同但有区别责任以及该原则的含义仍持有不同的观点,在各自不同观点的影响下,对减排责任分配的具体问题的看法也存在分歧。减缓领域公平性问题的焦点集中在责任如何承担上,但这一焦点又可以分化为如下问题:历史排放是否能作为减排责任分配的基础,以人还是以国家为单位作为对比排放量的基础,减排能力能否作为影响减排责任分配的要素、碳排放转移应否抵消等。

---

① 关于声誉在国际法中的作用,See Andrew T. Guzman,"Reputation and International Law", in *Georgia Journal of International and Comparative Law*, Vol. 34, 2006, pp. 379—391.
② 参见朱松丽:《利马气候变化大会成果分析》,载《中国能源》2015 年第 1 期。
③ 参见吕学都:《利马气候大会成果分析与展望》,载《气候变化进展研究》2015 年第 2 期。

(1) 历史排放、现实排放责任对减排责任分配的影响

发达国家的高排放支撑着其整个工业化的进程,根据美国世界资源研究所的研究和统计:从 1850 年至 2005 年的 155 年间,全球共计排放二氧化碳 11222 亿吨,发达国家共排放了 8065 亿吨,占全球总量的 72%,其中欧盟合计占到 27.5%,美国能源情报署的数据显示 1850 年至 2004 年美国累积碳排放总量居世界第一,截至 2006 年,美国占世界总排放量的累计百分比高达 41%。① 由于作为最主要的温室气体的二氧化碳排放至大气层后,少则 50 年长则 200 年不会消失,因此发展中国家坚持认为发达国家对于历史上的二氧化碳等温室气体的排放负有不可推卸的历史责任②,并要求发达国家率先承担减排义务。

历史排放是事实,发达国家并不否认,然而,随着世界经济的发展,发展中国家,尤其是如中国与印度这样的发展中大国的温室气体排放量在全球排放总量中占有了越来越大的比重,并将逐渐成为未来温室气体排放的主力。发达国家无法否认其在历史上排放过大量温室气体的事实,发展中国家也无法否认其现在与将来需要排放大量的温室气体来支持其经济发展的事实。因此,发达国家反对仅以历史责任为标准来分配减排责任,要求发展中国家,尤其是发展中大国也承担强制减排责任。

(2) 是否以人均排放作为对比排放量的基础

在历史责任问题的后面就是排放量计算单位问题。发展中国家,尤其是类似中国、印度这样的经济快速发展而又人口众多的发展中大国,以国家为单位的整体排放量是非常惊人的。以中国为例,根据全球碳计划(Global Carbon Project)公布的 2013 年度全球碳排放量数据,2013 年全球人类活动碳排放量达到 360 亿吨,平均每人排放 5 吨二氧化碳,创下历史新纪录。其中,碳排放总量最大的国家为中国,占 29%;其次是美国,占 15%;欧洲占 10%。中国排放总量就已经超过美国总量近一倍,但是在人均碳排放量方面,中国人均排放量虽然已经超过欧盟,但是仍然离美国和澳大利亚相距甚远。如果再考虑到历史排放因素,根据世界资源研究所公布的数据,美国 1850—2005 年的温室气体人均累积排放量为 1107.1 吨,英国为 1125.4 吨,而中国仅 71.3 吨。③鉴于此,发达国家更倾向于将国家作为对比排放量的单位,进而以公平原则为依据要求发展中国家承担更多的减排义务。

---

① 参见胡昌梅、曹昶辉:《欧盟环境保护政策及其对中国的影响——欧中在碳排放问题上的互动》,载《法制与社会》2011 年 01 期。
② 参见张安华:《全球碳排放的历史和现状》,载《中国经济时报》2010 年 1 月 05 日,第 004 版。
③ 参见王伟光等主编:《应对气候变化报告 2009:通向哥本哈根》,社会科学文献出版社 2009 年版,第 344 页。

发展中国家则更倾向于以人均单位对比排放量。因为，首先碳排放是与个人的生存和发展相联系的，对碳排放量的限制也自然将体现在对个人生活水平的影响。①其次，与碳减排义务相对的是碳排放权，人人平等的原则要求人人都能享有均等的碳排放权，这一均等的碳排放权不能因每个人的种族、国籍等因素的不同而不同。

（3）减排能力能否作为影响减排责任分配的要素

由于经济发展水平不同，各国应对气候变化的能力存在极大的差异，很明显，发达国家无论是在资金还是技术上都遥遥领先于发展中国家。发展中国家认为发展经济与消除贫困仍然是其第一要务，按照公平原则，发达国家多为奢侈排放，而发展中国家则为生存排放，因而，它应具有生存优先权。②

同时，另一种声音则认为将减排能力作为影响减排责任分担的要素缺乏法理上的支持。理由在于，正如贫穷不能使盗窃免责一样，缺乏减轻损害的资源以及能力匮乏不能成为应对气候变化责任的抗辩。③在国际法上，对于在一国领土或其管辖、控制下的其他地区进行的活动引发的环境责任通常是作为"跨界损害"来认定，而根据相关国际法文件，"跨界损害"责任的几个要素为：第一，引起损害的活动未受到国际法的禁止；第二，损害必须对其他国家的人的健康或工业、环境等起重大破坏作用；第三，损害必须是跨界的；第四，损害必须是由这类活动通过其有形后果而引起的。④所以，"跨界损害"责任是一种严格责任或结果责任，关注的是行为的结果而不是行为的合法性，更与行为人的能力无关。⑤在国内法上也是如此，不论是国内的环境法还是侵权法都不会因为企业盈利能力降低、责任人经济能力差而减轻其责任。⑥

（4）碳排放转移

发达国家在完成工业化进程的过程中深深意识到工业化生产对环境造成的损害，因此纷纷将制造业的工厂搬往发展中国家，使得发展中国家成为发达国家的代工厂。这一举措固然带动了发展中国家的经济发展，使得出口

---

① 参见李开盛：《论全球温室气体减排责任的公正分担——基于罗尔斯正义论的视角》，载《世界经济与政治》2012 年第 3 期。
② 参见杜志华等：《气候变化的国际法发展——从温室效应理论到〈联合国气候变化框架公约〉》，载《现代法学》2002 年第 5 期。
③ See Generally Vladimir Kotov & Elena Nikitina, Norilsk Nickel: Russia Wrestles with an Old Polluter, ENV'T, Nov, 1996, p. 6.
④ See Official Records of the General Assembly, Fifty—sixth Session, Supplement No. 10(A/56/10). Paras, 91, 97 and 98; Official Records of the General Assembly, Fifty—ninth Session, Supplement No. 10(A/59/10), paras, 175.
⑤ 参见万霞：《跨界损害责任制度的新发展》，载《当代法学》2008 年第 1 期。
⑥ 参见陈贻健：《共同但有区别责任原则的演变及我国的应对——以后京都进程为视角》，载《法商研究》2013 年第 4 期。

成为中国等发展中国家经济发展的重要引擎,但这些活动同时也带来了大量的碳排放。例如,与中国对美国、日本等大部分发达国家的商品贸易顺差相伴而生的是"碳贸易顺差",也就是说,中国生产用于出口的货物所造成的碳的排放量要高于其所进口的货物的生产在国外造成的碳的排放量,由此可以得出的结论是:进出口贸易实际上增加了中国的碳的排放量。这种现象不仅存在于中国,而且普遍存在于印度、越南等发展中国家。所以,如果说在国际经济与贸易中发展中国家是碳净出口国,那么大部分发达国家就是碳净进口国。基于以上事实,发展中国家认为,国际贸易中的碳排放转移现象应当作为影响减排责任分担公平性的因素之一。有学者指出:"在当前多边减排框架下,一个国家的碳排放是根据该国的生产活动所产生的碳排放来核算的,因此出口生产导致的碳排放由出口国(生产国)负责,而不是消费国负责,即这种以'生产原则'来测算一国碳排放的做法完全忽视了贸易碳排放转移带来的不公平性"。①

但是,不可否认的是,发达国家这种将制造工厂向发展中国家转移的行为确实为发展中国家带来了技术的进步、经济的快速发展、就业率的上升等利益。因此也有另外的观点认为碳排放转移不应列入减排责任分担议题的考虑范围。

2. 减缓领域公平性问题争议的原因

(1) 气候系统的"全球公用地"性质

气候变化的原因在于大气中温室气体浓度的变化,而大气的流通性决定了它不可能像土地那样被不同的主权国家所拥有,只能是为全人类所共享的资源,所以,气候变化与土壤污染不同。中国的土壤污染问题从原因角度来讲,一般是国内生产经营活动造成的,从结果上来讲只影响中国的发展,属于需要国内法解决的问题。气候变化问题则是全球性的,中国的温室气体排放会影响到全球的气候变化,其他国家的温室气体排放会影响中国的气候变化,同时,中国减少温室气体排放也能使全球受益。因此,气候系统具有"全球公用地"的性质。"'公用地'是指公共拥有的资源或财产,谁都可以拥有并使用它,同时也可以通过别人对其治理而自己获得益处,所以,不难理解谁都不愿为气候的改善承担实际义务,却都想成为享受公共利益的'搭便车者',这就形成了'公地悲剧'"。② 避免"公地悲剧"的一个方法是有一个大家都服从的权威或有一个大家都遵守的制度,能使得大家愿意按照既定的规则或者权威的要求来使用公地。不幸的是,虽然国际社会已经意识到了气候变化对

---

① 彭水军等:《国际碳减排合作公平性问题研究》,载《厦门大学学报》2012年第1期。
② 王毅:《全球气候谈判纷争的原因分析及其展望》,载《环境保护》2001年第1期。

人类的巨大危害,但目前暂时没有一个超国家的权威或者切实可行的制度来引导、约束各国的碳排放行为,所以国际社会在减排问题上所做的努力一直收效甚微,大气中的温室气体含量依然"屡创新高"。

(2) 经济利益与地缘因素

温室气体的排放主要来源于化石能源的燃烧与利用,所以减排也意味着减少化石能源的燃烧,然而,目前推动全球经济发展的主要动力仍然是化石能源。"温室气体产生的主要来源是无处不在的,包括能源生产、工业能源的使用、运输和农业耕作。这些活动在全球 GDP 中占绝大部分份额,并同样深深地扎根在工业国和发展中国家经济体的生产结构中。"①虽然从长远的角度考虑,减排能够给各国带来巨大的生存利益,但是不能否认的是从中短期的角度来看,减排所带来的收益要远低于其成本。尤其是发展中国家以及中东的石油输出国,都需要化石能源来推动其经济发展,提升其国民生活水平,甚至对一些发展中国家而言,碳排放是"生存排放"。所以出于对经济发展的考虑,许多国家并不甘愿承担强制性的减排义务。

另外,由于各国的地理环境不同,气候变化对各国的影响也不同。例如,对于俄罗斯等国家,气候变暖实际上改善了其寒冷的气候条件,更有利于其农业生产;然而对于太平洋小岛国(AOSIS)和低海拔国家来说,气候变化所造成的海平面上升就是威胁国家生死存亡的大问题。所以这些被气候变化的影响所威胁的国家更倾向于从长远的人类利益出发来探讨碳减排问题。但是,其他国家,尤其是发展中国家则更倾向于认为能够促进经济发展的生产活动比为应对气候变化而减排更具有优先性。

(3) 伦理因素

对于地球自然和文化共同遗产,各世代的人类同时担负着管理人和利用人的角色,当代人继承了遗产,也负有将这些成果完整交付于未来世代人的义务。②对于我们这一代人来讲,气候变化可能并不能造成不能忍受的后果,或许我们可以通过一定的适应措施来解决,但是,对于我们的子孙后代来讲,适应措施并不是治本之法。我们的祖先不知温室气体的危害,已然向大气中排放了太多的温室气体,然而在气候变化的危害已经广为人知的今天,我们却不能只顾当代人的幸福而不顾后代人的利益。但是在另一方面,我们也不能只顾后代人的利益而不顾当代人的幸福,于是在当代人的幸福与后代人的利益之间需要找出一个恰当的平衡点,也就是说要选择一个恰当的贴现率。

---

① 庄贵阳等:《试析国际气候谈判中的国家集团及其影响》,载《太平洋学报》2001 年第 2 期。
② 参见〔美〕爱迪丝·布朗·魏伊丝:《公平地对待未来人类:国际法、共同遗产与世代间衡平》,汪劲等译,法律出版社 2000 年版,第 21 页。

贴现率的选择关系着减排总体目标的确定,如果采用较大的贴现率,则意味着未来损失现值较小,相应的就应该采取从小规模到大规模的减排路径;如果采用较小的贴现率,则意味着未来损失的现值较大,相应的就应该立刻采取大规模的减排措施。所以,当代人与后代人的利益孰优孰劣、孰轻孰重是减缓议题上重要的伦理问题,各国对这一伦理因素的不同认识无疑将会导致不同的减排时间表。

(4) 国际政治因素

在全球气候变化谈判中,主要分为三股力量:欧盟、以美国为首的伞形国家集团、77国集团加中国组成的发展中国家阵营。欧盟各国与美国虽同属发达国家,但在国际气候变化谈判中却处于不同的立场,这其中也有国际政治方面的因素。欧盟自国际气候谈判开始以来就一直以积极的态度推动谈判进程,并主动承担减排义务,表现出对气候变化问题的深刻关切,从而获得了气候变化合作领域的主导权。惯于在国际事务中充当领导者角色的美国当然不甘心被欧盟"牵着鼻子",所以也就不难理解美国不加入欧盟所费心倡导的《京都议定书》,而是试图在后京都时代,尤其是德班之后的国际气候法律新秩序构建中夺回领导权,从而建立起以美国为主导的,更好地体现美国利益的应对气候变化的制度体系。美国可以不加入欧盟为主导的国际气候变化制度体系,但是在气候变化领域的合作中,却不能少了美国的身影,因为,美国的碳排放量无论是从总量还是从人均上看均名列前茅,可以说没有美国参与的应对气候变化制度体系将难以在实际上减缓大气中的温室气体浓度的增长。这一国际政治因素导致本就复杂万分的国际气候谈判更加的艰难。总体而言,国际气候法律新秩序沿袭了上述"三国演义"的基本态势,但是随着各个集团内部的分化,尤其是发展中国家内部的分化,使得新秩序构建进程中各国立场既趋于复杂,也有共识增强的一面。

(5) 碳排放空间的有限性

《哥本哈根协议》正式确认了各国应努力将全球温度控制到较工业革命前不超 2℃的水平,虽然没有也不可能从科学上认定多大幅度的升温是不可接受的,虽然《哥本哈根协议》并无法律约束力,但是国际社会越来越多的将 2℃作为导致长期灾难后果的危险温升阈值。[①] 2015 年通过的《巴黎协定》不仅肯定了 2℃温升控制目标,也将国际社会的努力倡导限定在 1.5℃温升控制目标之内。实际上,即使不是 2℃也会是 1.5℃、2.5℃等。总而言之,一定存在一个介于人类社会可以接受与无法接受之间的温度增加临界值,所

[①] 参见何建坤等:《全球长期减排目标与碳排放权分配原则》,载《气候变化研究进展》2009 年第 6 期。

以,大气所能够承受的碳排放量是有限的。要达到将全球温度控制到较工业革命前不超过 2 ℃的要求,2050 年全球温室气体排放至少需减少 50%,若要实现这一减排 50%的目标,即使发达国家减排 80%,发展中国家整体上也要减排 20%[①],这一排放空间实际上将会严重限制发展中国家的发展,而可持续发展始终是广大发展中国家妥协的底线,如果未来的碳减排方案不能给予发展中国家足够实现其可持续发展的碳排放空间,将难以获得发展中国家的支持。但是,在碳排放总空间一定的前提下,给予发展中国家更多的碳排放空间将意味着发达国家需承担更多的减排义务,这也直接关系着发达国家的切身利益。因此,在碳排放空间有限的前提下,发展中国家与发达国家之间在减缓领域的冲突将会加深。

第三节 减缓领域核心议题的公平性问题分析

一、减缓领域核心议题的公平性问题

从历次国际会议的谈判内容和争议点来看,减缓领域的核心议题无疑是碳减排责任的分配,或者从另一面界定为碳排放权的分配。碳排放权直接关系到各国碳排放的总量以及各自在特定时间内的排放限额,对各国经济社会发展至关重要。因为利益攸关,各国对碳排放权的分配都极其重视,并在气候谈判中基于自身国情和利益立场提出相应的"公平"分配方案。确定碳排放权的性质将直接触及公平性问题的实质,可以为我们更好地理解公平性方案及其制度设计奠定基础。

1. 准物权

碳排放权是在《京都议定书》规则下产生的一种新型权利。该议定书第 3 条第 1 款规定:"附件一所列缔约方应个别地或共同地确保其在附件 A 中所列温室气体的人为二氧化碳当量排放总量不超过按照附件 B 中量化的限制和减少排放的承诺以及根据本条规定所计算的分配数量,以使其在 2008 年至 2012 年承诺期内将这些气体的全部排放量从 1990 年水平至少减少 5%。"于 1997 年 12 月签署的《京都议定书》,虽然并未对应对全球气候变化确定具体的规则,但它为未来的制度建设提供了三种创新机制,即议定书第 6 条所确立的联合履行(JI):"为履行第 3 条的承诺的目的,附件一所列任一缔约方可以向任何其他此类缔约方转让或从它们获得由任何经济部门旨在

---

① 参见何建坤等:《全球长期减排目标与碳排放权分配原则》,载《气候变化研究进展》2009 年第 6 期。

减少温室气体的各种源的人为排放或增强各种汇的人为清除的项目所产生的减少排放单位",第 12 条所确立的清洁发展机制(CDM)和第 17 条所确立的排放贸易(ET)。这三种机制赋予了碳排放权两个特点:有价值且可转让。而这两个特点恰恰符合了财产权的主要特征,大陆法广义财产权的概念大致相当于罗马法上的物法。①

但在严谨的大陆法体系下,简单地通过表面的特点而将碳排放权归于财产权至少还存在两个需要进一步回答的问题:第一,碳排放权能否作为一种独立的权利而存在? 在环境法领域,权利的称谓很容易成为众多权利的大杂烩,但一个独立的"权利"需要有其严谨的内在逻辑以及独特的特征,从而使其有存在的必要②;第二,财产权是一类权利的统称,它并非是一个具体的权利,财产权本身亦是一个相对独立的权利体系。如果碳排放权属于财产权,那么它应归为财产权下的物权、债权还是准物权?

至于第一个问题,我们需要结合权利的具体要素来观察。碳排放权是基于国际法而产生的概念,但根据"京都三机制"的内涵与实践情况来看,碳排放权的实施主体并不仅仅为国家。在基于项目的联合履行(JI)和清洁发展机制(CDM)中,一般为私主体完成相关行为。③即使是以国家为主体的国际排放贸易(IET),亦需要由国家将分配所得的碳排放权分配于私主体来完成。因而,碳排放权的主体范围并未有太大争议,理应包括私主体和国家,而当主体为私主体之时,碳排放权的性质将直接决定了权利主体和国家之间的关系,此时,其权利的独立性和属性问题尤为重要。④碳排放权的客体为何争议极大,主要有两类代表观点:第一种观点认为碳排放权的客体是大气环境容量⑤,类似于排污权的一种,甚至有观点将其直接归属于排污权⑥;另一种观点则是认为碳排放权的客体为特定数量的温室气体。⑦ 仔细阅读《京都议定书》的第 3 条第 1 款可知,碳排放权的内涵在于能够排放一定数量的二氧化碳,如果单纯由此得出碳排放权的客体为特定数量的温室气体,则未触及碳排放权之核心。1997 年 Robert Costanza 等人在《自然》(Nature)杂志上发表了《世界生态系统服务价值和自然资本》一文,该文首次系统地研究了全球生态系统服务的具体价值,同时结合 2005 年联合国《千年生态系统评估报

---

① 参见赵廉慧:《财产权的概念》,中国政法大学出版社 2003 年版,第 302 页。
② 参见邹雄:《论环境权的概念》,载《现代法学》2008 年第 5 期。
③ 参见王明远:《论排放权的准物权和发展权属性》,载《中国法学》2010 年第 6 期。
④ 同上。
⑤ 参见苏燕萍:《论碳排放权的法律属性》,载《上海金融学院学报》2012 年第 2 期。
⑥ 参见丁丁等:《论碳排放权的法律属性》,载《法学杂志》2012 年.第 9 期。
⑦ 参见叶勇飞:《论碳排放权之用益物权属性》,载《浙江大学学报(人文社会科学版)》2013 年第 6 期。

告》中对"生态系统服务功能"的解释和关注,生态系统对人类生活的价值已是毋庸置疑。而碳排放权正是权利主体享有生态系统服务的一种权利:相对于人类的适宜生存环境而言,生态系统对温室气体的容纳度有限,存在相对固定的空间,而碳排放权的实质就是在分配这个相对固定的空间,以使得人类得以在适宜温度中持续生存。因而,碳排放权的客体为大气环境容量的观点更具有合理性和说服力。

在分析第二大问题之前,我们需要先面对一个前提性的质疑,确定碳排放权的具体性质有何意义?为何不能将其笼统地理解为一个财产权?前文已提及,当碳排放权的权利主体为私主体之时,该权利的独立性和具体性质就显得尤为突出。这是因为在大陆法系视野下,财产权是一个严密的体系,可以再区分为物权、准物权和债权,财产权仅是一个概括性的权利,任何具体权利皆有所属。如若不能归入财产权体系,则极易令人怀疑其是否为财产权。财产权为私权,私权神圣而不可侵犯,特别是财产权中的物权,具有绝对性和排他性,可以抗拒国家对私主体的财产征收。但是仔细观察后不难发现,不论是《公约》《京都议定书》以及《欧盟排放交易指令》(EU emissions trading directive)对碳排放的性质皆未提及,而仅仅是对权利内容进行了描述。由此,针对碳排放权的具体属性的观点出现了分歧,主要有二:一种是认为碳排放权虽然具有权利的外形,但仅是由政府赋予私主体的一种排放温室气体的资格,并非实质上的权利;另一种是认为尽管政府能够干涉私主体的碳排放权,但它仍是一种权利,一种特殊的财产权利。[①] 各个立法文件之所以留下碳排放权性质的空白,是欲将该问题交于各国市场实践自行探索。普通法系下的美国亦未将该权利规定为财产权,原因在于如若确定,则在碳排放权配额贬值或政府出于其他需要收回该配额时,需要依据本国的财产法承担赔偿责任。[②] 在财产法的保护下,权利主体享有财产收益的合理预期,这将使得政府无法完全控制碳排放权,而产生于国际法的碳排放权并非能完全由本国政府决定。所以,问题的关键在于如何处理这个矛盾。不论是从生态服务理论的视角还是市场实践的经验,将碳排放权界定为财产权都是适宜的。这将有助于私主体合法权利的保障,使其更加积极地参与节能减排的商

[①] See SAVAGE J, "Confiscation of emission reduction credits: the case for compensation under taking clause," *Virginia Environmental Law Journal*, pp. 227—271(winter 1997).

[②] See WEMAERE M, STRECK C. Legal ownership and nature of kyoto units and EU allowances, from FREESTONE D, STRECK C. Legal aspects of implementing the kyoto protocol-mechanisms. New York: Oxford University Press, 2005, p. 53.

业活动,更好地发挥温室气体交易制度的价值①,而这也是《京都议定书》的初衷和目的之一。并且,由于权利主体是利用了人类共同享有的生态环境资源,具有利用广义上的利用他人空间以满足自身利益的内涵,属于财产权下的物权。② 但不可忽视国家对该权利干涉的必要性,因而,在具体实践中,可以将碳排放权作为特殊物权来保护,既保障了私主体的利益,同时也为国家的灵活操作留出一定的空间。

2. 发展权

联合国大会于1986年通过的《发展权利宣言》第1条即指出:"发展权利是一项不可剥夺的人权,由于这种权利,每个人和所有各国人民均有权参与、促进并享受经济、社会、文化和政治发展,在这种发展中,所有人权和基本自由都能获得充分实现。",并且,"人的发展权利意味着充分实现民族自决权,包括在关于人权的两项国际公约有关规定的限制下对他们的所有自然资源和财富行使不可剥夺的完全主权。"③质言之,发展权是每个人享有的参与并享受社会发展的权利。

而碳排放权和发展权间的关系,从碳排放权的自然属性即可以看出。前文已经述及,碳排放权的实质是对大气温室气体容量的利用。不论是各国人民正常的生活需要,还是一国国内经济发展的诉求,在未限制温室气体排放时期,尤其在工业革命之后,任意的温室气体排放使得许多发达国家实现了经济的飞跃,从而享有现今的生活水平。因此,过去无限制的排放权满足了发展权的需要④,也显示了二者间的紧密联系。可以说,"气候变化既是环境问题,也是发展问题,但归根到底是发展问题。"⑤将碳排放权作为一种发展权来看待,也逐渐得到了国际的认可。例如,美国学者波斯纳(Eric A. Posner)、孙斯坦(Cass R. Sunstein)和格林(Bryan A. Green)都接受了碳排放权是一种发展权的观点⑥;肯尼亚内罗毕大学的穆马(Albert Mumma)和豪达斯(David Hodas)则更为直接地指出,排放权实际上代表发展权,是为了满足

---

① 参见刘明明:《论温室气体排放权的财产权属性》,载《重庆大学学报(社会科学版)》2013年第3期。
② 参见丁丁等:《论碳排放权的法律属性》,载《法学杂志》2012年第9期。
③ 参见《发展权利宣言》,http://www.un.org/chinese/esa/social/youth/development.htm,最后访问时间:2016年7月18日。
④ 参见王明远:《论碳排放权的准物权和发展权属性》,载《中国法学》2010年第6期。
⑤ 《中国应对气候变化国家方案》,http://news.xinhuanet.com/politics/2007-06/04/content_6196300.htm,最后访问时间:2016年7月18日。
⑥ See E. A. Posner & C. R. Sunstein, "Climate Change Justice", *Georgetown Law Journal*, Vol. 96(2007—2008), pp. 1565—1612. 以及 B. A. Green, "Lessons from the Montreal Protocol: Guidance for the Next International Climate Change Agreement," *Environmental Law*, Vol. 39(2009), pp. 253—283.

一国及其国民幸福生活的需要。①

必须注意的是,过去无限制的碳排放权使得进行工业革命的国家得以毫无节制地利用大气容量排放温室气体以实现经济的飞跃,二者的矛盾并不明显,但是,正如我国学者正确指出的变化趋势,当碳排放权逐渐被国际法规制之时,曾经的自然权利转化为了法定权利。② 温室气体排放、大气温室气体容量的使用不再是没有节制,它与一国发展空间的关系即为各国所重视,甚至在清洁能源未普及的当下,某种程度上,碳排放权的多少直接决定了发展的空间。这是因为在适宜人类生存的前提下,大气温室气体容量是一个固定的、不能超越的数值,是一类可能被使用殆尽的资源,由于它具有价值性和稀缺性,故自然存在竞争属性。某个主体的过多占用该资源自然将缩减其他主体的分配额,这也正是国际法尽力将其纳入整体规制的理由。但一旦碳排放权确定,一国能够排放温室气体的数量也就相对确定,依靠石化能源燃烧发展的动力也随之成为一个可以计算的数值。在清洁能源革命未到来之前,这直接意味着一国将自身向前发展的动力纳入了整个国际法的协调之下,任何一个主权国家都会慎之又慎。这也直接体现了碳排放权所具有的发展权属性,对碳排放权的重视实质上是对本国发展空间的重视。

确认碳排放权的发展权属性对于各国碳排放权的分配方案的讨论和制定具有重大意义。从全球范围来看,各国对碳排放权的需求并不在同一个层面上,发达国家由于已经完成两次工业革命,国民生活水平达到了相当的水平,经济生活对大量温室气体排放额度的需求是为了进一步发展经济,虽然无可厚非,但相对于发展中国家而言,许多贫困地区仍未达到温饱线,整个国家正集中精力帮助国民脱离贫困,其生活水平与发达国家相距甚远,所利用的温室气体排放空间是为了能够生存下去。前者温室气体排放为奢侈排放,后者为自己基本生存和发展的必要排放。正如罗尔斯在其巨著《正义论》中所指出的:"所有社会价值——自由和机会、收入和财富、自尊的基础——都要平等地分配,除非对其中的一种价值或所有价值的一种不平等分配合乎每一个人的利益。"由此观之,从人人具有平等的发展权视角,我们可以大致确定碳排放权分配方案的基调。

同时,发展权属性的确认也使碳排放权内涵更加丰富和完整。碳排放权属性的探讨来源于《公约》和《京都议定书》的规定,尤其是"京都三机制",该

---

① See "Designing a Global Post-Kyoto Climate Chang e Protocol that Advances Human Development",转引自杨泽伟:《碳排放权:一种新的发展权》,载《浙江大学学报》(人文社会科学版)2011年第3期。
② 参见王明远:《论碳排放权的准物权和发展权属性》,载《中国法学》2010年第6期。

制度赋予了碳排放权价值的可交易性,财产权属性极为明显。① 碳排放权财产权属性的地位在交易之时尤为凸出,也有助于保障私主体的利益与合理预期,但并未完全解决碳排放权的分配问题。该问题的回答需借助于碳排放权的发展权属性,既然温室气体排放直接关系一国的发展,那么就需有限倾斜于现今仍处于发展中的国家,而对于已经实现发展的发达国家,如若需进一步发展,在使用完本国的配额之后,则可以通过"京都三机制",借助碳排放权的准物权属性,获得温室气体的排放空间,同时亦帮助了其他国家温室气体的排放,如此则可以实现全球温室气体排放的控制。

3. 生存权

碳排放权的生存权属性主要体现在小岛屿国家联盟的成员上。1991年,受全球气候变暖影响最大的数十个小岛国以及地区成立了小岛屿国家联盟(AOSIS,以下简称为小岛国联盟),目前由43个小岛及低洼海岸线国家构成。这些小岛屿国家经济发展方式单一,只能依靠海洋资源和旅游来获得收入,其中10个国家在联合国系统内享有"最不发达国家"地位。并且,它们碳排放量少,却由于地理因素,在气候变暖的过程中,直接面临国土面积被海水吞噬的风险,承担了最重的责任,众多小岛国的生存环境已经面临被淹没的危险,政府正在筹备搬离自己的家园,举国移民至其他国家。正如格林纳达的代表说:"对我们小岛国来说,气候变暖是生存问题!"②

从法律角度上看,碳排放权的生存权属性体现在两个方面:其一,如果气候继续变暖,导致沿海地区的国土被淹没,这些岛国的居民将无生存之地;其二,对于不发达国家而言,基本的温饱问题仍未解决,该类国家在生产食物、满足国民基本温饱问题的碳排放属于基本的生存性排放,在这里,碳排放权具有生存权的属性。同属于人权范畴下的生存权和发展权,其区分虽没有量化的指标,却是具有极大的意义。例如,最不发达国家为满足温饱问题的碳排放行为当属于实现生存权的行为,而在满足了温饱问题之上的即为实现发展权的行为。因而,生存权较之发展权更为基础,需在整体上优先考虑生存权所涉及的问题和行为。

在厘清了碳排放权法律属性的基础上,减缓问题的实质也就具有了讨论的基础。《公约》第2条指出了签订该公约的目标:"根据本公约的各项有关规定,将大气中温室气体的浓度稳定在防止气候系统受到危险的人为干扰的水平上。这一水平应当在足以使生态系统能够自然地适应气候变化、确保粮食生产免受威胁并使经济发展能够可持续地进行的时间范围内实现。"2007

---

① 参见苏燕萍:《论碳排放权的法律属性》,载《上海金融学院学报》2012第2期。
② 参见陈天林.:《气候危机中的世界低碳利益格局》,载《特区实践与理论》2010年第2期。

年的 IPCC 第四次评估报告对气候变化的事实作出了确定性评估,因而,探讨如何减少温室气体的任务变得更加紧迫。根据上文分析,各国在减缓问题上进展缓慢,从 1992 年的《公约》签订至今,举行了二十余次会议,各类矛盾层出不穷,最根本的原因在于,由于碳排放权的发展权属性,主权国家一旦在碳排放问题上作出承诺,实际上是将自己从无限制的、不受约束的自然碳排放权中,进入了有限制的、受国际法调整的范围,即将自己国家的发展限制在了一个相对固定的范围内。而碳排放权的生存权属性又使得小岛国联盟完全无退路而言,毕竟生存问题高于一切,也是本国政策的首要出发点。因而,小岛国联盟成员的主张明确而又坚定,不论是主观还是客观上,基本没有可以让步的空间。这就导致了虽然《公约》的签订意味着大部分国家有诚意共同控制气候变暖,但在如何分配强制性义务上,仍存在着较大的分歧。所以,减缓领域的公平性问题实质就是如何综合考量各项因素,在达到新秩序构建的既定目标下,如何于各国间分配温室气体排放额度,既照顾小岛国的生存权,又得以平衡各主权国家的发展机会。

二、公平性问题涉及的考量因素

在数次世界气候变化会议上,发达国家和发展中国家对碳减排义务的分配问题都存在极大的分歧。美国、日本等发达国家认为,必须要给碳排放大国分配强制性的减排义务,如中国、印度等,否则控制气候变暖的目标无法达到;而众多发展中国家则认为,目前全球的气候状况很大程度上是由于发达国家历史上为了发展经济而无限制地排放温室气体造成的,并且,发达国家在技术和资金上享有减排优势,所以理应率先大幅度减排。由此可见,发达国家与发展中国家的主要分歧在于如何定位碳减排义务的公平性问题。发达国家主要关注点在于碳减排方案的效率,要求不论是发达国家还是发展中国家皆承担强制性的减排义务。美国曾是《京都议定书》的发起国之一,但于 2001 年突然宣布退出该协议,时任美国总统布什的一段话颇能说明原因:"世界第二的温室气体排放国是中国,但是中国却被排除在《京都议定书》的限制之外。这是一个需要全世界付出 100% 努力的问题。美国还要在对付气候变化的问题中担任领导地位,但不愿意被这一有缺陷条约所束缚。"[①]但发展中国家却认为,即使目前他们碳排放量较高,却在人均排放量上远远少于发达国家,并且该排放都属于满足基本需求类型。因而,如若要制定一个为发达国家和发展中国家同时接受的方案,首先需探讨减缓领域的公平性问

---

① 转引自中国碳排放交易网:《美国碳减排的历史分析》,http://www.tanpaifang.com/jienen-jianpai/2014/1209/40714.html,最后访问时间:2016 年 7 月 3 日。

题涉及哪些具体的因素。这些因素和碳排放权性质具有紧密的关系，共同构成了评判减排方案是否公平的标准。也就是说，我们需要在明确碳排放权性质的基础之上，确定影响碳排放权公平分配的因素，并以此为基础，进一步探索符合新秩序目标的碳减排方案。

1. 历史排放

"碳排放空间的分配不能够无视历史的不公平。附件一国家过去对碳排放空间的利用已经超过了其应获份额的4倍，即便马上停止排放也不足以保障发展中国家对碳排放空间的需求。"①虽然发达国家争辩说，在无限制排放温室气体的历史时期，并未有科学证据表明该类排放将会给人类生活带来负面影响。并且，发达国家经济的进步带来的是全球性的进步，具有外部性，并非由其自身独享工业化成果。但是，主观上对温室气体危害性的无知并不免除其应对行为所造成的后果负责，环境损害的责任在一定程度上是无过错责任，非故意只能说不具有道德上的非难性，而不是法律上的免责性。②同时，工业化带来的进步和成果确实促进了全球的进步，但显然发达国家是该革命的主要受益者，从而其国民享有了现今的生活水平。发达国家提出这两点抗辩忽视了一个关键点，即对气候变化法律体系中公平正义的环节区分。"从正义论的一般原理来分析，当前应对气候变化国际法律体系的主要制度基本可以对应于分配正义、交换正义和矫正正义三个环节，其中，分配正义环节对应气候变化中的利益和负担分配制度，例如减排义务、碳排放额度、资金及技术转移义务的分配。"③发达国家提出的理由只能说明碳减排义务在初次分配后需要考虑其所阐述的因素进行相应的矫正，这是交换正义要解决的议题。而温室气体的历史排放影响的是气候法律体系中分配正义，是分配正义中需要考虑的重要因素。发达国家通过历史上无限制的高排放量为现今的高质量生活奠定了基础，相比较之下，众多发展中国家还有漫长的发展之路，现今气候变化之局面和历史排放具有极大的相关性，因而，在分配碳减排责任之时，考虑历史排放因素应是确定无疑、不容推脱的。

2. 人口数量

承认历史排放为影响分配正义的重要因素，是承认了代际公平；而人均排放的确认，涉及的是代内公平。尽管参与碳排放权分配的主体是各国政府，但具体计算碳排放分配额时需落实到具体的人口数量。碳排放权是一个

---

① BASIC Experts, Equitable Access to Sustainable Development: www.erc.uct.ac.za/Basic_Experts_Paper.pdf, 最后访问时间:2016年7月3日。
② 参见刘明明:《全球气候变化背景下碳排放空间的公平分配——以德班会议〈公平获取可持续发展〉的基本政治立场为分析进路》，载《法学评论》2012年第4期。
③ 陈贻健:《国际气候法律中的矫正正义及其制度构建》，载《法学杂志》2013年第9期。

产生于国际法背景下的概念,需要各主权国家共同参与讨论其具体事宜,但这并不意味着因此就需以国家为单位计算相应碳排放额度。其一,碳排放权具有发展权的属性,发展权属于人权的一种,每个个体不分国界都是平等的,都有资格享有发展权。因而,碳排放权的分配以个体为基础是其性质的体现;其二,国家是抽象的,仅是代表一国之国民参与国际会议,探讨碳排放权的具体事宜,因而不能以一个抽象的代表概括了具体的权利个体;其三,在碳排放权的分配方案确定后,一国政府亦需将本国的碳排放权分配于国民,以满足最基本的衣食住行和经济发展的需要。

因而,应当将人均排放作为减缓之公平性问题予以考量的因素,即以自然人为基本单位,公平地获取碳排放空间。[1]即使如此,依然存在一些疑问,例如,如何确定个体的碳排放空间以进一步计算该国的碳排放额度?由于资金、技术等原因的存在,一国经济发展较为落后,但碳排放量高,人均排放量的计算方法是否并不利于其发展?人均排放量的计算方法以人口数量为基础,这是否会激励某些国家改变人口政策,使得该国人口激增?第一个问题属于具体方案问题,在本节的第四部分予以分析。第二、三个担忧不无道理,但这并非是将人均排放作为减缓领域公平性问题影响因素造成的,其具有极大的特殊性和不确定性,可以通过合理设计排放权避免或减轻。[2]

3. 发展需要

碳排放权和一个国家的发展空间密切相关,因而具有发展权的属性,这点在前文已经论证。作为人权的发展权,是对其他人权,特别是经济和社会权利的实现具有重大影响。"因为一个社会若没有相当程度的发展,就不可能为其成员实现自己的社会和经济权利提供条件或给予保障,即为社会成员提供积极的公共服务,并保障其达到最低生活标准。"[3]因而,碳排放权的分配需要满足发展中国家国民基本的能源需求。由于一个国家发展程度的标准为国民收入,对于某些历史碳排放量较大,但国民收入较低的国家而言,这在一定程度上能够矫正历史排放因素衡量下的公平误差。

但是,这并不意味着纵容发展中国家的高额度碳排放量。发展中国家对于碳排放空间的需求是为了在本国发展阶段、为国民建设基础设施使其生活水平达到一定程度这段时期内,能够获得足量的碳排放空间,而不是因为想

---

[1] 参见刘明明:《全球气候变化背景下碳排放空间的公平分配——以德班会议〈公平获取可持续发展〉的基本政治立场为分析进路》,载《法学评论》2012年第4期。
[2] 参见彭水军等:《国际碳减排合作公平性问题研究》,载《厦门大学学报》(哲学社会科学版)2012年第1期。
[3] 国际人权法教程项目组编:《国际人权法教程(第1卷)》,中国政法大学出版社2002年版,第464页。

永久保持一种高碳增长模式。①发达国家大多已经进入了工业化后期，对碳排放和能源消耗趋于平稳，即使仍需要大量温室气体排放空间，已并非为达到基本发展的排放；而发展中国家却正在处于工业化中期，未来碳排放量将上升，并且，排放的目的是为了提高本国国民的基本生活水平，实现个体的发展权。对他们而言，基本需求尚未满足，是未来全球排放增长的主体。②确定发展中国家适当的减缓义务的范围，要考虑其实现可持续发展和减贫的目标，这是对其发展权的协调和尊重。③

4. 地理和资源因素

地理和资源因素是对一国碳排放量的具体考量。对于其他条件都相同而地理位置相异的国家，可能由于地理位置的差异处于不同的气候、海陆环境之中，这将使得一国保持其基本的碳排放量需求存在不同，即一国保障其国民基本的生存和发展的碳排放空间存在差异。

此外，《公约》明确提出要考虑一国的资源状况和能源消费结构，即考虑"经济特别依赖于矿物燃料的生产、使用和出口的国家，特别是发展中国家由于为了限制温室气体而采取行动后所面临的特殊困难"。该规定指出了对于某些国家而言，可能煤炭资源较为丰富，国家经济已经形成了以煤炭作为主要能源的发展模式，一时间无法改变或改变需付出较大的努力；而另一些国家或许水电资源较为丰富，国民能源消费结构则较为清洁。在需要同等能量去维系一国之基本发展时，依靠煤炭能源的国家比依靠清洁能源的国家需要更多的碳排放量。④最终的减排方案在鼓励发展清洁能源的同时，也要考虑一些国家经济发展模式转型所需要的时间，通过碳排放空间的倾斜分配保障其国民的发展权和生存权。

5. 贸易的碳排放转移

2011年的《公平获取可持续发展》报告提出，碳排放空间分配方案需以人均累积碳排放平等为基础，这条思路是从实际碳排放的角度展开的，意识到了以自然人为单位计算碳排放空间的重要性，但随着经济生活中分工的不断细化以及全球化的深入，现今的消费模式将极大影响到碳排放空间的分配和利用，而这亦直接影响到落后国家的发展权。⑤

---

① See BASIC Experts, Equitable Access to Sustainable Development: www.erc.uct.ac.za/Basic_Experts_Paper.pdf, (Last visited Jul. 18, 2016).
② 参见潘家华等：《碳排放与发展权益》，载《世界环境》2008年第4期。
③ 参见刘明明：《全球气候变化背景下碳排放空间的公平分配——以德班会议〈公平获取可持续发展〉的基本政治立场为分析进路》，载《法学评论》2012年第4期。
④ 参见黄婧：《国际温室气体减排责任分担机制研究》，中国政法大学出版社2014年版，第139页。
⑤ 参见樊纲等：《最终消费与碳减排责任的经济学分析》，载《经济研究》2010年第1期。

彼得斯(Peters)等学者对上述问题在1990至2008年期间的情况进行了定量分析,结果显示生产国际贸易产品和服务的碳排放从1990年的43亿吨(占全球排放的20%)增加到了2008年的76亿吨(占全球排放的26%)。[1]这说明1/5以上的碳排放量由生产国排放,却出口到其他国家,由其他国国民进行消费。这种产品的生产国和消费国不一样的现象会使得碳排放责任认定问题出现分歧。有学者认为,生产国自愿作为他国之工厂,通过制造产品获得了巨大的利益收入,理应承担温室气体排放的责任。因而,无需将贸易的碳排放转移作为公平性问题的考量因素。但是,不可否认的是,进口国通过低廉的价格消费了这些产品,而这些产品的价格并未包含碳排放空间的价值。如果进口国不希望对方将此价格包含进产品价格,那么依据利用者付费或受益者付费的法理,理应由进口国来承担该产品碳排放的责任。总而言之,贸易的碳排放转移是公平性问题不可回避的因素,不考虑消费排放的影响,将无法达成一个真正公平的碳排放权分配方案。

三、现有核心方案的公平性评估

基于前述的分析可知,减排责任分配的公平性问题涉及多方面的因素,温室气体减排方案的公平性评估需综合考量这些因素。然而在国际气候变化谈判中,各个国家提出的方案有意无意地站在了本国的立场,或是依据《京都议定书》中对于附件一国家和非附件一国家的划分,以分配最终的权利或义务。但是,面对不断变化的各国实际情况,恪守本国利益立场和僵化的附件一和非附件一国家的划分,无形中遗失了一致性的、客观公平标准。

在国际气候法律新秩序的背景下,公平与否的标准应当是在新秩序框架中予以确立的,由碳排放权的性质推导出各公平性因素,并以此客观标准考量和制定减排方案,而不是一直固守主观身份原则,如此才能筛选或制定出合乎公平、适用于全球范围内的温室气体减排方案。基于本书第一章第三节的讨论,新秩序在碳减排责任分配领域主要体现在两大方面:一是制定囊括所有国家的减排方案的决心,以德班平台为中心,化双轨为一轨,在"共同但有区别原则"下所有国家都应承担减排义务;二是减排义务必须具有强制性。一直以来,即使是自愿加入减排协议的国家亦是由自己作出减排承诺,并随着国内形势的变化任意改变减排目标,甚至退出减排协议。如此不具约束力的减排义务无法实现将全球升温控制在2摄氏度范围内的目标。

---

[1] See "Growth in Emission Transfers via International Trade from 1990 to 2008,"转引自刘明明:《全球气候变化背景下碳排放空间的公平分配——以德班会议〈公平获取可持续发展〉的基本政治立场为分析进路》,载《法学评论》2012年第4期。

气候变化新秩序的目标是明确的,但障碍也很明显。由于各类原因,并非所有的国家都愿意加入减排行列,更遑论愿意承担强制性减排义务。因而,碳减排方案的设计将涉及法律未来新秩序构建的目标、公平性问题的实质、决议程序上各国权利的平等以及决议结果的强制性等问题。在过去的谈判中,各国提出的减排方案非常之多,下文选取数个探索达到新秩序目标的方案,以公平分配气候变化权利和负担为视角予以评估,以进一步探讨如何在现有思路上,制定最终的碳减排方案。

1. 关注历史排放的巴西案文

巴西方案是基于政府间报告(IPCC)的以历史排放责任为基准的参照方案(Reference Methodology on Historical Responsibilities by the IPCC)。巴西方案与德班平台下的大多数方案一样,也是以"自下而上"为特征的。国家减排目标是自下而上报送,根据历史责任、国家能力和内部情况等制定。① 在2013年华沙会议上,巴西案文成为一个热议度极高的名词。巴西案文的主要突破点在于提出了关注历史排放责任的"污染者付费"思路。它针对《京都议定书》附件一国家,注重科学基础,通过复杂的数学模型,对碳排放义务进行了分配。巴西案文并未提出具体的方案内容,但是以 IPCC 评估方案为基础,提供了一个重要的方法论和视角,在国际上影响极大。

该方案的优点是直接指出了减排义务分配中必须考虑发达国家历史排放责任,发达国家现今的高质量生活水平与其历史高碳排放是密切相关的。虽然该方案并没有明确指出碳排放权的性质,但从历史排放的角度触及了这一关键点,即如今发达国家的碳排放许多基于历史排放带来的高质量生活上的奢侈性排放,而发展中国家的碳排放实是为了满足基本的发展或生存的必要性排放。这使得 IPCC 评估方案的落实有了更为坚实的法理基础。但是,由于该方案仅仅注重分析发达国家的历史责任,在触及碳排放权的发展权和生存权之时,并未考虑到发达国家的需要,亦没有提出具体内容的方案。因而,其缺陷也是显而易见的,它提供了一个新视角,却未制定具体可行的方案。减排领域公平性的综合考考虑应包括多项指标,单纯关注一个方面是远远不够的。

2. 关注减排能力的"能者多劳"方案

碳排放量的多少和一国的工业化程度紧密相关,而一般工业化程度较高的国家,其人均国民收入也较高。由此,有学者提出了关注碳减排能力的"能者多劳"方案,典型代表如 Baer 等提出的温室气体发展权框架。该方案认

---

① 参见李莉娜、杨富强:《华沙气候谈判大会的遗产是什么》,载《世界环境》2014年第1期。

为,富人享受了工业化带来的成果,因而具有减排的能力并应赋予减排的责任。该方案为区分贫富设置了一个标准,富人需承担大部分的减排责任,而穷人则没有减排义务。① 《京都议定书》确立的部分发达国家率先实行强制量化减排的模式,可以视为方案在国家主体之间的应用。

该方案联系了历史排放和现实减排能力,在一定程度上体现了"共同但有区别"的责任,但是实际上其仅仅关注了世界上享有标准值以上富人(包括发达国家和发展中国家的富人)的减排能力,并未关注发展中国家在基本发展过程中对碳排放的需要,虽然讨论了受益者的责任,但忽视了发展中国家的需求,在碳排放空间一定的前提下,其整体上并不具有公平性。同时,该方案其实体现了上文讨论的一个问题,减排能力在多大程度上影响义务的分配和公平性的考量。减排能力与减缓义务的法理基础为何,如果说富人承担减排义务是由于其从碳排放中获得了受益,积累了财富,其理由并不具有说服力。财富的积累是多方面因素的结果,高碳排放并不必然带来财富的线性增长,例如,从 1950—2000 年间的碳排放总量看,发展中国家的马来西亚高居第 4 位,巴西和印度尼西亚的碳排放总量仍然排到了第 34 位和 35 位,而发达国家的日本则只排在第 41 位。② 因而,只能说,享有财富者更具有完成减排义务的能力,让富人或富裕的国家承担多点的减排义务可能最容易实现减排目标,这是一种效率考量。但一旦将责任承担的理由归结为"能力",则无形中将责任问题与道义问题混同了。富人或富裕的国家可以承担更多的责任,却是以其自愿承担为前提。③ 该方案更为深远的意义是提出了解决减排义务分担时必须面对的话题:在制订具体方案之时,能力如何影响减排责任的分配?诚如上文所论述,能力不应影响责任的性质,例如,是否承担法律责任,责任有无,但是,在制订具体方案之时,其是否可以成为责任承担方式、先后、大小的考虑因素,是一个值得研究的问题。

3. 关注人文发展的碳预算方案

该方案是由我国学者在 2008 年的波兹南会议上提出,主要内容是在确保气候安全的前提下公平分配碳排放量。首先应满足发展中国家的发展需

---

① See Baer, P. Athanasiou, T. Kartha, S. et al. "The Greenhouse Development Rights Framework: The Right to Development in a Climate Constrained World," Stockholm Environment Institute Report,(2008).
② See Eric A. Posner, David Weisbach, *Climate Change Justice*, Princeton University Press, 2010, p. 37, Table 1.6.
③ 参见彭水军等:《国际碳减排合作公平性问题研究》,载《厦门大学学报(哲学社会科学版)》2012 年第 1 期。

求,抑制发达国家的奢侈性排放。① 具体操作方法为:以国家为单位分配碳排放权,但碳排放权的计算基础应当以个体为标准,再辅之以国际或代际层面上的转移支付,弥补各国的亏空和余额。该方案的优点主要有:首先,它明确提出了在总体控制温度变化的目标下,确定了自上而下的碳减排分配模式,各国所负碳减排责任具有强制性;其次,它提倡照顾发展中国家的特殊发展需求,抑制奢侈性排放也契合碳排放权本身的发展权和生存权性质;最后,以转移支付方式弥补亏空也正是建立在了碳排放权准物权性质的基础之上。可以说,相比于历史上的一些减排方案,此方案已经具有了明显的改进和完善。

但是,也正是由于在操作层面上的过于细化,使得方案灵活性不足,一些制度也存在一定缺陷,使得其并不足以为各国所接纳。例如,该方案在计算人均排放之时并未考虑贸易过程中的碳转移,忽略这个因素,将使得最终的计算结果出现极大的公平性偏差,从而使得实际操作情况不符合公平内涵。另外,该方案主张先满足发展中国家的发展需要,而后在为发达国家的奢侈性排放分配温室气体排放空间。其实,最终的碳减排方案确实需将发展中国家的发展权和生存权置于优先地位,然而这是在确定公平分配权利和义务的框架之时的考量因素,是其中一个重要指标,而非唯一的指标。所以,该方案考量指标过少,还需增加一些客观性的标准予以矫正和完善。

4. 关注人均累积排放的"紧缩趋同"方案

该方案由英国全球公共资源研究所(Global Commons Institution,GCI)于1995年提出。"紧缩趋同"方案认为,在目前情况下,发达国家的人均碳排放量较高,大多数发展中国家的人均碳排放量相对较低,因而,可以选取未来某个时间节点,在这段时间范围内,降低发达国家的人均排放量、提高发展中国家的人均碳排放量,使之在将来某个固定的时间点上达到一致,从而维持该水平。

这个方案可以说是站在发达国家视角的典型:其一,它未考虑发达国家的历史排放责任,单纯在未来设置一个趋同的时间和数值,不仅使得历史责任可能被忽略,而且还给发达国家分配了未来相当长一段时间内仍然超越发展中国家的人均碳排放量,这是极其不公平的;其二,在大多数发达国家已经实现了工业化的今天,发展中国家仍然面临着发展基础设施和经济的需求,在分配温室气体排放空间时本应予以考虑,而该方案却完全未提及。这种做法忽略了碳排放权的发展权属性,只是在表面上达到了控制全球温度变化和

---

① 参见潘家华:《人文发展分析的概念构架与经验数据——以对碳排放空间的需求为例》,载《中国社会科学》2002年第6期。

人均碳排放量形式上的相同,并不符合公平的要求。

但是,该方案中的"人均碳排放量"概念具有重要的意义,以独立的个体作为制定方案的出发点和落脚点,是权衡公平性与否最为有力的标准。以群体或以国别对碳排放责任的划分,无形中将会掩盖个体的发展权和生存权,即使是国家层面的碳排放交易,也需落实到个体来完成。因而,在丰富此概念内涵的基础上可以形成一个更加具有操作性和公平性的方案。

5."自下而上"的国家自主贡献方案

2011年德班平台开启了国际气候法律新秩序构建的进程,这一进程的推进过程正是国家自主贡献方案的提出和确立过程:多哈气候大会终结了"双轨制"并起到了承前启后的作用,但没有涉及德班平台下新协议的核心内容——减排义务分担问题;华沙气候大会最为重要的一项贡献之一即是首次提出了"预期的国家自主决定贡献",开始在减排义务分担这一实质内容上区别于《京都议定书》下的量化强制模式[①];利马气候大会则进一步细化"国家自主贡献"相关信息并明确后续处理进程[②];《巴黎协定》则在前述会议成果基础上最终确立了"国家自主贡献方案",以法律形式确定了国家自主贡献作为2020年后全球温室气体减排的基本运行模式。

《巴黎协定》确立的这种自下而上式的减排路径打破了气候变化谈判的法律僵局,"自下而上"模式的优点主要体现在能够充分兼顾各个缔约方的实际情况,各国根据本国国情提出的"国家自主贡献"方案容易得到实施,同时可以在实施过程中通过"全球总结"和审议对方案作出调整,促使每一个国家都能够从其自身能力出发进行减排,避免因"自上而下"的减排所可能造成的国内经济动荡。同时,它是国际制度安排下的一种具有可行性的"软减排"模式,具备将国家声誉等作为达到减排效用的手段和方法。[③] 其缺点则主要是在强调自主性、灵活性的同时降低了减排约束力,缺乏京都模式中"自上而下"的强制量化减排义务和遵约制度。从国家自主贡献方案的确立可以看出,由于利益要求的冲突难以协调,在对公平性问题进行协调的过程中,现实主义替代了理想主义的考量,伦理因素被淡化,实用主义的因素被强化。概括而言,国家自主贡献方案的不足主要体现为以下问题:

---

① 参见张晓华、祁悦:《"预期的国家自主决定的贡献"概念浅析》,载 NCSC 网站:http://www.ncsc.org.cn/article/yxcg/yjgd/201404/20140400000846.shtml,最后访问时间:2016年9月1日。
② 参见李俊峰、张晓华、祁悦、沈海滨:《利马气候大会主要成果及影响》,载《世界环境》2015年第1期。
③ 关于声誉在国际法中的作用,See Andrew T. Guzman,"Reputation and International Law", in *Georgia Journal of International and Comparative Law*, Vol. 34, 2006, pp. 379—391.

第一，国家自主贡献方案存在以可接受性替代公平性的倾向。一方面，应对气候变化成为全球共识，国际气候谈判如果仍然无法就此达成一致性成果，难以在道义上向公众作出交代；另一方面，由于存在基于各自利益的不同公平主张，这些主张难以相互兼容或替代。在此情况下，为使谈判达成各方可接受的成果，可接受性成为优先项，在一定程度上替代了公平性的考虑。但可接受性并不等同于公平性，例如，各国基于污染者付费原则承担减排义务从应然的公平性上来说，并无太多可争议的地方，但却未必能得到普遍接受。

第二，国家自主贡献方案过多强调"各自能力"在公平原则中的作用。公平原则自身无法提供何为公平的标准。在已有的法律文件中，均将公平原则具体化为共区原则和各自能力原则，共区原则保证了责任划分的客观一致，各自能力保证了公平原则的可接受性。为保证谈判成果的可接受性，新秩序构建进程中过多强调了各自能力原则。各国自主贡献方案正是这样的制度例证。

第三，国家自主贡献方案表明共区原则仍然缺乏适用的客观标准。共区原则虽然是公平原则的核心。但对共区原则的理解一直存在误读：一是将其视为异质原则，即同时兼具道义原则和法律原则的双重属性；二是将其视为以主体身份划分义务的身份原则；三是将其视为以"能力"为基础的法律原则。上述理解混淆了共区原则和各自能力原则区分的意义，导致各方对共区原则分歧严重，发达国家阵营甚至试图取消共区原则。在新秩序构建进程中，尽管经过努力在《巴黎协定》中重新确定了共区原则的地位，但对其适用仍然缺乏清晰的说明，尤其是没有为如何"区别""责任因何而异"问题提供一个客观的、可操作的标准。国家自主贡献方案还需要在这一方面作出进一步的明确。

四、未来公平减排方案的制定路径

尽管《巴黎协定》确立了"国家自主贡献"方案，并最大程度地兼顾了缔约主体的广泛性，使得各方可以基于自身的国情，在"各自能力"的范围内容作出减排承诺。但从前面对各种减排义务分担方案的评析可以看出，暂时不存在一个能够兼顾各种价值判断、利益以及应对气候变化目标的减排义务分担方案。减排义务分担方案具有双重性，"除了通过平等协商对气候变化领域的利益和负担进行分配、调整需要符合正义的要求之外，气候正义的结果还应当与气候应对的目标相符。"① 为了制定这样一个为各国所接受的公平减排方案,还必须进一步总结各方案经验,注意以下关系的处理。

1. 从"减排义务分配"到"碳排放权分配"

前述所列方案在注重公平性的某个方面时,往往忽略了对其他因素的考量,尤其是忽略了从减排义务还是碳排放权的分配切入对减排义务分担方案是否公平具有重大影响。

IPCC 第四次、第五次评估报告均指出,未来国际社会应将全球平均气温变化控制在 2℃以内,且倾向于在 2050 年前把大气 CO_2 量浓度(CO_2-e)控制在 450ppmv 之内。② 因而,即使各种减排方案并未在法案正文中提到这一点,但这几乎可以看做是所有方案的大前提,是国际碳减排目前可以明确的温控目标。如此,温室气体排放方案是以减排义务还是以碳排放权为切入点就具有了重大差别。在 450ppmv 的目标浓度确定后,一个固定的时间内,人类可通过化石燃料产生的碳排放的总量就得以确定(目前世界各国在发展过程中,人均能源消费和人均温室气体排放量都不可避免地会继续提高)。③ 如果按照既有的减排模式,全球减排方案提倡发达国家作出一定减排目标的承诺,则在总排放量一定的前提下,即使海洋和陆地今后对排放的碳继续以 56%的比例吸收,全球可排放的总量亦可以计算。④ 如此,则在相关方案赋予发达国家一定的减排义务之后,其余的义务则需要发展中国家来完成。在这种模式之下,非但很难保证达到整体的减排目标,更严重的是发展中国家处于极其被动的地位,极有可能实质上承担比发达国家更重的减排义务。

考虑到碳排放权同时具有发展权和生存权属性,生存权相对于发展权具有一定的优先性。这就要求碳减排方案应照顾到"最不发达"国家的生存性权利和发展中国家的基本发展权利,共同分担新秩序下要求的减排任务。而非如以往模式那样,由发达国家率先作出减排承诺,将目标下的其余任务留给发展中国家。在构建气候变化新秩序的今天,必须注意到,碳减排方案的总体框架需先关注发展中国家的基本生存权和发展权,以此为切入点,进一步制定具有强制效力的全球性协议。中国科学院的院士曾模拟 IPCC 等著

---

① 陈贻健:《气候正义论:气候变化法律中的正义原理与制度构建》,中国政法大学出版社 2014 年版,第 225 页。
② 参见 IPCC 候选主席:《达成 2 度目标的机会在迅速消失》,https://www.chinadialogue.net/article/show/single/ch/8118—INTERVIEW-Thomas-Stocker-candidate-to-head-the-IPCC,最后访问时间:2016 年 7 月 18 日。
③ 参见丁仲礼等:《国际温室气体减排方案评估及中国长期排放权讨论》,载《中国科学(D辑:地球科学)》2009 年第 12 月。
④ 同上。

名方案提出的减排措施,并得出四个结论,其中,与这部分主题相关的有:一是以"减排"名义提出的方案,极易忽略历史排放量和当前排放基数等方面的差异,如果以确定各国减排比例作为构建控制大气温室气体浓度的责任体系,"就会遮掩历史排放与人均排放的巨大差异,造成不公正后果"[①];二是以人均累积排放为指标,以分配碳排放权为切入点,在排放总量一定的前提下,使得各国国民在一定时间内获得相同的碳排放量,这是最符合公平正义原则的。[②]

因此,由碳排放权的性质可推导出一个原则,未来温室气体排放方案的确定应选择以碳排放权的分配为出发点,进而考虑其他各项涉及公平性问题的因素,完成新秩序要求的减排目标。

2. 从"国家公平"到"个体公平"

以碳排放权的分配为切入点完善碳减排方案首先克服了部分发达国家承诺"减排义务",实际掩饰公平的陷阱,接下来的问题是如何具体分配碳排放权,使得最终方案既能达到控制全球温室气体的目的,又能符合公平正义的内涵。

前文已介绍,"紧缩趋同"方案的核心内涵为"一个趋同",即:在一定时间内,发达国家的人均累积碳排放下降,发展中国家的人均累积碳排放上升,最终在一个固定的时间点维持相同的碳排放量。显然,该方案着眼于未来人均碳排放量的一致,但却忽略了历史责任和发展中国家的发展需求,没有紧扣公平之内涵。该方案的缺陷使其并不足以为各国所采纳,但它提出的"人均累积碳排放"的概念为碳减排方案从"国家公平"到"个体公平"提供了思路。国家是一个集合概念,无论如何强调国家间的公平,都无法回避如何实现各国公众个体间的公平。如若忽视个体、以国家为标准分配碳排放权,可能造成表面的国家公平而实质的个体不公平。碳排放权的性质要求关注权利义务分配中的人权问题,正是个体对基本人权的需求,才使得碳排放权所指向的生存权和发展权的落实有了具体的对象。因而,以个体为核心讨论碳减排责任的分配,既是碳排放权性质的要求,也是公平的应有之义。

以个体为核心的基础之上,"紧缩趋同"方案关注"人均碳排放量"的未来趋同。但是,未来趋同仅代表了自碳排放量相同之日起的个体公平,却忽略了发达国家的历史排放责任和发展中国家的发展需求,而这二者是涉及公平

---

① 丁仲礼等:《2050年大气 CO_2 浓度控制:各国排放权计算》,载《中国科学(D辑:地球科学)》2009 年第 8 期。
② 参见丁仲礼等:《国际温室气体减排方案评估及中国长期排放权讨论》,载《中国科学(D辑:地球科学)》2009 年第 12 期。

与否的重要因素。为了弥补这个缺陷,需要在一个趋同的基础上,再加上另一个趋同,即同时选取历史中的一个时间点和未来的一个时间点,形成时间区间,在这个区间给定的时间之内,不仅发达国家和发展中国家的人均排放量要最终相同,其人均累计排放量亦需相同,即实现两个指标上的趋同。例如,选取1900年至2050年这个时间段,在这个时间段内,截至目前,由于发达国家已经实现了工业化,因而历史和现今人均排放量都比较高,人均累积排放量高;而发展中国家大多刚进行工业化,人均累积排放量较低。这意味着发达国家需要大幅度减排以满足在未来的固定时间点达到"两个趋同"的要求,而发展中国家则可以在这段时间内充分利用自己的温室气体排放空间发展经济,实现自己的发展权。①

"两个趋同"方案的计算方法使得碳排放权的分配也有了具体的依据,在固定全球升温的范围后,选定一个固定的时间区间,依据IPCC的最新评估方案所确定的气候变化事实和确定程度,每个个体所享有的碳排放量以及还剩余的碳排放空间将随之确定。这种计算方法摒弃了单一的"一个趋同"思维,将历史排放和发展中国家的发展需求加以考量,并量化两类国家人均累计排放量,具有可操作性。但是,该方案还需进一步细化,例如,是否需选定一个同时适用于发达国家和发展中国家的时间起点?发达国家和发展中国家工业化起步的时间各异,如果选用同一个时间点极有可能造成人均累积碳排放量的计算结果的误差。既然碳排放权具有发展权属性,对于主体而言,最主要的作用亦是用以提高经济发展水平,满足生活需要,那么在选用计算时间起点时可以对发达国家和发展中国家适用不同的时间起点。甚至,如若存在计算的可能,不同国家和地区亦可以选取本国的工业化起点年限以计算人均累积碳排放量,但为了达到控制温度变化的效果,最终年限是不能改变的,即2050年。而从实质公平的视角,贸易的碳排放转移亦需运用"污染者付费原则"计算入实际消费国,以统计最终的碳排放量。

此外,既有方案一直未将发展中国家的发展权和生存权分开予以讨论。碳排放权的生存权性质主要涉及的主体为小岛国,这些国家大多经济不发达,地理环境脆弱,是气候变化最先和最直接的受害者。碳排放问题对于该类国家而言,直接关乎生存,在人权范畴内,生存权应当具有优先性,如果不考虑小岛国的特殊状况,反而利用其弱势地位将其忽略,根据基本的公平内涵和碳排放权性质的要求,最终的减排方案将很难称之为"公平"。因而,减排方案的完善必须考虑赋予小岛国一些特殊的照顾。例如,重视小岛国提出

---

① 参见陈文颖等:《全球未来碳排放权"两个趋同"的分配方法》,载《清华大学学报:自然科学版》2005第6期。

的减排方案；如果设立减排方案审核和评估机制，应当吸收小岛国成员代表；在特殊问题的决议上，给予小岛国更多的决定权。

3. 从"单一减排责任"到"完整责任体系"

目前许多发达国家已经用完了其应得的碳排放空间，甚至形成了赤字。[①] 如若一味地将此类单方的强制减排义务赋予发达国家，也会导致不公平，原因在于：其一，对温室气体导致气候变化的认知是在工业化之后。其二，虽然工业化进程的主要受益对象是发达国家，但不可否认的是，其正外部性效应也及于全球其他国家。如发达国家需承担消除负外部性的责任，则其带来的正外部性是否需要得到补偿？其三，即使发达国家承担自己的历史排放责任，但碳排放不仅是一个法律问题，更是一个现实问题。由于碳排放权的发展权属性，各国国民欲维系自身最低的碳排放量，也需要一定的碳排放空间。这是一国政府不得不考虑的问题，在一定程度上也是不可妥协的。

由于碳排放权的发展权属性，发达国家的国民亦需要一定的排放空间，特别是在目前人均碳排放量较高，维系目前的发展水平是这些发达国家所不可回避的重要话题。高历史排放为发达国家带来了财富，却是消耗了全球公共性的碳排放空间。所以，对于历史碳排放总量较大的发达国家而言，一方面在初次分配时要限制其未来的碳排放权利，另一方面，也必须要为其承担责任创设配套的制度体系，形成"完整责任体系"，如以碳排放权的准物权属性为基础创设和完善碳排放权交易市场。

4. 从"自愿减排"过渡到"自愿与强制结合"

上文主要在碳排放权性质的基础上着重探讨碳减排义务分担方案的实质公平，而最终要实现气候变化的目标，还必须使减排义务分担方案从"自愿减排"过渡到"自愿与强制"结合。正如巴黎气候大会缔约方会议的决定"关切地指出"的，要将与工业化前水平相比的全球平均温度升幅维持在2℃以内，则应将排放量减至400亿吨，但估计2025年和2030年由国家自主贡献而来的温室气体排放合计总量会达到预计的550亿吨水平，达不到最低成本2℃设想情景范围。因此，《巴黎协定》确立的"自下而上"模式还需要逐步与"自上而下"模式结合。一个公平并且有效率的减排义务分担方案需由"自上而下"和"自下而上"模式共同构成，实现"自愿与强制结合"。"自上而下"模式以AR5评估报告对气候变化事实和确定程度为依据，确立总体减排目标后分配给各个国家，而"自下而上"模式则给予各国以一定的灵活性，根据本

[①] 参见丁仲礼等：《国际温室气体减排方案评估及中国长期排放权讨论》，载《中国科学（D辑：地球科学）》2009年第12期。

国国情提出自己的减排计划,但也需要配合以国际审查和评估机制,通过强化"全球总结"、评估以及遵约机制,在减排模式的自愿性和强制性之间寻求平衡,并通过逐步调整使"自下而上"方案接近于"自上而下"方案,从而确保《公约》及《巴黎协定》减排目标的实现。

第四章 适应领域的公平性问题

第一节 适应领域的公平性问题概述

鉴于联合国政府间气候变化专门委员会(IPCC)历次评估报告对气候变化的事实及其后果的认知日益确定,如何适应已经发生的气候变化成为气候变化谈判中一个极其重要的议题。在2007年《公约》第13次缔约方大会(COP13)之后,明确了适应议题与减缓具有同等重要的地位,适应议题谈判取得了一系列新的进展,建立了一个完整的行动框架。但相对于减缓领域而言,其实质性的成果仍然有限。适应议题的谈判进展缓慢,一方面是因其受制于整个国际气候谈判的进程,另一方面,也在于对适应议题的性质及该领域的公平论争认识不清。因此,深入分析适应议题的性质及该领域的公平论争,并提出解决相关论争的思路,对于推进国际气候法适应领域的进展有重要作用。

一、适应议题的含义

全球气候变化已然成为21世纪最严峻的挑战之一,冰川融化、海平面上升、降雨量变化、热带风暴环境状态等自然灾害已迫在眉睫。[1] 2007年,在美国最高法院审理的马萨诸塞州诉环保局的案件中,美国最高法院第一次承认了因温室气体排放而致使气候及环境已经发生了变化这一事实。[2]因此,适应气候变化日益受到发达国家和发展中国家的重视。气候变化对人类生态系统的侵扰、冲击,并不仅限于天气和环境,各种气候变化的影响造成了连锁式的恶性循环反应:干旱导致资源匮乏、枯竭进而引发冲突与战争,海平面上升迫使人类被迫移居、迁徙,包括人类在内的各类物种将无法适应环境变化而造成生态系统的瓦解。适应与减缓是当今国际气候变化法律框架下应对气候变化的两大基本途径,旨在适应和减缓气候变化引起的自然灾害对环境

---

[1] See Massachusetts v. E. P. A., 127 S. Ct. 1438 (2007).
[2] See W. Neil Adger, Jouni Paavola, Saleemul Huq, and M. J. Mace, "Fairness in Adaption to Climate Change", *Massachusetts Institute of Technology*, 2006, pp. 1—2.

脆弱性地区造成的影响。① 最初,发展的中心围绕着减缓温室气体排放,以控制危险的气候变化后果。而后,随着气温沿着现行轨道不断升高,单凭减缓机制已经明显无法控制其后果了,因此,适应领域受到了各个国家的关注。②

尽管在《公约》及其后的历次气候谈判中都提及了适应问题,但对适应的全面定义主要是由 IPCC 完成。IPCC 将适应定义为可减少损害或利用有利机会的、为应对气候刺激或其影响而在自然或人类系统中作出的调整。③ 同时 IPCC 第三、第四次评估报告对"适应"进行了更详细的界定,即社会系统为保证在面对已观测或预测到的气候变化和相关极端情况时,降低其脆弱性或增加其弹性,对已发生的或可能发生的气候变化作出的一种调节。④ 适应领域也可分为不同的种类,包括预防性适应和反应性适应,集体性适应和个人性适应,以及自发性适应和计划性适应,等等。⑤ 一般认为,计划性适应是指政府代表社会和自发性个体适应所采取的适应措施,其目的是避免人类遭受气候变化带来的威胁,促使和帮助国家实现保障人权的义务。计划性适应措施具体包括:海岸带基础设施的建设,准备疏散和救灾计划,提高生物的物种多样性,实施饥荒早期预警系统以及建立储水工程等。自发性适应通常是由个人在应对气候灾害的威胁时采取相应行动,这部分行动一般面对的是已发生的灾害。自发性适应措施一般包括:应急反应,灾后重建,脆弱性国家居民的生态迁移和适应气候变化的农业等生产方式转变等。

二、适应议题与减缓议题的关系

气候变化减缓侧重于通过对源的控制以减少温室气体排放或者通过增加碳汇以促进温室气体的吸收、捕捉和封存以实现稳定或降低大气中温室气体的浓度,从而减少温室气体所带来之气候变化不利影响;气候变化适应则强调自然生态或人类社会系统针对气候变化之不利或有利影响而开展的积极性的调整与适应策略,以期降低气候变化风险、损失和损害或者增强对气

---

① See Tony George Puthucherril, "International Law on Climate Change Adaption: Has the Time Come for a New Protocol"? *MqJ ICEL*(2012), Vol.8(2), pp. 43—44.
② See IPCC WGII AR4, http://www.ipcc.ch/pdf/assessment-report/ar4/syr/ar4_syr_full_report.pdf, (Last visited Jul. 18, 2016).
③ 参见 IPCC 对"Adaption"的定义,载 IPCC 网站:http://www.ipcc.ch/publications_and_data/ar4/wg2/en/annexessglossary-a-d.html,最后访问时间:2016 年 7 月 3 日。
④ See IPCC WGII AR4, http://www.ipcc.ch/pdf/assessment-report/ar4/syr/ar4_syr_full_report.pdf, (Last visited Jul. 18, 2016).
⑤ See W. Neil Adger, Saleemul Huq, Katrina Brown, Deckan Conway and Mike Hulme, "Adaptation to climate change in the developing world", *Progress in Development Studies* 186, 195 (2003).

候变化有利影响的利用。故而,气候变化领域的减缓与适应议题既有联系,即二者的政策目标基本统一,又有区别,即二者在具体的实施手段、效益评价等层面存在差别。

(一)适应和减缓之间的差别

适应和减缓都是人类社会为应对气候变化所作出的政策及行动响应,但两者针对的主体有所不同。减缓针对的是地球气候系统进行人为调控,而适应是针对人类社会系统本身的自我调节。[①]二者之间在客观层面存在的差别还包括:第一,时间尺度不同。由于温室气体停留在大气层中的时间较长,减缓领域的措施至少要在十年以后的未来才能显现,故而,减缓领域的任务是长期的、艰巨的。而适应措施则面向更为现实紧迫的气候变化后果,所以适应领域措施的实效应该是立竿见影的。第二,空间尺度不同。减缓措施,如减少碳的排放而取得的效益是全球的,面向整个地球气候系统,其目标是减缓全球平均气温上升、海平面升高、冰川融化。而适应措施通常只针对特定的国家和地区,在该区域存在气候变化引起的不利后果或风险,因而,适应措施的效益通常是区域性甚至是局部的。第三,效益的评价方式不同。多种多样的减缓行动,其目的都是减少排放温室气体,不同减缓行动的减排量可以用统一的二氧化碳当量单位进行比较。因此,如果已知不同减缓行动的执行成本,就可以对其成本有效性进行分析和比较。而适应行动的效益很难用统一的度量单位表达,不同的适应措施可能带来截然不同的效益,如人的生命、对生态系统的影响、畜牧业和农作物的产量等,这些效益无法用单纯的货币价值进行衡量,更难以划定统一标准进行比较。第四,成本分担原则不同。对于减缓领域的成本分担,一般实行"污染者付费"原则,即根据"人均历史累计排放量"这个一致性客观标准,给世界各国分配减排指标。一般情况下,发达国家人均历史累计排放量高,则承担比较高的减排指标,发展中国家和最不发达国家人均历史累计排放量较低,承担较低的减排指标。而对于适应领域而言,由于适应的收益在空间上有局限性,往往只有适应措施的实施对象受益,并且在《公约》中未明确规定适应问题应作为人类社会共同对待的问题,而仅仅辅之以相应的援助支持机制,所以相应的成本分担也通常是行为者自负。

[①] 参见陈贻健:《气候正义论:气候变化法律中的正义原理和制度构建》,中国政法大学出版社2014年版,第266页。

(二) 适应和减缓的内在一致性

适应和减缓领域措施的目标都是降低气候变化对环境脆弱性地区造成的负面影响,因此两种路径总体上有着内在的一致性。可以说,减缓领域决定着适应的范围和内容。如果减缓领域未能有效控制温室气体的排放,必将导致环境的脆弱性增加,由此提升适应成本,降低其成功的可能性。适应领域同时包含着减缓的要求,降低某些地区的脆弱性有助于其关注和实施减缓措施,达到总体上减轻损失并开发获益的可能性的效果。气候变化之不利影响往往具有极大的破坏性与不可逆性,致使人们很难指望通过制度措施来恢复或保持气候变化前的原初状态。气候变化减缓侧重的是在源头层面通过减源或增汇的形式降低温室气体排放进而减少或避免气候变化风险的产生,而气候变化适应则主张从结果层面来提高自然生态系统或人类社会系统对气候变化不利影响的适应能力,进而减少气候变化风险向现实损害的转化。可见,气候变化减缓与适应之间的关系是一体两面,相辅相成。实际上,气候变化减缓内含了适应的要求并有助于长期的适应,而适应也内含了减缓的要求(只有气候变化被控制在可适应与可预期之范围内,气候变化适应才会具有制度价值)。

那么,在减缓与适应议题存在一致性的基础上,如何平衡、协调二者之间的关系便至关重要。尽管有关气候变化适应议题的提出晚于气候变化减缓议题,但因为与气候变化的复杂性以及人类社会所面临气候变化不利影响之迫切性,故而成为气候变化谈判中与减缓议题具有同等重要性地位的一项议题。根据2010年坎昆大会通过的议定书中的有关表述,适应和减缓应同处优先解决地位。针对这一表述,学界将其概括称为减适并重原则,中国在《中国应对气候变化的政策与行动》白皮书也重申并确立了该项减适并重原则。[①]一般而言,减适并重指的是应对气候变化必须从减缓与适应两个层面同时进行,并且各项相关法律制度措施应综合考量减缓与适应效果,使二者统筹兼顾、协同增效,以尽可能减少气候变化及其不利影响所带来的潜在风险。

然而实际上,应对气候变化的资金、技术和能力建设方面的资源在减缓和适应领域的分配也存在着总体一致性,即无论分配给哪一方都会减少气候变化的负面影响,但同时也存在着紧张关系,在世界各国资源有限的情况下,一个领域分配了较多的资源,另一个领域就会相应减少。一些高纬度的发达

---

① 参见居辉、韩雪:《气候变化适应行动进展及对我国行动策略的若干思考》,载《气候变化研究进展》2008年第4期。

国家对适应议题的态度表现出一定支持,但同时主张因为缺乏准确的科学预测而提出推迟采取相应行动。对于这些国家而言,实施减缓措施比适应措施能够获得更大的收益。在某些特殊地区,实施适应措施的收益远远大于减缓措施。例如,处在高纬度的俄罗斯某些地区,气候变化给其带来了很多有益的影响,如环境舒适度提高、农业产量增加、航运期延长。然而,这些有益影响同时伴随着很多不确定性,如洪涝灾害的威胁和基础设施的危险系数升高。所以,从表面上来看,如果这些地区在适应领域投入更多,将受益更大。然而更进一步的分析后将发现,若忽视减缓领域的重要性,气候变化带来的益处只能是暂时的,在气候变化带来的各种天气现象没有进一步加剧以前,这些地区还能够勉强加强适应措施,减轻负面影响,维持有利影响。但随着气候变化的进一步加剧,这些地区也会陷入自然灾害和极端天气现象所带来的恶果之中。因此,通过气候变化法律体系构建给予适应和减缓同等的优先地位,是实现气候公平的要素之一。

三、适应领域的谈判进程

(一)适应作为附属性议题的阶段

从1992年的《公约》直至2007年COP13之前,适应问题只是气候谈判中的一个附属性议题。《公约》中提出了气候变化的适应问题[①],《公约》的相关条款为脆弱性地区适应国际气候变化的规则和战略发展奠定了基础。[②]但气候变化的适应领域相当长的时间内并未得到充分的重视。

《公约》第4条第1款第5项规定:所有缔约方,考虑到它们共同但有区别的责任,以及各自具体的国家和区域发展优先顺序,目标和情况,应作为适应气候变化的影响做好准备;拟订和详细制定关于沿海地区的管理、水资源和农业以及关于受到旱灾和沙漠化及洪水影响的地区,特别是非洲的这种地区的保护和恢复的适当的综合性计划。[③]虽然当时适应领域未得到充分的重视,但公约这一条款为脆弱性地区适应国际气候变化的规则和战略发展奠定了基础,其后历次缔约方会议对其进行了补充和发展。[④]

2001年IPCC发布第三次科学评估报告,报告中对适应的必要性进行了

---

① See Article 4, 1(e), UNFCCC.
② 参见居辉、韩雪:《气候变化适应行动进展及对我国行动策略的若干思考》,载《气候变化研究进展》2008年第4期。
③ See Article 4, 1(e), UNFCCC.
④ 参见居辉、韩雪:《气候变化适应行动进展及对我国行动策略的若干思考》,载《气候变化研究进展》2008年第4期。

深入的阐释。同年,第 7 次缔约方会议(COP7)首次针对《公约》第 4 条第 5 款中适应领域问题进行了讨论①,结论有以下几点:设立最不发达国家基金、特别气候变化基金和适应基金,3 个由全球环境基金(GEF)管理的适应基金,即最不发达国家基金、特别气候变化基金和适应基金。前两种基金的资金将来源于各国的自愿捐助,第三种基金的来源为清洁发展机制(CDM)项目活动收益的 2%,这些资金共同用来资助《京都议定书》发展中国家缔约方的具体适应项目与方案。②

2005 年,根据《公约》第 10 次缔约方大会的 1 号决议,第 11 次缔约方会议(COP11)附属科学技术咨询机构正式启动内罗毕工作计划。该计划是帮助所有缔约国,尤其是发展中国家争论适应能力的又一里程碑。该计划包括两个专题领域,即"了解、评估影响、脆弱性与适应"和"应对气候变化的实际适应行动与措施",以协助缔约方更好地理解和评估气候变化的影响、适应和脆弱性,尤其关注发展中国家、最不发达国家和小岛国。其具体适应行动包括:组织专家和机构提供书面信息,召开研讨会,编写技术文件和报告,开发网络信息资源,以及发出适应行动呼吁等。

(二)适应和减缓并重的阶段

从 2007 年 COP13 开始,适应被提到了与减缓同等重要的地位。2007 年第 13 次缔约方会议(COP13)通过《巴厘行动计划》,首次明确提出在应对气候变化的路径上要将气候变化减缓和适应放在并重的位置,会议指出,一些气候脆弱性较高的国家和地区已经观测到了气候变化带来的不利影响,为了应对这些不利影响,必须坚持减缓和适应并重的路径。而减缓和适应各有其特点,减缓的效果在时间上具有延迟性,不可能对已有的不利影响起到及时的作用,因此必须将适应作为应对气候变化的重要途径与减缓并重,而不是将减缓作为辅助性、补充性的手段。在巴厘岛会议上,虽然适应议题的紧迫性和重要性开始得到了缔约方的认可,但发达国家和和发展中国家在适应行动的具体开展方面还存在较大分歧,比如适应行动何时开展、如何开展行动,尤其是适应的资金、技术应主要由谁承担。③ 发展中国家和环境脆弱性国家认为 IPCC 第四次评估报告已经明确了适应的重要性,希望尽快实施集体的

---

① 参见葛全胜等:《国际气候变化适应战略与态势分析》,载《气候变化研究进展》2009 年第 6 期。
② 参见马欣等:《联合国气候变化框架公约适应委员会职能谈判焦点解析》,载《气候变化研究进展》2012 年第 2 期。
③ 参见居辉、韩雪:《气候变化适应行动进展及对我国行动策略的若干思考》,载《气候变化研究进展》2008 年第 5 期。

适应行动,并强调适应行动应主要落实技术和资金问题;而美国、欧盟等发达国家并不热衷此议题,他们寻找各种理由推迟适应行动的时间,因为这些行动的开展必然涉及发达国家的资金承诺。①

2010年第16次缔约方会议(COP16)中,各缔约国就制定适应气候变化的体制性安排,帮助受气候变化影响的最弱势国家达成一致。各国共同建立坎昆适应气候变化框架,使得全球气候基金能够推动并资助适应气候变化的活动,重点支持最易受到气候变化影响的国家和最不发达的国家的适应性活动。可以说,前德班会议阶段在适应气候变化的资金来源、评估影响和具体行动与措施方面都作出了规定,但这些规定并没有形成一套能够有效适应气候变化相关不利影响的规则体系,并且对从规范到实施的适应性行动也没有受到监管。

2011年第17次缔约方会议(COP17)——南非德班会议启动了坎昆适应气候变化框架②,根据要求建立专门适应委员会,在缔约方会议指导下开展工作,并向缔约方负责。该计划启动了绿色气候基金,为适应行动提供资金支持。会议确定发展中国家在制订适应计划时,应得到适应委员会和国际社会的支持。同时,建立一个技术机制并在2012年完全运行,其职能包括探索现有可得的能够有效减排和适应气候变化的科学技术,促进现有技术推广及应用;推进新型的气候友好型技术研究、开发与评估;通过增加相应国家地区的人事和制度能力,促进技术传播。此次缔约方会议是气候变化适应谈判的又一里程碑,预示着国际社会对适应领域从观念上的重视过渡到真正的实践当中。

2012年第18次缔约方会议(COP18)——多哈会议中,各缔约国政府同意将在2015年形成德班平台下全球气候变化新协定,并在2020年全面实施这个将覆盖所有国家的新协定。③在多哈会议中,联合国秘书长潘基文宣布,将在2014年召开世界各国领导会议,旨在鼓舞政治决心保证新协议在2015年的缔约方会议中形成。各缔约国政府在会议中确定,将通过更好的规划进一步加强最弱群体的适应能力;建立具体的制度保障脆弱性群体免受因海平面上升等持续发展的事件所带来的损失和伤害;帮助落实最不发达国家的国家适应计划,包括资金、技术和其他方面。可以说,2012年多哈会议进一步重申和明确了气候变化适应议题的重要性。

---

① 参见居辉、韩雪:《气候变化适应行动进展及对我国行动策略的若干思考》,载《气候变化研究进展》2008年第5期。
② 参见钱国强:《德班会议及后德班进程展望》,载《环境经济》2012年第Z1期。
③ See United Nation Framework Convention on Climate Change, http://unfccc.int/key_steps/doha_climate_gateway/items/7389.php,(Last visited Jul.18, 2016).

2013年华沙会议(COP19)中①,各缔约国政府决定进一步推进2015年前达成全球气候变化新协议的目标,这个目标包括两个要点:一是为使人类避免遭受气候变化带来的危险,保证所有国家一起为减排作出迅速有效的努力,同时大力建设适应能力;第二,从现在起加大行动的速度以及广度。为了达到这个目标,各缔约国政府同意在2015年巴黎会议进行前充分交流,表达各自对达成全球协议的展望和期待,各缔约国政府也将推进执行国内行动所需的监测、报告和审核,为2015年新协议的达成提供坚实的基础。在适应方面,联合国框架公约下的48个最不发达国家形成了全面应对气候变化影响的计划,这些计划有助于更好地评估气候变化的直接影响,并使各国能够确定为增强适应能力而需要的行动和支持。发达国家集资1亿美元资本作为适应基金,这些基金应用来继续支持优先的适应项目,帮助脆弱性地区适应气候变化,建立可持续发展以及使用清洁能源的未来。

2014年IPCC第五次评估报告第二工作组发布评估报告《气候变化2014:影响、适应和脆弱性》,以气候变化带来的风险为核心理念,以适应气候变化的风险、机遇和经验原则为主要内容。作为德班平台新协议谈判的重要信息来源,该报告从科学现实的角度评价了气候变化可能带来的负面影响,如与气候变暖和极端天气事件相关的粮食安全;由于风暴潮、沿海洪涝和海平面上升对沿海低洼区域和小岛发展中国家或其他小岛屿造成的伤亡、健康不佳和生计干扰的风险等,这些风险大多数对贫困地区和环境脆弱性地区的影响尤为强大。因此,报告进一步指出,鉴于最不发达国家和脆弱社区的应对能力有限,很多关键风险对其构成了特别的挑战,即需要国际社会对这些地区的适应行动提供帮助。IPCC第五次评估报告较第四次评估报告,更明确地指出观测到的气候变化影响和风险已经越来越广泛并具有实质性,适应气候变化行动的紧迫性必将成为进一步推动2015年巴黎会议上德班平台新协议谈判的助力。

2015年通过的《巴黎协定》继续坚持《公约》的原则,包括共同但有区别责任和各自能力原则,基本体现了发达国家和发展中国家的区分,比较均衡地反映了发达国家和发展中国家的观点和立场,实现了减排、适应、损失与损害、资金、技术、能力建设和透明度等要素间的平衡。②在适应方面,《协定》构建了与其第2条所属全球温升目标相联系的、旨在提高适应能力、加强恢复能力和减少对气候变化的脆弱性的全球适应目标;承认减排和适应需求之间

---

① See United Nation Framework Convention on Climate Change, http://unfccc.int/key_steps/warsaw_outcomes/items/8006.php,(Last visited Jul. 18, 2016).
② 参见吕江:《〈巴黎协定〉:新的制度安排、不确定性及中国选择》,载《国际观察》2016年第3期。

的关系,即提高减缓水平能减少对额外适应努力的需求,增加适应需求可能会增加适应成本;要求缔约方酌情开展适应计划进程并采取适应行动,包括制订或加强相关计划、政策和贡献;要求缔约方定期提交和更新适应信息通报,通过定期盘点评估适应行动及支持的充分性和有效性,以及全球适应目标的总体进展;要求缔约方增强适应行动、体制安排、科学知识等各方面的合作,帮助发展中国家识别有效地适应实践、需求、优先领域,提供及接受支持、挑战和差距。《巴黎协定》提出应承认发展中国家的适应努力,并明确发展中国家编织适应计划和采取适应行动、增强适应的国际合作、提交和更新适应信息通报应该得到持续和增强的国际支持。《决定 1/CP.21》中的适应部分(第 42—47 段)明确了近期和中期要求适应委员会开展的五方面工作,同时要求绿色气候基金加快支持最不发达国家和其他发展中国家编制和实施国家适应计划。[1]

第二节 适应领域面临的主要公平性问题

一、适应领域公平性问题概述

适应领域的公平性主要关注的是适应领域各个适应主体之间权利、义务分配的正当性。[2]适应问题的关键是资金问题,适应所需的资金难以估量,适应投资可能会与用于发展的投资相冲突,加剧发展中国家已经面临的发展压力。而发达国家,即工业化的受益方实质上是气候变化的责任主体。因此,气候变化的后果及其成本应当如何分担？适应资源(技术和资金等)又该如何分配？这些是解决适应领域公平性面临的主要问题。为解决这些公平性问题,我们必须明确一些基本的前提性事实。

一方面,已经形成的气候变化不利后果主要是由发达国家的历史排放引起。由于温室气体具有累积效应,并且这些累积效应的消除往往需要上百年的时间。所以,对气候变化的适应行动针对的是历史排放已经造成的不利后果。根据 IPCC 第 5 次报告(AR5)的结论,自工业革命以来,由于人类活动的增强(如化石燃料大量使用、土地利用与土地覆盖的改变、水泥生产等),导致全球温室气体浓度大幅提高,进而导致全球地表温度的明显上升。[3] 根据仪

---

[1] 参见陈敏鹏等:《〈巴黎协定〉适应和损失损害内容的解读和对策》,载《气候变化研究进展》2016 年第 3 期。
[2] 参见郑艳、梁帆:《气候公平原则与国际气候制度构建》,载《世界经济与政治》2011 年第 6 期。
[3] 参见曲建升、曾静静、张志强:《国际主要温室气体排放数据集比较分析研究》,载《地球科学进展》2008 年第 1 期。

器记录,过去100年中的地表温度平均升高了(0.74±0.18)℃。就人均历史碳排放量而言,较早开始工业化进程的发达国家相对较高。[①] 根据有关数据统计,1990—2011年近20年发达国家的人均碳排放增长大于大多数发展中国家。从大致模拟温室气体历史排放量的模型观察,发达国家在近20年依然占据着主要的碳排放空间,一些发展中大国在发展进程中人均碳排放量增长速度很快,然而人均碳排放总量与发达国家相比依然存在一定差距,因此,发达国家应该承担造成气候变化后果的主要责任。

另一方面,气候变化后果的受害者主要是适应能力较弱的发展中国家,尤其是其中的最不发达国家和小岛屿国家。就谁是气候变化的受害者这个问题而言,准确的数字有很大的争议。争议部分源于缺少关于各个国家适应气候变化能力的数据。但目前一般认为发展中国家,尤其是其中的最不发达国家和小岛屿国家将成为最大的输家,而发达国家处于更有利的地位,原因有以下三点:第一,发达国家有更多适应气候变化的方法;第二,发达国家的经济对农业生产的依赖度较低;第三,发达国家一般都在凉爽、纬度较高的地区,这也降低了他们的脆弱性。而发展中国家一方面要进行自主减排,另一方面由于全球变暖的趋势短期内无法扭转,为了应对海平面上升、洪灾、旱灾、极端气候等风险,还需投入大量成本进行气候变化的适应行动,否则将危及自身的基本安全。气候变化具有"马太效应",它对不同地区、国家和物种的影响是不同的。脆弱者更脆弱,这一现象在环境脆弱性国家和发展中国家适应气候变化的进程中尤为突出,粮食生产受影响后加剧的饥饿和贫困,对极端气候灾难(火灾、洪灾、飓风等)适应能力低等多种原因,导致最不发达国家和发展中国家在气候变化中往往受害最深。

二、适应领域公平性问题的实质

适应公平的实质可以视为是"减排责任的二次分配"。减缓是减排责任的初次分配,因为减缓意味着造成气候变化的有关主体需根据其责任大小承担直接减少相应碳排放的责任。而就适应行动而言,受气候变化影响和损害的国家因承担适应行动而支付之成本,理应由造成气候变化不利后果的发达国家或其他符合条件之特定国家承担。在实际的适应行动实施过程中,采取适应行动的主体(如气候脆弱性高的最不发达国家)首先直接承担了适应的成本支出。因此,适应领域需要国际社会综合考量减排责任初次分配后依然存在的不公平现象,对已经发生或预期发生的气候变化影响作出评估,帮助

---

① See Jos Olivier, "Trends in global CO_2 emissions: 2012 Report," PBL Netherlands Environmental Assessment gency, p. 13.

环境脆弱性地区和贫穷地区适应气候变化。因此,造成气候变化不利影响的主体向特定脆弱国家和地区提供的适应支持,实际上是其应承担的减排责任的二次分配。

减排责任二次分配的公平性建立在减排责任初次分配的公平性基础上,减排责任初次分配是为了降低大气中二氧化碳浓度,减缓气候变化;减缓责任的二次分配则是为了在气候变化已经发生的背景下,将适应环境的压力分配给排放温室气体量较多的发达国家①,确保人类安全不受危险的气候变化影响。《公约》第2条规定:"将大气中温室气体的浓度稳定在防止气候系统受到危险的人为干扰的水平上。这一水平应当在足以使生态系统能够自然地适应气候变化,确保粮食生产免受威胁并使经济发展能够可持续地进行的时间范围内实现。"美国环境学家法布尔认为,将适应压力分配给排放温室气体的主体可以进一步刺激排放主体限制温室气体排放,减小对气候变化的影响。因此,减排责任的二次分配,包括资金、技术和能力建设支助义务的分配,有利于保障气候安全的实现,并具有重要的公平性意义。

三、适应领域公平性问题的论争

在国际气候法律新秩序构建中,适应气候变化谈判的焦点问题主要包括:第一,适应气候变化行动的责任分担;第二,适应资源的筹措和分配机制。

(一) 发展中国家和发达国家针对适应气候变化行动的责任分担

基于历史责任和"共同但有区别原则",发达国家在气候变化适应行动中应承担主要责任。② 具言之,发达国家应提供资金和先进的适应技术帮助发展中国家适应气候变化,提高其适应气候变化不利影响的能力。③ 然而,在国际气候谈判中发达国家承担国际义务的政治意愿却越来越弱,向发展中国家转嫁责任的心态不断强化。由《公约》所确定的"共区原则"受到了发达国家前所未有的挑战,发展中国家内部对这一原则的解读也发生了分歧,小岛屿国家和最不发达国家也有意突出发展中大国的能力与责任。④ 从德班之后的谈判进展来看,为了推动气候变化国际合作进程,发展中大国还是作出

---

① See Jouni Paavola and W. Neil Adger, "Justice and adaptation to climate change", *Tyndall Centre for Climate Change Research*, October 2002, p.3.
② 参见李玉娥等:《适应气候变化谈判的焦点问题与趋势分析》,载《气候变化研究进展》2010年第4期。
③ 参见钱国强:《德班会议及后德班进程展望》,载《环境经济》2012年第97—98期。
④ 参见曹明德:《中国参与国际气候治理的法律立场和策略:以气候正义为视角》,载《中国法学》2016年第1期。

了必要的妥协。① 发达国家为摆脱自己对气候变化的历史责任,提出各国均有适应气候变化的责任。面对发达国家的此种消极态度,发展中大国在原则限度内显示了最大的灵活性,促成了德班会议之后国际气候新秩序构建进程的推进,尤其是《巴黎协定》的达成。但毫无疑问,发达国家和发展中国家应在多大限度内承担适应气候变化的责任,无疑仍将是未来新秩序构建进程中的谈判焦点之一。

(二)适应资源的来源和走向

适应气候变化的责任分担最直接相关的是适应资金的来源和走向问题。《公约》第4条第4款规定,发达国家应帮助特别易受气候变化不利影响的发展中国家缔约方支付适应气候变化不利影响的费用。② 德班会议启动了绿色气候基金。但目前上述资金支持还是一个空架子,资金来源、使用程序等仍未得到实质性解决。发达国家承认目前用于适应气候变化的资金有限,但主张各国在财政预算时考虑适应气候变化的投资,国际支持只是一种补充。欧盟提出从国际航空航海和国际交易、资金往来等方面征税筹措适应资金,得到小岛国联盟、最不发达国家和非洲国家的积极响应。这一提议将为广大发展中国家带来额外义务,受到广大发展中国家的强烈抵制。在2015年11月《中法气候变化联合声明》中,双方首先强调了发达国家在2020年后继续在适应方面对气候变化特别脆弱的发展中国家提供支持,然后说明,其他愿意提供充分支持的国家应得到鼓励和认可。该声明尝试界定义务和帮助的区别,为资金来源问题的解决提供了参考。关于资金的走向问题,各国均认同应优先支助气候脆弱性国家,但对气候脆弱性的评估却是一个难点。发达国家提出对最脆弱和贫困的发展中国家应当提供支持,意图在适应问题上分化发展中国家。小岛屿联盟和最不发达国家出于自身利益呼吁优先支持小岛屿发展中国家、最不发达国家和易发生干旱、荒漠化和洪涝的非洲地区国家。其他发展中国家承认小岛屿国家和最不发达国家都是特别脆弱的,但发达国家不应对发展中国家分类,而应该依据公约履行其对发展中国家所应负担的统一的支持义务。相关争论在巴黎会议(COP21)之后仍将持续。

---

① See Ideas and proposals on the elements contained in paragraph 1 of the Bali Action Plan, pp. 9—10. http://unfccc.int/resource/docs/2008/awglca3/eng/misc02.pdf#page=81,(Last visited Jul.18,2016).
② 参见李玉娥等:《适应气候变化谈判的焦点问题与趋势分析》,载《气候变化研究进展》2010年第4期。

第三节　适应气候变化的实践探索和公平性问题的解决

一、适应气候变化的典型国别实践

尽管个别国家为实现自身利益诉求往往倾向于采取联盟的形式来集体发表主张,但各国自身就气候变化适应议题所具有的特殊性,促使本书将其作为单独的分析对象,即从国家集团中选出具有代表性的国家,分析其在适应气候变化领域的方案政策。本书按照高中低脆弱性分类,分别对这三类主体的适应领域方案进行分析。

（一）马尔代夫

1. 概况

马尔代夫地处印度洋南部的拉克沙群岛,由 1200 余个小珊瑚岛和环礁屿组成,其中 200 余个岛屿有人居住,总面积 300 平方公里,是亚洲最小的国家。马尔代夫的最高点是全世界所有国家中最低的,并且是最平坦的印度洋上的群岛国家,地势低平,平均海拔 1.2 米。马尔代夫全国可耕地面积 6900 公顷,土地贫瘠,农业十分落后;渔业是其国民经济的重要组成部分;旅游业为其第一大经济支柱,旅游收入对 GDP 贡献率多年保持在 30% 左右。

2. 适应气候变化的高脆弱性

马尔代夫是世界上第一个认识到海平面升高危险的国家,也是第一批应对全球气候变暖的岛屿国家。北半球冰盖融化使得马尔代夫的海平面以每千年 15 米的速度上升;而其珊瑚岛礁的快速生长,又让马尔代夫群岛免于被海水淹没。但随着全球气候变暖的加剧,冰盖加速融化,极端高温天气和高浓度二氧化碳又将破坏珊瑚礁,因此在 IPCC 的预测中,马尔代夫将会消失在海平面以下。此外,由于洪水肆虐,马尔代夫的海岸线也遭受侵蚀。该国本身陆地资源有限,人口的增长又使得其对陆地的需求增加,1995 年至 2004 年,马尔代夫不得不在外围的珊瑚岛增加了 57% 的围海造田工程。[①] 2009 年 10 月 17 日,马尔代夫召开全世界首次水下内阁会议,所有与会部长戴上水中呼吸器在海底开会,再次引发人们对气候变化的强烈关注。

3. 适应领域的本国对策以及国家地域间互动与合作

1987 年,时任马尔代夫总统 Gayoom 曾在联合国的特别辩论中呼吁全世界联合对抗全球气候变化并拯救自己的国家;1989 年 11 月 1 日马尔代夫召

[①] 参见王学东:《气候变化问题的国际博弈与各国政策研究》,时事出版社 2014 年版,第 299 页。

开了海平面升高问题的小岛国会议,达成应对全球气候变化的《马累决议》并提案成立"小岛屿国家行动小组"。1990年,"小岛屿国家行动小组"在日内瓦举行的第二届全球气候大会上以"小岛屿国家联盟"的身份出席。1992年在巴西里约热内卢举办的联合国环境发展大会上通过的《21世纪议程》中,将小岛屿发展中国家作为环境与发展的特殊案例被明确提出。1994年4月在巴巴多斯召开联合国小岛屿发展中国家可持续发展全球大会,通过的《巴巴多斯行动纲领》强调了环境技术和经济发展跨部门合作机制的重要性,以推动小岛屿发展中国家的适应能力建设。1999年《巴巴多斯行动纲领5年回顾》的中心议题包括自然灾害的预警机制及灾害应对能力建设等,并提出可持续发展战略、适应能力建设、资源调动和财政支持等方案,以期解决相关问题。2005年《毛里求斯执行战略》力求帮助小岛屿发展中国家达到国际社会设定的目标,如千年发展目标。

此外,马尔代夫的《环境保护议案》赋予内政、住房和环境部极大的权力保护环境,管理现存并进一步发展可持续资源。马尔代夫还表示愿意以身作则成为第一个碳中立国,并计划在未来十年内将主要精力转移到可持续资源的发展和利用上。①

IPCC历次《气候变化的影响、脆弱度和适应性》评估报告均指出,受全球变暖趋势带来的温度上升影响最严重的国家是小岛国家。马尔代夫属于小岛屿国家联盟(AOSIS)成员国,对自然灾害和其他极端事件具有高敏感性,其贯彻"全局思考、局部行动"的思路,强调将生存权和发展权放在气候谈判的第一位。但由于这些国家自身适应气候变化的能力有限,实际上处于劣势的谈判地位,对气候正义进程的推进作用较为有限。此外,马尔代夫等小岛屿国家自身经济结构单一,十分需要国际社会资金和技术等方面的援助。同时,小岛屿国家联盟对气候变化事实和影响的认知并非持良性预期,当然其确实也是适应气候变化高脆弱性的群体,因而在适应气候变化应对上采取比较激进的立场。

(二)巴西

1. 概况

巴西是拉美地区最大的国家,亚马逊河、亚马逊热带雨林总面积达750万平方公里,亚马逊平原约占全国面积的1/3。矿产资源丰富,铁矿砂储量、产量和出口量均居世界第一位,工业体系较为完整,工业基础雄厚。

---

① 参见王学东:《气候变化问题的国际博弈与各国政策研究》,时事出版社2014年版,第300页。

2. 适应气候变化的中脆弱性

巴西的人均温室气体排放总量增速平缓,但排放总量居世界第六。① 其中,土地利用为巴西温室气体排放的主要来源。巴西虽为发展中国家,但其森林资源覆盖率约为60%,在适应气候变化的过程中能力较强,属中脆弱性的国家。

3. 适应领域的本国对策以及国家地域间互动与合作

巴西森林资源丰富,现今其政策大方向为禁止森林毁坏、减少森林砍伐,并提倡提高能源利用效率以及发展新能源。2002年8月,巴西批准通过《京都议定书》,强调发展权应作为世界秩序的基本组成部分。2007年则通过6263号法令,成立气候变化部际委员会和气候变化执行小组以制定国家气候变化政策和国家气候变化规划,这表明巴西气候变化议题"从技术和科学层面转向了与国家发展政策相关联的战略层面"。巴西同时在国家层面确立了与适应气候变化相关的两项目标,即:加强跨部门行动、降低人群脆弱性,以及识别气候变化影响、加强战略研究、降低国家适应的社会经济成本,并提出到2020年将亚马逊毁林减少80%的目标。② 2009年,巴西通过12187号法案,确定了《国家气候变化政策》,制定了减缓和适应气候变化的原则、目标、战略方向和政策工具等。2010年,巴西7390号法案要求能源、农业、钢铁等部门在2012年4月16日之前制定气候变化减缓和适应规划。③ 2010年,巴西建立国家气候变化基金用于资助减排和适应行动。2013年巴西在华沙气候气候大会上提出的"巴西建议",即"发达国家历史责任论"的观点,曾引起很多学者的关注。

巴西地处拉美,本应划为适应能力较低的国家地区,但由于其森林资源和生物多样性丰富、工业较为发达且经济水平相对较高,所以属于中脆弱性国家。作为冠以金砖四国之一、基础四国之一的新兴经济体,巴西越来越认识到,由于世界资源的短缺,其无法复制西方工业化国家的经济发展模式,而其经济发展速度与能源消耗比重日益上升,压力必将越来越大。

(三)美国

1. 适应气候变化的低脆弱性

总体来说美国社会系统的适应能力较高,且脆弱性低,但一些团体,如土

---

① See World Bank Data Centre, http://data.worldbank.org/indicator, (Last visited Jul. 18, 2016).
② 参见孙傅:《国际气候变化适应政策发展动态及其对中国的启示》,载《中国人口、资源与环境》2014年第24期。
③ 同上。

著人等的脆弱性较高。美国是世界上第一经济大国,大规模的经济发展带来了巨大的温室气体排放,所以它也是第一能耗大国。作为温室气体排放大国,美国对全球气候变暖负有巨大的责任,而就其温室气体减排的能力来看,优势又极为明显。

2. 适应领域的本国对策以及国家地域间互动与合作

美国作为全球温室气体排放最大的责任国,在气候正义的讨论中采取消极立场。而作为世界上最具影响力的国家,美国气候政策的调整对气候问题起着至关重要的作用。不得不说,美国在国际谈判中的立场算是京都机制几近崩溃的最直接原因(1992 年老布什政府签署《公约》,1997 年克林顿政府签署《京都议定书》,2001 年小布什政府退出《京都议定书》)。

然而,与美国消极的国际立场不同,美国在国内层面则以市场为基础寻求解决方案:投入充足的人、财、物,开展培训、监测、预报、预防和控制等措施,降低人类健康在气候变化中的风险;还确定海岸线所面临的海平面上升和飓风等的威胁等级,实施有效的海岸保护措施,同时保障人们的生命财产安全。[①] 2007 年后,即小布什政府第二任期中,联邦政府为再生能源和工业联合发电提供税收优惠;增加碳吸收拨款,鼓励农业对二氧化碳的自然保存;帮助发展中国家加强应对气候变化的能力建设,投资 2500 万美元用于支援发展中国家建立气候观测系统;为美国国际发展署提供资金,用于支持向发展中国家转让环保技术。[②] 2013 年白宫总统办公室发布《美国总统气候行动计划》,要点包括帮助地方政府应对气候变化造成的极端天气破坏,领导国际社会、动员(尤其主要新兴经济体)形成应对气候变化的全球性解决方案。

以美国为首的伞形组织,因为其历史累积排放总量和人均排放量都远远高于发展中国家,它们往往强调以现实排放为基础的分配方案,例如,碳排放强度目标等。同时国内的政治背景、内部利益集团又使得其在适应气候变化对策的采取上采取较为消极的态度。具言之,事实上在美国这样的大国,若应对气候变化出现问题,会牵一发而动全身,进一步导致粮食安全问题,影响能源安全和国际油价等,还可能引发某些政治和军事问题。

二、解决适应领域公平性问题的法律原则

适应领域的责任可以视为是减缓责任的二次分配。减缓责任的分配是基于温室气体存量对未来排放空间限制而形成的责任分配,是面向未来的初

---

① 参见葛全胜等:《国际气候变化适应战略与态势分析》,载《气候变化研究进展》2009 年第 6 期。
② 参见史卉:《论小布什执政时期美国的环境外交》,载《前沿》2007 年 9 月 15 日。

次分配,其分配的是未来的排放预算额度;适应责任的分配则是基于温室气体存量已经带来的既有损害后果进行的二次分配,是面向过去的分配,无需考虑未来的排放预算额度。但在未来排放空间日益有限的情况下,无论减缓责任的初次分配还是二次分配,都与一国的人均累积排放量是正相关的,即人均累积排放越高,减缓责任和适应责任都应越大。总体而言,以人均累积排放量为客观标准的共区原则同样是适应领域的责任分配原则,适应责任的大小与人均累积排放量直接正相关,而非与能力相关,这与减缓责任是一样的。此外,根据最脆弱者优先原则,对无力适应气候变化的最不发达国家,应当获得适应领域的支持,这也是在国际气候谈判中已形成的共识。

(一)最脆弱者优先原则

气候变化中的最脆弱者,即高脆弱性主体,主要是指由于特殊的地理位置、自然资源禀赋等自然条件方面的原因,加上气候变化应对的能力有限,气候变化对其自然系统和人类社会造成的不利影响的可能程度高的国家、地区或特定区域,例如,小岛屿国家、最不发达国家和部分国家的土著居民。这些气候变化当中的最脆弱者,已经或者将要面临气候变化带来的巨大灾难,甚至面临丧失生存和发展机会的可能。例如,IPCC历次评估报告的《气候变化的影响、脆弱度和适应性》部分均指出,受全球变暖趋势带来的温度上升影响最严重的国家是小岛国家。由于这些国家自身经济结构单一,自身适应气候变化的能力有限,十分需要国际社会资金和技术等方面的援助。因此,在适应气候变化的行动中,应当优先考虑这些最脆弱者的利益和需要,考虑他们对于应对气候变化的立场和目标要求。从国际社会的总体福利而言,最脆弱者福利的增进也有利于边际效益的提高。

(二)受益者负担原则

受益者负担原则,即适应责任首先由获得适应行动收益的国家支付适应成本。虽然气候变化的适应在国际气候法律秩序中是一个滞后于减缓提出的议题,但实践中的适应行动,如灾害天气预防、恢复,农林基础建设等却先于减缓气候变化的行动客观存在。对于气候变化适应领域的公平性问题,除了可以确定是由于历史排放额外导致的气候变化后果而采取的适应行动外,通常情况下,适应领域的公平性问题解决应首先考虑适用适应者负担原则,这是受益者负担的主要体现,具体适用情形主要有:第一,对于气候变率概念下的气候变化事实,由于是自然原因如地球自转斜率、日地距离等客观天文规律引发,属于不能归因于任何人的"事件",只能是由各国自行采取适应行动,并承担相应的成本。这一类型的人类适应行动由来已久,其成本一直由相应主体承担,并无公平性争议。第二,对于人类活动引发的气候变化导致的适应行动,其中与适应者的历史排放责任一致的适应成本,也应由适应者负担,这是责任自负的体现。第三,对于仅限于区域性的自然原因导致适应行动,其适应收益也仅限于该区域内的国家或人群的,相应的适应成本也应由适应者负担。

此外,发达国家作为碳排放的主要受益者,理应承担相应的适应责任。气候容量资源是全人类的,正如水资源和大气资源一样,应该被当做维持人类生存的共同财产。正因为如此,一方为自身利益破坏共同利益的做法是不应被接受,因此,发达国家不应否认自身的历史排放责任。人类全体成员应有同样的消耗气候容量资源的权利,发达国家历史上和当代都承担着全球温室气体排放的主要责任。在适应气候变化这一问题上,应当将造成气候变化的历史和现实责任考虑进来,即发达国家应承担主要责任。

(三) 原因者比例责任原则

这里的原因者比例责任原则是指一国适应责任的承担应当与其人均累积排放量在全球人均累积排放量中所占的比例大致相当,超出其应承担的责任部分应当得到适应资金、技术和能力建设方面的支持。当然,适应大小的确定与气候变化的损害、损失的评估密切相关,而这是目前气候谈判中面临的待解难题。举例来说,中国等发展中国家提出的《公约》基金方案,没有明确指明其遵循的公平原则,但中国和 77 国集团提出的《公约》基金方案便是对该原则的良好诠释和延伸:该基金方案要求在《公约》下建立额外且可持续的适应基金,具体实施方式由附件一国家每年拿出占国民生产总值 0.5%—1% 比例的数额,为发展中国家提供包括资金、技术、信息共享和能力建设在内的各方面支持。① 这实际上可视为原因者负担和比例原则的例证。

三、解决适应领域公平性问题的具体路径

2015 年 COP21 通过的《巴黎协定》之中确立了自下而上式的"国家自主贡献"模式,其中包括各国在适应气候变化领域的贡献。发达国家自身也面临适应气候变化的威胁,影响到本国民众的生命和财产安全,所以发达国家普遍开展了系统性的适应气候变化研究,评估影响、评价风险并制定对策。新兴经济体国家制定和实施的气候变化政策则多为包含减缓和适应两个领

---

① 参见郑艳等:《气候公平原则与国际气候制度构建》,载《世界经济与政治》2011 年第 6 期。

域的捆绑性政策,反而较少形成适应领域的专门政策。① 未来国际气候制度的设计需要建立在主权国家平等参与和协商的基础上,从如下方面确保适应领域的公平性得以落实:

（一）在减适并重的原则下适应议题应被赋予实质性的优先地位

正如前述,减缓和适应既有一致性又有差异性,减适并重应当作为应对气候变化的一个重要原则,方能真正实现《公约》确立的应对气候变化目的。但是,在资源有限的情况下,减缓和适应的冲突不可避免。基于以下原因,适应议题在未来的气候变化法律框架中,应当获得实质性的优先地位:其一,从气候谈判至今,适应议题实际上一直处于弱势地位,相关的制度建设迟缓,相关的资金、技术和能力建设等方面的支助极其匮乏。在现有《公约》和《京都议定书》的框架下,适应领域相较减缓领域而言,并未得到足够的重视,适应领域和减缓领域一直被区别对待,也因此缺乏可行性的行动计划,这尤其不利于发展中国家包括其中的小岛屿国家和最不发达国家的气候变化适应行动。其二,适应性问题在时间上更具紧迫性,由于气候变化的事实和后果已经发生,例如,灾害性天气的危害等,必须在短时间内集中资源加以应对。因此,我们决不能损害处于相对弱势地位的发展中国家的利益,而对于这些国家来说,迫在眉睫的问题仍是适应气候变化所带来的一系列不良影响。因而,在确保和推进未来国际气候变化法适应领域的公平性问题时,首先应尽量考虑两者并重,同步促进,例如,植树造林便是一项减缓和适应并行的良好措施,既能吸收二氧化碳,又能降低城市的热岛效应,一举两得;其次可以参照减缓领域的具体制度设计并向适应领域倾斜。

（二）切实落实发达国家在适应行动中的主要责任

基于原因者比例责任原则,适应气候变化的成本分担应主要由发达国家承担,适应成本的支出国对超出其历史责任部分的成本支出可以向相关责任国请求补偿,或从气候变化适应基金中进行补偿。在适应气候变化的实践中,由于适应情势通常都具有紧迫性,或者适应行动本身就是一个国家长期行动的组成部分,所以无论如何该国都将根据紧迫情势或原有的计划实施适应措施。一个国家对于已经对自身造成威胁的气候变化影响(如灾害性天气)必须及时采取适应措施。这些适应措施的支出,通常已在适应国的计划中列支。但是,正如前面的分析所述,适应行动针对的气候变化后果主要是

---

① 参见孙傅:《国际气候变化适应政策发展动态及其对中国的启示》,载《中国人口、资源与环境》2014年第24期。

由历史排放的责任国造成的。因此,对于适应成本支出国负担的超出其历史责任部分的成本支出,应当可以向相关责任国请求补偿或从气候变化适应基金中进行补偿。这些需要发达国家承担的适应补偿责任主要包括:帮助脆弱性国家居民进行生态迁移、海岸带基础设施建设、极端气候灾难(火灾、洪灾、飓风等)援助、渡过粮食农业受影响后加剧的饥饿和贫困,适应气候变化的农业等生产方式转变,提供适应领域专家和技术支持,以及相关的教育、培训和知识宣传等费用的分担。

(三) 切实落实四大基金的注资并提升发展中国家在其中的决定权

就适应领域而言,最需要国际援助的是那些脆弱性高的国家,因为其自身无法单独应对适应气候变化这一问题。适用最脆弱者优先的原则,尽力保障这些国家的适应领域需求,是对公平的良好阐释。在诸多类型的国际援助中,利用已有的气候变化基金进行资金援助无疑是最直接、最有效的方式之一。目前在《公约》框架下主要有四大基金与适应领域相关,包括气候变化特别基金(SCCF)、最不发达国家基金(LDCF)、适应基金(AF)以及绿色气候基金(GCF)。SCCF资金来源为公约附件Ⅱ国家或其他国家的自愿捐款,目前支持的领域包括适应和技术转让,旨在弥补或资助脆弱性国家因遭受气候变化而引致的为实现可持续发展而必须支付的额外成本。LDCF,顾名思义,其所针对的对象是最不发达国家,这些国家需要向全球环境基金提交"适应气候变化行动计划",列明本国目前受气候变化影响最大的地区和领域。AF旨在支持发展中国家具体的适应项目和规划,资金来源主要是CDM项目2%交易减排量经卖出后所获得的收入,外加来自发达国家的自愿捐资。[①] GCF是针对发展中国家减缓和应对气候变化的补偿机制,该基金规定:截至2020年,发达国家每年筹集1000亿美元帮助发展中国家加强适应气候变化能力建设;并且由发达国家及发展中国家各推举12位人选共同组成24人委员会对该基金进行管理、组织、分配和监督。[②]

从四大基金的基本介绍中我们可以看到,有些基金的设置管理运营相对较为成熟,例如,LDCP需响应国家提交适应气候变化行动计划,来作为资金流出的参考依据;GCF专门成立了"最不发达国家集团"和"小岛国集团"等,并在资金和政策方面优先给予这类国家相关支持,以体现气候变化给部

[①] 参见潘寻、张雯:《如何通过气候变化资金机制支持发展中国家的减缓适应行动》,载《生态经济》2014年第3期。
[②] 参见郑艳、梁帆:《气候公平原则与国际气候制度构建》,载《世界经济与政治》2011年第6期。

分国家带来的特殊影响,照顾适应气候变化中的高脆弱性国家让其发出自己的声音。① 除此之外,在 COP15 上,发达国家集体承诺,2010—2012 年期间通过国际机构提供金额近 300 亿美元的新的额外的资金,均衡分配以支持适应与减缓气候变化,相关的适应资金将优先提供给高脆弱性的发展中国家,这其中就包括非洲国家、最不发达国家和小岛屿发展中国家等。这些都体现了在适应气候变化机制设计中秉持的弱者优先原则和程序公平原则。然而,在实际操作中我们也可以看到,资金不能落实到位、相应国家得不到应有的资金支持等问题仍然大量存在。所以,严格按照上述基金既有规则的要求,使基金的注资能切实落实到位,并保证发展中国家在其中的决定权,是落实发达国家资金支助义务的当务之急。

(四)引入适应性排放概念缓解发展中国家的减排压力

适应性排放是指在气候变化的现实情况下,实施适应对策所产生的高于其基准线的碳排放,而适应性排放的基准线则是指在假定没有气候变化的情景下,正常的工程、生产与消费所产生的碳排放。② 简言之,适应性排放就是一国为适应气候变化影响而额外增加的碳排放,例如全球气候变暖可能带来海平面上升和洪涝等灾害频发,这就要求必须建设相应的基础设施如水利堤坝等工程来适应气候变化带来的负面影响,可工程建设必然导致建筑材料的大量需求,对建筑材料的大量需求又导致大量的二氧化碳排放,这就是所谓的适应性排放。

适应性排放概念的引入,有利于缓解发展中国家在适应领域承担的减排压力。发达国家和发展中国家在适应性排放的需求方面存在较大的差异,发达国家由于其所处的经济社会发展阶段较高,已经经过了大规模进行工程性适应的基础设施建设阶段。而大多数发展中国家适应气候变化的基础设施并不完善,未来仍需要在采取工程性适应措施方面进行大量的投入,增加大量的适应性排放。引入适应性排放的概念,并强调该类型排放对于发展中国家的必要性和合理性,允许发展中国家在核算减排量时予以适当扣减。这样才能进一步实现各国在适应领域减排责任的公平分配。

---

① 参见郑艳、梁帆:《气候公平原则与国际气候制度构建》,载《世界经济与政治》2011 年第 6 期。
② 参见崔大鹏等:《适应性排放的概念分析》,载《研究快讯》2003 年第 4 期。

第五章 资金、技术和能力建设领域的公平性问题

构建国际气候法律新秩序的框架,除了前文所述的减缓与适应两大基本领域外,资金、技术与能力建设也是与之紧密相关的领域。资金、技术和能力建设既是减缓、适应议题的具体化,也有其自身的独立性。该领域在历次缔约方会议的谈判中也可谓至关重要,他们不仅是减缓与适应目标的推动力,同时也为国际气候法律新秩序的构建提供了强有力的保障与物质基础。如何行之有效地处理资金、技术和能力建设领域中涉及的公平性问题,也是各国能否有效协调在新秩序之下应对气候变化的关键。在新秩序构建过程中,资金、技术和能力建设领域的制度设计日益向具体化、可实施转向,其涉及的公平性问题也更为具体,并更多地体现在制度设计上。

第一节 资金、技术和能力建设领域概述

资金、技术和能力建设领域的谈判经历了漫长的历程,从COP1柏林会议中对资金技术的初步探讨,到后来COP5波恩会议对发展中国家和经济转型国家提出的能力建设要求,再到COP17德班会议建立"德班加强行动平台问题特设工作组",并对资金、技术、能力建设所作出的进一步构想。及至2015年所达成的《巴黎协定》,被认为是继德班会议以后的又一突破,尤其是在能力建设方面,不仅制定了2020年以后的总体减排目标,而且将"能力建设"由之前的原则性议题转变为具体规定,这其中不仅包括资金与技术的配套措施(具体规定在第4条第8款、第9款),同时也包括"能力建设"专有条款(第11条),具体表现为发达国家对于发展中国家、岛屿国家与最不发达国家等主体的资金技术援助以及信息通报援助制度。①

可以说,经过了从无到有,从单一到多元的发展过程,而对于构建新国际气候法律秩序,除了探寻领域自身公平性问题及解决方法,还应当把握秩序构建的全局。因而下文问题概述部分,将首先探讨资金、技术与能力建设各

---

① 参见曾文革、冯帅:《巴黎协定能力建设条款:成就、不足与展望》,载《环境保护》2015年24期。

领域之间关系,分析其与减缓、适应两领域之间的关联,然后再就其现状及特点单独进行分析。

一、资金、技术和能力建设领域三者之间的关系

资金、技术和能力建设领域三者之间的关系,可谓是错综复杂,如果分析历次缔约方会议的相关文件,我们会发现三者之间在发展历程与发展现状方面有着较大差异,而在内容与评估方法上,三者之间存在比较多的共性,总体来说,它们既具有差异性,又具有交叉一致性。

（一）三者之间的差异

从内涵而言,资金、技术和能力建设虽然互相交叉,但其侧重点是不同的。尤其是能力建设与前两者之间,能力建设更侧重于通过培训、教育、信息公开、制度建设,提升主体应对气候变化的主观能力,而资金、技术则更强调客观的物质手段。

从发展历程而言,三者也存在差异。自1995年柏林会议召开之日起,资金与技术问题就一直是缔约方会议谈判的重要议题,如首次会议便就资金机制经营实体的政策、计划优先顺序和资格标准出台了初步指导方针[1],同时就技术转让也进行了具体规定。[2] 而对于能力建设,则是1999年在COP5波恩会议中首次提及的,此次会议主要对发展中国家、经济转型期国家两大主体的能力建设进行规划[3],可以看出,能力建设这一领域较前两者发展起步较晚。而除开发展起步的早晚,发展过程中的侧重程度也有所不一,如同样是首次会议便开始谈判的议题,技术领域的相关谈判明显缓于资金领域,整个京都阶段都未对相关减排技术转让做更详细的规定,而这一时期已就全球环境基金(GEF)的具体操作、气候变化特别基金(SCCF)的设立及运营进行了卓有成效的谈判,从某种意义上而言,资金领域的谈判较技术领域来说显然要更为成熟,成果更多。

从发展现状而言,三者的差异也较为明显。三大领域发展历程的差异也导致发展现状的差异,如前文所述,资金、技术领域谈判早于能力建设,而资金领域谈判较技术领域而言更为成熟,而在最近的缔约方会议第二十届会议报告中,这种差异更为明显。

资金领域方面,资金机制早已进行第五次审查,包括全球环境基金、适应

---

[1] 11/CP.1.
[2] 13/CP.1.
[3] 10/CP.5、11/CP.5.

基金、绿色气候基金、补充活动信托基金在内的各项基金运行平稳有序,并已建立通过各种双边、区域和其他多边的融资渠道,"促使民间社会组织和私营部门高度参与"。① 截至2014年6月,环境基金为787个气候变化项目提供了资金,金额超过45亿美元。具体而言,在第五次充资期间,环境基金的方案编列了12亿美元的资金,向最不发达国家基金累计认捐,从2010年10月的2.92亿美元增加到2014年6月的9亿美元(96%由发达国家支付),向气候变化特别基金的累计认捐,从2010年10月的1.67亿美元增加到2014年6月的3.44亿美元。可以说,资金领域的发展极有成果。

相比而言,技术领域自德班会议以来进展较少,而德班会议上通过的有关技术转让的决议,仅仅只是对技术转让作了原则性的规定,并未规定实质性的内容,而其后的几次缔约方会议议程中对技术转让的讨论则少之又少,可以说基本未取得突破性进展。而在能力建设方面,德班平台设立之前的几次比较大规模的能力建设审查,在积极评价了相关方面所取得的成就的同时,也进一步明确了不足与亟待解决的问题。而德班会议之后,围绕建设德班平台展开了一系列行动,如环境基金在能力建设方面进行了大量投资,通过跨领域能力建设项目,和通过项目设计和执行获得的能力,覆盖了发展中国家能力建设框架所列的大部分优先领域。尽管能力建设起步较晚,但其发展的速度与水平却丝毫不亚于其他两个领域。

(二) 三者之间的交叉和一致性

虽然资金、技术、能力建设领域在发展历程与发展现状方面存在差异,但三大领域之间也存在着交叉和一致性,这主要表现在领域内容的交叉上。如在资金领域,全球环境基金的任务之一则是为各项技术开发与援助项目提供资金支持,气候变化特别基金提供的资源用于资助的技术转让活动、方案和措施以及能力建设活动,在技术转让领域,巴厘会议缔约方为推动解决技术融资问题采取了诸多行动,其也强调需要通过"全球环境基金、气候变化特别基金、最不发达国家基金、世界银行和'气候技术倡议'等途径"。

而能力建设领域可谓是三者中最能体现交叉一致性特点的领域了,因为"能力建设具有跨部门性质,并且是加强缓解、适应、技术开发和转让及获取资金的行动的固有组成部分"②,能力建设中也有资金、技术问题,能力建设本身也需要得到资金、技术支持,这也体现在历次缔约方谈判的会议文件中。早在1992年,里约环境与发展大会通过的《公约》最终文本里,能力建设也仅

---

① 9/CP.20.
② FCCC/CP/2012/8/Add.1.

仅作为进行资金援助和技术支持的目的,1992年《公约》对于能力建设的规定十分原则。在第4条中,针对发达国家的相关国际气候法律制度下的义务设置有了新的规定,部分国家没有能力应对其所遭受的不利气候变化,而且认为由于发达国家的对于发展中国家的历史性欠账,在第8、9款中公约建议加强对于发展中国家能力建设的援助,具体落实到相关配套措施即为资金援助与技术支持,这其中又包括像第九条的资金项目援助、技术的转让及国家间信息的通报措施,第10条第2款的专业人员及机构的能力建设,以及第11条的相关规则的原则性规定。而2007年会议上,有关能力建设的相关规则再一次得到了具体化,其要求发达国家的能力建设项目要以"可测量、可报告和可核实的方式"[1]进行,这其中也显示了发达国家对于解决此问题的努力与决心。

波恩会议中所提出的"发展中国家、经济转型期国家两大主体的能力建设缺乏财政资源和技术建设"[2],到内罗毕会议上明确提出"全球环境基金作为一个资金机制业务实体,其需要协助发展中国家开展能力建设活动"[3],再到坎昆会议上决定[4]"议定的机构和实体在将能力建设纳入加强缓解、适应、技术开发和转让及获取资金的行动方面"。

2015年所达成的《巴黎协定》,被认为是继德班会议以后的又一突破,尤其是在能力建设方面,其不仅制定了2020年以后的总体减排目标,并将"能力建设"由之前的原则性议题转变为具体规定。因此,可以看出,从公约首次提出能力建设议题以来,一方面,能力建设便逐渐成为与减缓、适应等相并列的谈判议题;而另一方面,能力建设也已与资金、技术转让等领域相互融合,任何资金、技术方面的发展都将对能力建设产生深刻的影响,而能力建设的框架构建也势必引起资金技术的新一轮发展。

二、资金、技术、能力建设领域与减缓、适应领域的关系

上文论述了资金、技术和能力建设领域三者之间的关系,而在整体气候法律框架下,特别是在气候法律公平的议题下,仅仅对这三者进行探讨尚显不足。而作为气候法律制度中的重要因素,"减缓""适应"领域同样与上述三领域有着密不可分的联系,因此,想要全面客观地了解资金技术能力建设领域的公平性问题,就必须对资金、技术和能力建设领域与减缓、适应领域的关

---

[1] 曾文革、冯帅:《巴黎协定能力建设条款:成就、不足与展望》,载《环境保护》2015年24期。
[2] 10CP.5.
[3] 4/CP.12.
[4] 1/CP.16.

系有一直观且系统的把握。而论及它们之间的关系,前者是后者的根本保证,而后者是前者的发展目的,两者一起构成"共区"原则的实现载体。

(一)"共区"原则的实现载体

正如前文所述,"共区的原则"是分配量化减排义务的基础,而适应、资金、技术及能力建设等义务设置的基础,也是各国对于公平性问题的集中体现。而"共区"原则则可以作为气候公平议题的基石,故而,"减缓""适应""资金""技术""能力建设"等自然也应成为这一议题的"支柱"。而这一结论也伴随着"共区原则"的发展而不断被验证和强化。如在德班会议上,其议程明确了上述各项领域的发展方向,而其中所反复强调的,以及所体现的,却是"对发展中国家及发达国家共同承担责任的重要性,以及发达国家对于发展中国家、最不发达国家、经济转型国家各方面的援助"[①]。换言之,为保障气候公平而在气候变化领域落实共区原则已经成为国际社会的一般共识。然而,如何将此原则予以具体的贯彻与落实,则有待国际气候立法就减缓、适应以及能力建设等作出细化且可操作性的规定。而这也正体现了共区原则,而这一原则的实现则必须通过具体领域的发展壮大。由此可知,共同但有区别的责任原则的实现,则必须以"减缓""适应""资金""技术""能力建设"等领域为支柱,为实现载体。

(二)前者是后者的保证

自京都时代以来,对于减缓、适应等各个领域的讨论就从未停止过,而前文已对两者之间的关系有所论证,此处不再赘述。但其关系中有一个最为重要的共同点,则是发达国家在资金、技术和能力建设领域对发展中国家予以援助是推动减缓和适应领域发展的重要保障以及必不可少的手段。

"减缓领域的发展相对漫长且任务艰巨,相比较而言适应领域的发展对发展中国家更为急迫。"[②]而这两个领域却不是孤立的,其必须通过相关领域为其提供支持。目前这两个领域都有长足的发展,可是也存在一定的问题,而这些问题究其根源,资金、技术和能力建设领域的发展受限很大程度上影响了上述两个领域。因此,从保障发展中国家推动减缓和适应领域发展的角度而言,资金、技术和能力建设的发展是减缓与适应领域根本保障。[③]

---

① 高小升:《国际政治多极格局下的气候谈判——以德班平台启动以来国际气候谈判的进展与走向为例》,载《教学与研究》2014 年第 4 期。
② 朱晓勤、温浩鹏:《气候变化领域共同但有区别的责任原则——困境、挑战与发展》,载《山东科技大学学报》(社会科学版)2010 年第 2 期。
③ 参见姚莹:《德班平台气候谈判中我国面临的减排挑战》,载《法学》2014 年第 5 期。

（三）后者是前者的目的

"在气候法律框架的构建中,减缓与适应始终应被视为是命题的两极",诚然,这较好地诠释了气候法律框架的核心问题,那就是以减缓与适应两领域为基础与落脚点。而缔约方会议谈判中,一直在践行这一点。如涉及资金机制的文件中,就会发现某一基金的相关活动出发点均为对发展中国家国内适当减缓行动或适应行动作出援助。其所强调发展中国家提出具体的减缓行动和项目以及所需的技术、资金和能力建设支持;发达国家通过公约下有关资金和技术转让机制提供"可测量、可报告和可核实"的技术、资金和能力建设支持。毫无疑问,国际气候谈判或者国际气候立法的直接和根本目的便是《公约》所确立的"将气候系统的变化稳定在适应人类生存和发展的水平上"的目标,也即《巴黎协定》中所重申的 2 ℃甚至 1.5 ℃的温升控制目标。目前,国际社会针对此目标的实现路径已经达成基本共识,即强调减缓和适应两种方式的并重。正如前文所述,为落实减缓温室气体排放和适应气候变化之不利影响,必须以公平正义为导向,努力通过减排责任的一次分配以及资金、技术和能力建设等的二次责任分配以确保全球性的应对气候变化之集体行动的达成。故而,这些论据足以说明有效减缓和适应气候变化是资金、技术转让和能力建设的发展目的。

第二节 资金领域的公平性问题

"气候资金"概念最早产生于《公约》关于资金机制的谈判。① 气候资金在公约体系下是指发达国家基于共同但有区别原则,通过一系列资金机制的安排,以公共资源(Public resources)的方式向发展中国家提供资金支持,以资助其转变经济产业发展,以及克服气候变化所带来的不利影响。② 由于资金问题最直接关系到各国切身利益,因此,气候资金一直是《公约》谈判进程中的焦点问题③,如何建立一个合理的资金机制,公平的获取、分配、使用气候资金,也是国际气候法律新秩序构建中必须解决的重要议题。

---

① 参见刘倩、粘书婷、王遥:《国际气候资金机制的最新进展及中国对策》,《中国人口·资源与环境》2015 年第 10 期。
② See Reyes O. A Glossary of Climate Finance Terms [R/OL]. Institute for Policy Studies, 2013: 10—11. http://climatemarkets.org/wp-content/uploads/2013/01/IPS-ClimateGlossary.Pdf, (Last visited Jul. 18, 2016).
③ 参见启岩:《对气候资金问题的回顾与思考》,载《经济纵横》2016 年第 13 期。

一、《公约》框架下气候资金机制的谈判进展

(一) 附属阶段(1994—1999年)

从1994年《公约》生效到2000年COP6(海牙,第一期会议)召开之前,气候资金主要由全球环境基金(GEF)代管。《公约》第21条第3款规定,由全球环境基金暂时负责气候资金的经营。① 这一阶段最令人瞩目的事件是1994年《公约》的生效以及1997年通过的《京都议定书》。这两个法律文件对气候资金机制产生了重要影响。由于处于积极应对气候变化的初始阶段,所以这一时期的谈判成果主要对气候资金机制的主要问题作出了原则性规定,具体包括:(1) 明确了建立气候资金机制应当遵守的基本原则。《公约》要求各缔约方应当在公平的基础上,并根据它们共同但有区别的责任和各自的能力,为人类当代和后代的利益保护气候系统②,明确了应对气候变化的指导原则,即:公平原则、共同但有区别责任原则及各自能力原则。这些原则也是建立气候资金机制应遵循的基本原则。(2) 明确发达国家应承担向发展中国家提供资金支持的出资义务,要求有关缔约方提供有关履行情况信息。首先,出资义务方面,《公约》要求发达国家缔约方和其他发达缔约方应当向发展中国家提供新的、额外的、充足的和可预测的资金,以支付发展中国家缔约方为履行约定义务而招致的全部费用,并且还应向发展中国家提供所需要的费用③,在明确发达国家缔约方出资义务的法定性的同时,强调了只要发展中国家有需要、发达国家即应提供资金支持。《公约》明确指出,发展中国家缔约方能在多大程度上有效履行其在公约下的承诺,将取决于发达国家缔约方对其在本公约下所承担的有关资金和技术转让的承诺的有效履行。同时,明确强调对于发展中国家而言,经济和社会发展及消除贫困仍是首要和压倒一切的优先事项。④ 这一点在后续的公约缔约方大会决议中也得到了充分体现。⑤ 但是需要注意的是,并不是所有发展中国家都能获得资金支持。COP1决议第11条明确了国家资格标准,要求只有公约的发展中国家缔约方才能在公约生效后得到支助。⑥ 其次,履行情况通报方面,《公约》第12条

---

① 《公约》第21条第3款规定:在临时基础上,联合国开发计划署、联合国环境规划署和国际复兴开发银行的"全球环境融资"应为受托经营第11条所述资金机制的国际实体。
② 参见《公约》第3条。
③ 参见见《公约》第4条。
④ 参见《公约》第4条。
⑤ 参见第10/CP.2号决定、第11/CP.3号决定、第2/CP.4号决定、第1/CP.5号决定、第1/CP.6号决定等。
⑥ 参见第11/CP.4号决定。

及 COP2 第 9 号决定要求公约附件一所列发达国家缔约方对技术转让和提供资金的承诺提交国家信息通报,以对其义务履行情况进行说明;要求附件二所列发达国家缔约方提供详细资料说明提供了何种"新的、额外的"资金支助发展中国家以及如何定义"新的、额外的"资金来源①,注重"新的、额外的"资金来源与现有的财政机制、双边机构与多边机构资金来源的区别。② 后来的 COP4 要求包括发展中国家在内的所有缔约方都应在公约对该缔约方生效后或按照《公约》第 4 条第 3 款获得资金后三年内提供初次信息,同时考虑到最不发达国家的特殊情况,允许其可自行决定何时提供初次信息。③
(3) 确立全球环境基金作为气候资金机制的临时经营实体,并对全球环境基金提出了改进建议。《公约》采取临时解决办法,规定全球环境基金作为资金机制的临时运作实体④,并要求在随后的四年内对资金机制进行审评。⑤ COP1 维持了《公约》作出的这一临时性安排,"确定了全球环境基金在《公约》范围内的最终地位"⑥。COP2 决议中的第 12 条、COP4 决议中的第 3 条都对此再次予以确认⑦,决定改组后的全球环境基金将继续临时作为受托经管资金机制的国际实体。同时,针对全球环境基金存在的问题,《公约》和缔约方大会也提出了改进建议。首先,鉴于发展中国家对全球环境基金决策机制缺乏透明性的担忧,《公约》明确要求全球环境基金应当适当予以改革,使其成员具有普遍性⑧;其次,对于发展中国家难以从全球环境基金取得必要资金援助问题,COP2 分析指出该问题存在的原因,即是由于适用全球环境基金关于资格标准、拨款、项目周期和标准等方面的业务政策,给发展中国家缔约方增添大量行政和财务费用所致,进而建议全球环境基金应采取措施,适当缩短和简化项目申请程序,方便这种资金的提供。⑨ (4) 在强调资金机制发挥主要作用的前提下,允许其他资金的注入。首先,在强调体制内资金

---

① 参见第 9/CP.2 号决定第 42 条。
② 第 9/CP.2 号决定第 44 条:附件二缔约方在通报资金来源提供情况时应区分对财政机制的临时经营实体、区域和其他多边机构与方案的捐款和通过双边渠道向其他缔约方提供的资金来源。
③ 参见第 12/CP.4 号决定、第 7/CP.5 号决定。
④ 详见《公约》第 21 条。
⑤ 详见《公约》第 11 条。
⑥ 参见第 9/CP.1 号决定。
⑦ 参见第 12/CP.2 号决定《缔约方会议与全球环境贷款设施理事会之间的谅解备忘录》:又忆及缔约方会议第一届会议关于维持第 21 条第 3 款中提到的临时安排的决定,决定改组后的全球环贷将继续临时作为受托经管《公约》第 11 条中所指资金机制的国际实体。第 3/CP.4 号决定第 1 条:经过整顿的全球环境基金应为《联合国气候变化框架公约》第 11 条所述受托负责资金机制运转的实体。
⑧ 参见《公约》第 21 条。
⑨ 参见第 11/CP.2 号决定关于《对全球环境贷款设施的指导》的规定。

机制建构和完善的前提下,并不禁止体制外资金机制的辅助和补充。《公约》和《京都议定书》都鼓励发达国家缔约方以双边、区域性和其他多边渠道等多元方式向发展中国家提供应对气候变化所需资金。① 其次,公约缔约方大会也多次提到要注重动员其他资金的注入。第11/CP.1号决定中要求资金机制经营实体应当努力调动其他资金,以支助发展中国家缔约方针对气候变化的活动;第13/CP.3号决定要求设法动员额外的资金;第10/CP.5号决定在对发展中国家的能力建设作出指导时要求"应通过资金机制,并酌情通过双边和多边机制提供资金";第11/CP.5号决定允许"在适当的情况下通过双边和多边渠道以及私营部门向经济转型期国家提供能力建设方面的资金和技术支助"。(5) 充分考虑气候脆弱国家和最不发达国家的利益,并且兼顾资金的使用效率。《公约》第4条第4款、8款、9款都要求在提供资金支持时,考虑气候脆弱国家和最不发达国家的利益②,第10/CP.2号决定、第2/CP.4号决定也都体现了这一点,COP5更是明确指出各缔约方应当作出实质性贡献,"支持发展中国家尤其是最不发达国家和小岛屿发展中国家"③。在资金的使用效率方面,《公约》要求发展中国家缔约方在提出需要支助的项目时,应尽可能地对所有增加的费用、温室气体排放的减少量及其清除的增加量以及所带来效益进行估计④,要考虑支助项目的成本效益;COP1决议中要求资金机制下的各项活动都应当尽可能的考虑符合成本效益⑤;COP2决议中提到"希望得到援助的发展中国家缔约方充分利用资金机制为此目的提供的资金"⑥。这些成就的取得为日后应对气候变化的国际合作进程打下了良好基础。

  同时,这一阶段也存在着一些问题,主要有:(1) 未明确气候资金的性质。无论是《公约》还是历次缔约方大会,都要求发达国家缔约方向发展中国家提供新的、额外的、充足的和可预测的资金,但是何谓"新的、额外的、充足的、可预测",对此并没有一个明确的界定。缔约方大会要求发达国家缔约方

---

① 参见《公约》第11条第5款,《京都议定书》第11条第3款。
② 《公约》第4条:4. 附件二所列的发达国家缔约方和其他发达缔约方还应帮助特别易受气候变化不利影响的发展中国家缔约方支付适应这些不利影响的费用;8. 在履行本条各项承诺时,各缔约方应充分考虑按照本公约需要采取哪些行动,包括与提供资金、保险和技术转让有关的行动,以满足发展中国家缔约方由于气候变化的不利影响和/或执行应对措施所造成的影响,特别是对下列各类国家的影响,而产生的具体需要和关注:(a) 小岛屿国家;(b) 有低洼沿海地区的国家;(c) 有干旱和半干旱地区、森林地区和容易发生森林退化的地区的国家;(d) 有易遭自然灾害地区的国家……9. 各缔约方在采取有关提供资金和技术转让的行动时,应充分考虑到最不发达国家的具体需要和特殊情况。
③ 参见第1/CP.5号决定。
④ 参见《公约》第12条第4款。
⑤ 参见第11/CP.1号决定。
⑥ 参见第11/CP.2号决定。

自己提供详细资料说明如何定义"新的、额外的"资金来源,更是导致了资金性质的不确定。同时,鼓励其他资金注入更是将资金的性质变得含糊不清。这也是导致发达国家和发展中国家发生激烈争论的重要原因。(2) 气候资金经营实体缺乏专门性和独立性。虽然《公约》确立了全球环境基金作为气候资金机制的临时经营实体,但是该基金是一个包含气候变化、生物多样性、持久性有机污染物等多个国际公约在内的综合性资金经营实体,气候资金只是全球环境基金的一个组成部分。况且改组前的全球环境基金承担着官方发展援助(ODA)职能,同时发达国家作为气候资金出资方实质上完全掌握了资金实际主导权,这些都使得发展中国家对其存在诸多担忧与顾虑。气候资金的这种附属性因而受到诟病。

(二) 专门化初始阶段(2000—2008年)

鉴于气候资金的附属性影响了气候资金设立的宗旨,在之后的国际气候谈判中,《公约》缔约方,尤其是发展中国家缔约方一直致力推动独立的气候资金机制的建立。这一阶段从2000年COP6(海牙,第一期会议)到2008年COP14(波兹南)召开为止,气候资金开始从全球环境基金中逐步独立出来,呈现出专门性和独立性的特点。这一期间关于气候资金谈判的主要进展有:(1) 设立气候变化特别基金(SCCF)、最不发达国家基金(LDCF)以及适应基金(AF),逐步实现气候资金的独立性。COP6在对全球环境基金提出的指导意见中,建议在全球环境基金下设立新的调整适应基金和公约基金。缔约方可对这些基金提出单独的指导意见,基金的使用要特别考虑最不发达国家和小岛屿发展中国家的需要。[①] 该次大会还分别对公约框架下京都议定书框架下的气候资金供资情况进行了说明。公约框架下,附件二缔约方和有能力做到的附件一其他缔约方应通过下列渠道为发展中国家缔约方供资:(a) 增加全球环境基金的补充资金;(b) 气候变化特别基金;(c) 双边和多边渠道。[②] 在《京都议定书》框架下,主要通过适应基金为议定书发展中国家缔约方的具体适应项目和方案供资,其中适应基金主要来源于清洁发展机制项目活动的收益和其他资金来源。同时,准备批准《京都议定书》的附件一缔约方应就其对该基金的财政捐款提交年度报告[③],进行详细说明。2001年的COP7通过了《马拉喀什协定》,正式决定设立气候变化特别基金、最不发达

---

① 参见第1/CP.6号决定。
② 参见CP.6关于《公约下的供资》的内容。
③ 参见见CP.6关于《〈京都议定书〉下的供资》的内容。

国家基金和适应基金①。三种基金各有侧重。气候变化特别基金的目的在于补充全球环境基金重点领域和其他双边和多边资金的不足②,最不发达国家基金的目的在于支持最不发达国家通过国家适应行动计划确定最迫切的适应需求项目③,二者资金主要来源于发达国家不定期的捐款,并没有形成长期稳定的捐款机制。适应基金目的在于支助发展中国家具体的适应活动,资金主要来源于《京都议定书》下的清洁发展机制项目产生的经核证减排量的2%的收益。④ 这三种基金的建立为发展中国家有效应对全球气候变化提供了积极的资金支持。(2)重视相关基金的经营问题,并提出指导意见。对全球环境基金,缔约方大会要求:(a)全球环境基金需要继续努力,筹措额外的资金⑤,继续改进所有发展中国家,特别是最不发达国家、小岛屿发展中国家和非洲国家获取全球环境基金资源的途径⑥;(b)适当优先考虑适应活动⑦;(c)与履行机构合作,酌情简化程序、提高工作效率,方便发展中国家缔约方及时获取资金支持⑧;(d)继续采取必要措施,改进与各国的对话,保证明确性、透明度和及时性⑨;(e)重视气候脆弱性,继续向最易受到气候变化不利影响冲击的那些国家提供进一步的机会,使它们更好地利用全球环境基金的基金。⑩ 在气候变化特别基金经营方面,缔约方要求:(a)注重且促进气候变化特别基金与其他基金供资方面的相互补充;(b)确保气候变化特别基金的资金应与其他基金分开;(c)确保经营透明度;(d)在确保健全的财务管理的同时,采取简化的程序⑪;(e)气候变化特别基金应发挥催化剂的作用,撬动更多资金投入到应对气候变化中来;(f)支助的项目应当由国家驱动且节约有效,并且要纳入国家可持续发展战略和减贫战略;(g)优先支助适应活动;(h)支助技术转让及其相关的能力建设活动。⑫ 在最不发达国家基金经营方面,缔约方大会要求:(a)实施快速受理和简化程序的办法,方便最不

---

① 参见第7/CP.7号决定。
② 参见刘倩、粘书婷、王遥:《国际气候资金机制的最新进展及中国对策》,《中国人口·资源与环境》2015年第10期。
③ 同上。
④ 同上。
⑤ 参见第1/CP.12号决定。
⑥ 参见第4/CP.14号决定。
⑦ 参见第2/CP.12号决定。
⑧ 参见第1/CP.6号决定、第6/CP.7号决定、第3/CP.12号决定、第4/CP.14号决定。
⑨ 参见第7/CP.13号决定。
⑩ 同上。
⑪ 参见第7/CP.8号决定。
⑫ 参见第5/CP.9号决定。

发达国家使用基金①;(b) 加强、改善与最不发达国家缔约方之间的沟通②;(c) 确保采取一种符合国家优先目标的、国别驱动的做法,保障成本效益并与其他资金来源相互弥补;(d) 全球环境基金采取灵活的模式,使最不发达国家平等获得执行国家适应行动方案的供资③;(e) 按照具备的资金水平负责支付商定的全额开支的支助活动的标准;(f) 关于提供快速支持的指南;(g) 关于适应气候变化不利影响的紧迫性和紧急性;(h) 安排各种活动的优先顺序。④ (3) 创新融资方式,强调新的资金注入的必要性。缔约方大会多次强调在提供"可预测而适足的资金"基础上,追加新的资金⑤,增加公共资金影响私营部门资本的潜力,创新供资方式,希望酌情通过私营部门的多边和双边机构提供资金⑥,通过提供各种奖励,鼓励外国和国内私营部门在相关领域进行投资⑦,补充公共资金来源。(4) 强调气候资金出资与其他出资的区别。缔约方大会要求出资义务方应在清洁发展机制之下的造林和再造林项目活动的项目设计书中申明其为项目活动提供公共资金并不会造成官方发展援助的分流,而且不同于亦不计为资金义务。⑧ 这样就避免了某些发达国家缔约方以此来逃避出资义务现象的出现。(5) 资金使用过程中,注重考虑气候脆弱性因素。COP6 提到"将为最不发达国家设立单独的工作方案,及时开展脆弱性和调整适应评估将是全球环境基金提供资金重点"⑨。COP7 决定在资金支持下,执行脆弱性与适应性活动。⑩ COP13 通过的巴厘岛行动计划中提到,要扶助所有缔约方抗御气候变化,减少对气候脆弱性国家和地区的影响,要考虑特别易受气候变化不利影响的发展中国家特别是最不发达国家和小岛屿发展中国家的迫切和眼前的需要;并进一步考虑到非洲受干旱、荒漠化和洪水影响的国家的需要。⑪

在气候资金问题日益取得独立性的同时,也暴露出了一些问题:(1) 气候变化国际合作遭受严重挫折,发达国家出资意愿消极。由于《京都议定书》

---

① 参见第 27/CP.7 号决定。
② 参见第 5/CP.14 号决定。
③ 在第 11 次缔约方大会的第 4 号决定中,缔约方针对最不发达国家基金再次提出了指导意见,要求全球环境基金采取灵活的模式,使受支持的各方在可利用的资金水平内平衡地获得资源。
④ 参见第 6/CP.9 号决定。
⑤ 参见第 1/CP.6 号决定、第 2/CP.7 号决定、第 7/CP.7 号决定。
⑥ 参见第 2/CP.10 号决定、第 1/CP.13 号决定。
⑦ 参见第 1/CP.10 号决定、第 4/CP.13 号决定。
⑧ 参见第 17/CP.7 号决定、第 19/CP.9 号决定、第 14/CP.10 号决定。
⑨ 参见第 1/CP.6 号决定。
⑩ 参见第 5/CP.7 号决定。
⑪ 参见第 1/CP.13 号决定。

采取"自上而下"的方式强制规定了发达国家的减排义务,使得一些发达国家出于自身利益考虑而拒绝履行《京都议定书》规定的减排义务。美国、加拿大等国家先后宣布退出①,俄罗斯、日本、欧盟、澳大利亚等则对于第二承诺期的承诺不予履行或怠于履行。在此情形下各发达国家缔约方出资意愿普遍不高。(2)发达国家淡化共同但有区别的责任,淡化出资义务。这一时期,随着新兴经济体的崛起和温室气体排放规模的扩大。发达国家更加刻意淡化历史排放责任,要求发展中国家在应对气候变暖进程中要承担更多责任,而不应全部由发达国家买单,主张开启"发达国家与发展中国家共同减排"新进程。②(3)通过创新融资方式鼓励其他资金注入,由此模糊了气候资金性质,使得气候融资不确定性更大。

(三)专门化推进阶段(2009—至今)

从2009年哥本哈根气候大会(COP15)开始,气候资金的独立性和专门化程度进一步提高。具体来说,该阶段气候资金机制的谈判进展主要有:(1)设立和启动绿色气候基金(GCF),气候资金的独立性进一步加强。COP15通过的《哥本哈根协议》决定设立绿色气候基金,作为《公约》资金机制的一个经营实体,以支助发展中国家实施与包括REDD+在内的缓解、适应、能力建设、技术开发和转让有关的项目、方案、政策和其他活动。③ 该基金由24名成员组成的管理委员会(一半来自发达国家,一半来自发展中国家)对其负责。④ COP17决定正式启动绿色气候基金,明确了绿色气候基金的目标和指导原则。基金将以运作效率和效益为导向,以透明和负责任的方式运行,奉行国家驱动的方针,通过有效吸引有关机构和利害关系方的参与,促进和加强国家的参与,以赠款和优惠贷款的形式,或通过董事会批准的其他模式、工具或设施为所有发展中国家输送新的、额外的、充足的和可预测的资金,推进气候融资。⑤ 2015年,绿色气候基金董事会作出首批供资决定,承诺提供1.68亿美元的资金,从而使得绿色气候基金全面运作。⑥ (2)发达国家进一步履行出资义务。首先,发达国家作出具体量化出资承诺。《哥本哈

---

① 美国政府1997年在《京都议定书》上签字,但美国参议院没有核准。美国是最早退出《京都议定书》的国家。2011年12月12日,加拿大环境部长彼得·肯特宣布加拿大正式退出《京都议定书》。
② 参见启岩:《对气候资金问题的回顾与思考》,《经济纵横》2016年第13期。
③ 参见第2/P.15号决定。
④ 参见中国节能产业网.联合国气候变化大会《坎昆协议》的主要内容,http://www.china-esi.com/Article/9882.html,2017-5-21,(Last visited Jul. 18, 2016)。
⑤ 参见第3/CP.17号决定第3,35,54条。
⑥ 参见第7/CP.21号决定第3条。

根协议》第8条规定,"发达国家应向发展中国家提供更多的、新的、额外的以及可预测的和充足的资金,并且改善获取途径,令发展中国家更容易获取资金","发达国家集体承诺在2010—2012年期间通过国际机构提供金额接近300亿美元的新的和额外的资源",并且承诺"在2020年以前,争取每年筹集1000亿美元资金用于解决发展中国家的减排需求"。虽然该承诺并不具备法律约束力,但对之后的气候资金安排产生了影响。其次,国际社会对发达国家缔约方履行出资义务给予了一定程度的监督。缔约方大会要求发达国家缔约方提供其履行快速启动资金情况的信息[1],要求《公约》附件二缔约方提供关于资金额、支助类型、资金来源以及如何确定这些资源为新的额外的资源等有关信息,说明"已经提供、承诺和/或允诺提供哪些支助"[2],以支助非附件一缔约方的缓解和适应活动。同时,缔约方大会多次要求增强资金流的透明度和可预测性。[3] 最后,制定了"只进不退"的棘齿锁定(Rachet)机制。各国提出的行动目标建立在不断进步的基础上,包括资金问题,强调发达国家的出资努力应逐步超过先前的努力程度,《巴黎协定》规定"作为全球努力的一部分,发达国家缔约方应继续带头,对气候资金的这一调动应当逐步超过先前的努力"。(3)强调资金来源多元化。《哥本哈根协议》提到发达国家承诺争取每年筹集的1000亿美元将有多种来源,包括政府资金和私人资金、双边和多边筹资,以及替代型资金来源。COP17则强调凡是向发展中国家缔约方提供的新的、额外的和可预测的资金,其来源均可多元化。[4] COP19要求从公共和私人、双边和多边、包括替代来源等各种资金来源持续调动更多公共气候资金。[5] COP21强调要协调好公共和私人、双边和多边资金来源之间的关系。(4)在资金分配、使用方面,注重适应与减缓领域之间的平衡,注重考虑气候脆弱性影响。《哥本哈根协议》要求国际社会重视适应活动,降低发展中国家尤其是特别易受气候变化影响的发展中国家的脆弱性,降低最不发达国家、小岛屿发展中国家和非洲的脆弱性,提高它们的抗御力。发达国家集体承诺的300亿美元将在适应和缓解之间均衡分配,适应方面的供资将优先提供给最脆弱的发展中国家,诸如最不发达国家、小岛屿发展中国家和非洲。[6] COP16通过的《坎昆协议》强调"适应活动必须与缓解活动同样优

---

[1] 参见第2/CP.17号决定第132条、第1/CP.18号决定。
[2] 参见第17次缔约方大会关于《〈气候公约〉发达国家缔约方两年期报告指南》第17条。
[3] 参见第5/CP.20号决定。
[4] 参见第2/CP.17号决定第65条。
[5] 参见第2/CP.17号决定。
[6] 参见第2/CP.15号决定。

先处理"①,要"考虑到特别易受气候变化不利影响的发展中国家缔约方的迫切和眼前需要"②。COP17要求绿色气候基金"最大限度地提高其资金在适应和缓解上的影响,并寻求两者之间的平衡",提出发达国家缔约方通过双边和多边渠道,包括通过最不发达国家基金,筹集资金支持最不发达国家缔约方的国家适应计划。③ COP18则将支助范围扩大到了不属于最不发达国家缔约方的发展中国家的国家适应计划。④ COP19要求绿色气候基金应在向缔约方大会提交的报告中说明采取了哪些行动使得资金在适应与减缓活动分配方面保持平衡。⑤ COP21明确指出要努力实现适应与减缓之间的平衡。⑥（5）完善对气候资金的管理、使用。这主要体现在以下几个方面：首先,注重气候资金与其他资金的区分。《坎昆协议》第105条规定："受托管理人只能根据绿色气候基金董事会的相关决定,并为其目的管理绿色气候基金。受托管理人持有绿色气候基金的资产,应独立于受托管理人的资产。"受托管理人应设立和保持单独的记录和账户,以便识别。其次,注重气候融资以及气候资金经营实体之间的协调互补。《坎昆协议》第112条规定："在缔约方会议下设立常设委员会,协助其履行在《公约》资金机制方面的职能,包括改进气候变化融资的一致性和协调性,实现资金机制的合理化,调集资金以及向发展中国家缔约方所提供支持的衡量、报告和核查等"。COP17要求绿色气候基金制定方法,以加强基金活动与其他相关双边、区域和全球融资机制和机构活动的互补性与一致性,从而更好地全方位调动资金和技术能力。COP20在对资金机制的第五次审查中要求增强资金经营实体之间的协调互补⑦,强调清洁技术基金与环境7基金气候变化重点领域之间的协同,强调抗御气候试点方案与最不发达国家基金和气候变化特别基金之间的协同。《公约》之下各基金应积极参与确定其相对于绿色气候基金的战略定位,促进与绿色气候基金的互补。⑧《巴黎协定》更是指出,"本协定服务的机构,包括《公约》资金机制的经营实体,应旨在通过精简审批程序和提供强化准备活动支持,确保发展中国家缔约方,尤其是最不发达国家和小岛屿发展中国家,在国家气候战略和计划方面有效地获得资金。"⑨再者,注重程序简化,确

---

① 参见《坎昆协议》第2条。
② 参见《坎昆协议》第97条。
③ 参见第5/CP.17号决定。
④ 参见第11/CP.18号决定。
⑤ 参见第5/CP.19号决定关于《缔约方会议与绿色气候基金之间的安排》。
⑥ 参见《巴黎协定》第9条4款。
⑦ 参见9/CP.20号决定。
⑧ 参见第9/CP.20号决定第88、89、90条。
⑨ 参见《巴黎协定》第9条第9款。

保发展中国家缔约方及时、迅速获得资金。COP16 在《对资金机制的第四次审查》以及《对全球环境基金的进一步指导意见》中都要求全球环境基金进一步简化程序,"以期确保及时拨付资金,支付发展中国家缔约方在履行义务时产生的全部议定费用"[①]。COP17 要求绿色气候基金提供简化和改进的资金利用途径,包括直接利用途径[②],以国家驱动的方针作为各项活动的基础,鼓励弱势群体等利害关系方的参与。[③] COP20 提到绿色气候基金将允许设在发展中国家的国家机构直接获取。[④] （7）注重发达国家提供资金的公共性,强调资金的充足性、可预测性和可持续性。COP17 在对全球环境基金提出的进一步指导意见中指出全球环境基金应当继续向发展中国家提供财政资源,COP19 呼吁发达国家缔约方为发展中国家适应活动提供更多比例的公共资金。COP20 要求发达国家以可预测和可持续的方式向环境基金信托基金提供资金,同时指出气候变化特别基金之下适应方案编制的主要障碍仍然是缺乏充足和可预测的资金。[⑤] COP21 更是明确指出提供充分和可预测的资金是有效应对气候变化的关键[⑥],强烈敦促发达国家缔约方提高其资金支持水平和可预测水平,为适应活动输送较多比例的公共气候资金,并制定具体的路线图,以实现在 2020 年之前每年共同为减缓和适应提供 1000 亿美元资金的目标。[⑦]

  这一阶段存在的主要问题有：（1）发达国家的出资承诺缺乏确定性,使其履行快速启动资金承诺的实际情况不容乐观。虽然发达国家作出了具体量化的出资承诺,但是并未提出落实该承诺的具体计划和路径。这使得发达国家的出资承诺很有可能成为一纸空文。美国、日本、英国、欧盟等 22 个发达国家和地区称,通过官方发展援助、其他官方渠道（如与私人部门合作）和本国企业在发展中国家开发清洁能源等方式向发展中国家提供资金支持,共实际提供和作出资金承诺约 294 亿美元,但根据快速启动资金官方网站的数据,仅仅兑现了 36 亿美元。[⑧] 发达国家利用资金来源多元性的特点,"偷梁换柱","新瓶装旧酒",强化私营部门和创新性等市场资金作用,淡化通过公

[①] 参见第 2/CP.16 号决定、第 3/CP.16 号决定。
[②] 直接利用途径,是指受援国提名国家以下、国家和区域各级的主管执行实体,以通过认证,从而获取资金。
[③] 参见第 3/CP.17 号决定第 31 条。
[④] 参见第 9/CP.20 号决定。
[⑤] 同上。
[⑥] 参见第 1/CP.21 号决定第 54 条。
[⑦] 参见第 1/CP.21 号决定第 114 条、第 5/CP.21 号决定第 2 条。
[⑧] See Fast Start Finance. Contributing Countries, http://www.faststartfinance.org/content/contributing_country/united-states,（Last visited Jul.18, 2016）.

共财政预算出资的义务,甚至还将通过官方发展援助等传统渠道提供的资金贴上气候标签计入气候资金总量。①(2)气候资金内涵发生变化,发展中大国出资压力逐步加大。这一时期,出于迫使发展中国家共同出资的目的,发达国家在谈判中极力淡化历史责任和共同但有区别责任原则,推动取消发达国家与发展中国家之间责任的区别,特别强调具备一定经济实力的发展中大国要承担减排义务。面对发达国家咄咄逼人的态势,发展中国家阵营也出现了意见分歧。小岛国联盟和最不发达国家由于对漫长的谈判失去了耐心和信心,他们开始采取双拳出击、左右开弓的策略,要求发展中大国同样承诺减排目标。② 同时,发达国家联合部分发展中国家,利用一些特殊政策迫使发展中国家承担气候变化成本。在德班会议上,欧盟联合最不发达国家、小岛国联盟,主张将航空航海税作为应对气候变化的资金来源之一,要求发达国家和发展中国家无差别地为温室气体的排放进行支付。③ (3)淡化区别责任,更趋向于共同责任;淡化历史排放责任原则,更强调各自能力原则。尽管巴黎气候大会强烈促请发达国家制定切实的路线图,以实现在2020年前每年向发展中国家提供1000亿美元应对气候变化资金,并到2025年前在1000亿美元基础上设定新的资金目标,然资金数量方面的内容并未出现在具有法律约束力的"协议"中,而是出现在不具法律约束力的"决定"文本中④,这也使得发达国家能否切实履行其承诺仍存在疑问。此外,发达国家积极发展《公约》框架外的资金机制,反映了另起炉灶解决资金问题的诉求⑤,例如气候投资基金的设立。

二、国际气候资金机制的公平性困境

随着新自由主义的兴起和发展,商界和金融业人士已经成为构建和管理一个复杂而又日益融合的气候治理系统的中心参与者⑥,市场主义也逐步影响到气候资金机制的构建。而这种倾向又为发达国家极力助推,以将责任转向市场,规避自身在《公约》之下应当承担的出资义务。众所周知,积极应对全球气

---

① 参见张雯、王谋、连薏珊:《气候公约快速启动资金实现进展与发达国家环境履约新动向》,载《生态经济》2013年第3期。
② 参见潘寻、张雯、朱留财:《中国在气候变化谈判资金机制演变进程中的挑战及应对》,载《中国人口•资源与环境》2015年第10期。
③ 参见徐岭、周珂:《欧盟强征航空航海碳税背后的绿色贸易壁垒》,载《中国物价》2012年第10期。
④ 参见汤伟:《〈巴黎协议〉后气候资金机制的挑战》,《绿叶观察》2016年第1期。
⑤ 参见刘倩、粘书婷、王遥:《国际气候资金机制的最新进展及中国对策》,载《中国人口•资源与环境》2015年第10期。
⑥ 参见〔英〕彼得•纽厄尔、〔加〕马修•帕特森:《气候资本主义:低碳经济的政治学》,王聪聪译,载《中国地质大学学报(社会科学版)》2013年第1期。

候变化需要巨额的资金支持。虽然《公约》第 4 条规定,发达国家缔约方有义务为发展中国家提供新的、额外的、充足的、可预期的公共资金,用于支持发展中国家应对气候变化。但发达国家作为主要出资义务方,主动向发展中国家提供公共资金支持的意愿并不强烈。为了在应对气候变化过程中充分维护自身利益,在国际气候谈判中掌握更多的主动权,发达国家逐步背离《公约》对"气候资金"的定义,随意扩大对"气候资金"的理解,将资金来源扩大至私人投资等市场领域,而不再局限于具有公共性质的政府资金,更多地倾向于通过市场途径实现资金承诺,逃避或者减轻政府负担的履约责任,这使得气候资金机制随着国际社会气候谈判进程的推进,呈现出了逐步转向市场主义的特点。

(一)国际气候资金机制的转向

1. 模糊气候资金的国家法律义务性质

资金性质的界定关系到中国等发展中国家在气候谈判中的利益。[①] 因此在讨论该问题之前,我们需要首先明确气候资金的性质。基于公平原则以及共同但有区别的责任原则,《公约》第 4 条第 3 款明确指出,发达国家有义务向发展中国家提供"新的、额外的、充足的、可预测的公共资金",协助发展中国家应对气候变化,强调发达国家向发展中国家提供资金是一种法定义务。这在后续的《京都议定书》和《巴黎协定》中也得到了充分体现。这种支持不是对发展中国家的施舍,而是对其历史责任的补偿。公共资金具有来源可靠、可预见的特征,且为发达国家政府所掌控。因此,只有发达国家政府管理下的公共资金才能为发展中国家应对气候变化承担资金义务。[②] 由此可见,发达国家向发展中国家提供的资金是基于历史排放责任而产生的国家法定义务。为了逃避这种法定的国家义务,淡化共同但有区别责任原则,发达国家则倾向性地强调气候变化资金机制仅是一种应对气候变化的市场手段以及促进气候变化谈判的激励手段,发达国家向发展中国家提供资金支持仅是一种基于道义责任的自愿行为,强调中国在内的发展中大国也要履行出资义务,混淆了气候资金支持的标准和基础,力图通过市场手段来淡化历史排放责任。[③]

2. 淡化资金来源的公共性

《公约》规定发达国家有义务向发展中国家提供"新的、额外的、充足的、

[①] 参见娄方鸿、丁楠雅、阮玖旖:《国际气候谈判中资金性质的界定问题——基于快速启动资金的案例分析》,载《生态经济(学术版)》2013 年第 2 期。
[②] 参见潘寻:《如何通过气候变化资金机制支持发展中国家的减缓适应行动》,载《生态经济》2014 年第 3 期。
[③] 同上。

可预测的公共资金",从而明确了发达国家向发展中国家所提供资金的公共性。而气候资金机制的市场主义转向淡化了资金来源的公共性,主要体现以下两个方面。一方面,《公约》框架下的资金来源越来越多样化。《公约》框架下的气候资金机制由一系列资金主体、运行机构及其资金实体(基金)组成,其中全球环境基金(GEF)于1991年成立,是最早运营的国际环境资金机构,资金主要来源于公共资金;气候变化特别基金(SCCF)和最不发达国家基金(LDCF)于2001年决定设立,其资金主要来源于某些国家的捐助;适应基金于2009年正式运营,其资金主要来源于私营部门的CDM产生的收益以及政府的直接捐助及少量的投资收入;绿色气候基金(GCF)于2010年决定设立,资金将由公共和私人资金共同组成。该基金设立了私营部门机制(Private Sector Pacility,PSF),运用金融工具,对包括能力建设、制度建设在内的项目进行支持,从而吸引更多的国家以及利益相关者的参与。[①] 2011年10月,世界银行等多边机构在一份递交给G20各国财政部长的《调动气候金融》报告中,将气候资金描述为促进低碳和气候抗御能力发展的所有资源,资金来源包括了来自国际的和国内的,公共的和私人的资金,这是"气候资金"概念在《公约》框架基础上的第一次泛化。[②] 总之,在《公约》框架下,气候变化资金机制的资金来源呈现出由公共到私营、由单一到多元的市场化趋势,逐步强调创新性资金的作用。另一方面,《公约》框架外的资金机制不断涌现。除了《公约》框架下的气候资金机制外,越来越多的《公约》框架外的资金机制发展起来,很多新的多边、双边的资金机制也已经投入运营,气候领域已经有大量市场性质的私人投资机构参与其中。这些资金机制更多地强调通过市场作用来为应对全球气候变化提供资金,导致《公约》框架下的气候资金基础机制逐步被"边缘化"。例如,2008年,欧盟建立了全球能源效率和可持续能源基金(Global Energy Efficiency and Renewable Energy Fund,GEEREF),资金总额1亿欧元,计划通过公私合作伙伴关系吸引私人资本2亿欧元,预期在新能源领域将撬动95亿欧元的投资。[③]

除了上述两方面,发达国家在实际履行出资义务承诺的过程中,也反映了对资金公共性的淡化。2009年的《哥本哈根协议》规定,"发达国家应向发展中国家提供更多的、新的、额外的以及可预测的和充足的资金","发达国家

---

① See Schalatek L, Nakhooda S. The Green Climate Fund, http://us.boell.org/2014/11/18/greenclimate-fund-status-update-going-berlin-pledge-meeting, 2017-5-20.
② See World Bank. Mobilizing Climate Finance: A Paper Prepared at the Request of G20 Finance, http://Ministerswww.g20-g8.com/g8.../G20_Climate_Finance_report.pdf, 2017-5-22.
③ 参见刘倩、粘书婷、王遥:《国际气候资金机制的最新进展及中国对策》,载《中国人口·资源与环境》2015年第10期。

所作出的广泛承诺将向发展中国家提供新的额外资金,包括通过国际机构进行的林业保护和投资、在 2010 年至 2012 年期间提供 300 亿美元"的快速启动资金。但是从快速启动资金的落实情况来看,由于各捐资国对快速启动资金的定义不甚相同,其真正的兑现率大打折扣①,广大发展中国家对发达国家的承诺出资的履行提出了质疑。发展中国家认为"新的、额外的"气候资金仅限于来自发达国家政府预算的公共资金,但发达国家对"新的、额外的"则定义得更加宽泛,除将原有双边、多边国际援助计算外,还将私人部门通过市场运作的投资、本国购买清洁发展机制项目用以抵消本国碳排放限额的资金,算在快速启动资金内,混淆气候资金的来源和用途。② 此外,从各缔约国依据《巴黎协定》所提交的"国家自主决定贡献"方案来看,多数发达国家缔约方强调,在维护绿色气候基金未来气候资金主渠道的基础上,要不断拓展私营部门、创新性资金来源。③

结合上述情况,我们不难发现,在资金渠道逐步多元化、运营规则逐渐多样化的气候资金体系中,资金公共性的特点正在逐步淡化,而更多的市场资金开始活跃在应对气候变化的大舞台上。

3. 减缓和适应领域的资金比例失调

减缓和适应领域的资金比例失调是气候资金市场主义转向在资金分配和资金需求方面的具体表现。面对严峻的气候变化形势,《公约》确认了减缓和适应两种应对气候变化的政策选择。④ 前者主要从导致气候变化的原因着手,采取旨在减少温室气体排放的各种措施;后者则主要从气候变化导致的既有结果或预期影响出发,采取各种行为趋利避害。⑤ 二者相辅相成,在各自领域共同为应对全球气候变化产生着积极影响,《公约》也日益强调两种策略的并重。尽管如此,强调不同的策略,对不同类型的国家,其效果是不同的。对发达国家而言,强调减缓则意味着"向前看",将资源集中于应对未来的气候变化,这是各国共同的责任;而且发达国家的减缓和适应能力都比发展中国家要强得多,在两种策略的选择中具有较大的主动性和灵活性。对发展中国家来说,强调适应则意味着"向后看",适应因历史排放而造成的现实

---

① 参见娄方鸿、丁楠雅、阮玖旖:《国际气候谈判中资金性质的界定问题——基于快速启动资金的案例分析》,载《生态经济(学术版)》2013 年第 2 期。
② 参见张雯、王谋:《气候公约快速启动资金实现进展与发达国家环境履约新动向》,载《生态经济》2013 年第 3 期。
③ 参见潘寻:《基于国家自主决定贡献的发展中国家应对气候变化资金需求研究》,载《气候变化进展》2016 年第 5 期。
④ 参见谭灵芝、王国友:《气候变化适应性资金分配机制研究》,载《西部论坛》2011 年第 3 期。
⑤ 参见潘寻、张雯:《如何通过气候变化资金机制支持发展中国家的减缓适应行动》,载《生态经济》2014 年第 3 期。

气候威胁，而这主要是发达国家的区别责任；对气候脆弱性高的广大发展中国家来说，适应已经产生的气候变化威胁更是当务之急，但由于能力问题在气候资金的安排上往往捉襟见肘。

多年来，由于适应领域活动经济利润小、项目风险大、活动周期长、准入门槛高、实践经验少等原因，出于收益性和实效性考虑，国际社会将气候资金投入到适应领域的积极性不高，反而更多地将投资集中到见效快、经济利润大、风险小的减缓领域。国际气候政策中心（CPI）自 2010 年开始连续 5 年对全球气候资金分布进行汇总整理，每年投入适应活动的气候资金比例仅在 3.8%—6.4% 之间。国际发展金融俱乐部（IDFC）发布的年度成员绿色资金报告显示，2011—2014 年每年适应领域资金投入比例为 6.7%—18.4%，尽管各统计机构数据略有出入，但减缓和适应领域的资金比例失调已成为国际社会普遍共识。① 这种失调现象主要体现在资金分配和资金需求两个方面：(1) 资金分配方面，《公约》框架下现行的气候资金机制更倾向于减缓领域。目前，《公约》框架下的气候资金运营实体主要包括全球环境基金（GEF）、适应基金（AF）、最不发达国家基金（LDCF）、气候变化特别基金（SCCF）、绿色气候基金（GCF）。其中，全球环境基金的活动重点主要是缓解活动，其次才是适应活动；旨在提高适应能力的适应基金主要向小岛国以及生态系统对气候特别敏感的国家提供支助，这使得适应基金能够更多地集中在适应领域；作为对适应基金的补充，最不发达国家基金主要向最不发达国家提供适应领域的资金支持，最不发达国家减排的潜力很小，很难通过缓解项目获得充足资金，但这些国家对气候变化的适应能力很弱②，因此最不发达国家基金实质上也是适应基金，是对适应基金的补充和完善；气候变化特别基金作为向发展中国家提供资金的新渠道，其本质上是一种缓解基金，主要向发展中国家提供减缓领域的资金支持。作为未来《公约》框架下资金机制的主渠道，绿色气候基金原则上是注重平衡分配减缓和适应领域的资金支持的。③ 需要注意的是，上述基金中，作为适应领域重要的运营实体——适应基金，其发展最为曲折而漫长。该基金于 2001 年决定设立，但是直至 2008 年年底适应基金董事会才正式成立，2009 年才获得第一笔来自清洁发展机制的收益，且在

---

① 参见潘寻：《基于国家自主决定贡献的发展中国家应对气候变化资金需求研究》，载《气候变化进展》2016 年第 5 期。
② 参见谷德近：《资金机制：气候变化谈判的博弈焦点》，载《上海金融》2008 年第 9 期。
③ 在巴厘岛举行的 GCF 第六次会议上，确定了绿色气候基金的长期目标是在减缓与适应领域实现 50∶50 的配比，并保证将 50% 适应资金将提供给最不发达国家，小岛屿发展中国家及非洲国家。

2009年6月之前,应基金尚未支持任何项目。① 结合各个运营实体的发展历程,我们不难发现,由于发达国家内在的需求与发展中国家存在差异,也由于减缓领域活动经济利润相对可观、风险小,使得与减缓相关的资金运营实体发展较快;相反,与适应领域相关的资金运营实体则发展较慢。(2)资金需求方面,减缓领域的总体资金需求大于适应领域。从各缔约国依据《巴黎协定》所提交的"国家自主决定贡献"方案来看,在对国内减缓和适应领域资金需求进行明确表述的"国家自主决定贡献"方案中,减缓/适应资金需求比例平均值为1.4,即减缓领域的资金需求是适应领域的1.4倍。其中,南非、伊朗、印度3个温室气体排放大国资金需求向减缓倾斜,减缓/适应资金需求比例分别为19.7、9.7和4.0,减缓仍是气候资金的主要投向。但这其中不排除发展中国家为了获得资金支持,更多依赖于减缓策略,从而尽量在利益立场上与作为出资方的发达国家保持一致。同时,多个缔约方在方案中明确强调,国内适应活动的资金需求将取决于全球开展减缓活动的进程。如果减缓领域得不到气候资金的有力支持,那么适应领域的活动将很难开展。这也使得资金更多地投入到了减缓领域。这种情形,实际上并不利于发展中国家借助适应领域的资金义务问题,实现对发达国家历史责任的追究。

4. 以资金效率作为资金分配的主要标准,忽视发展中国家的实际资金需求及气候脆弱性

注重效率是市场主义的主要特点。气候资金机制市场主义的转向在资金分配标准方面的具体表现是强调以资金效率为主要分配标准,忽视发展中国家的实际资金需求及气候脆弱性。对资金分配标准问题,发达国家与发展中国家往往有不同的侧重。发达国家希望遵循市场主义原理,将有限资金主要用于资金使用效率高的国家,使其出资能够起到立竿见影的效果,这就使得发达国家在具体援助对象的确定上是有选择性的,也使自己更多掌握资金分配的主动权。然而,以资金使用效率作为资金分配的主要标准实际大大提高了发展中国家的资金申请的门槛,未能充分考虑发展中国家应对气候变化的实际资金需求和气候脆弱性②,因为最需要提供资金支持的广展中国家往往气候变化资金的使用效率总体偏低。发展中国家鉴于自身应对气候变化资金使用效率偏低,更倾向以对气候变化的脆弱性作为资金分配主要标准。这实际上也是契合现实需要和《公约》要求的。气候变化脆弱性越敏感的国家,对资金、技术、项目等需求越强烈,因此许多分配方案建立在气候变化脆

---

① 参见朱留财、吴恩涛、张雯、陈兰:《2012年后联合国气候变化框架公约履约资金机制初步研究》,经济科学出版社2009年版,第5页。
② 同上。

弱性分析基础之上。公约的报告也强调需给予"特别脆弱"地区和国家更多的适应性援助。① 但在资金分配标准问题上,发达国家仍掌握着主动权。发达国家更多地强调资金效率,强调资金机制的透明度、强化发达国家在资金治理结构中的决定权。以全球环境基金为例,在无法协商一致的情况下,理事会以双重加权多数原则投票表决,即需代表60%以上的成员国的多数理事同意,以及代表捐款总额的60%以上的多数理事同意,决议才可通过;而且在计算捐款总额和捐款比例上采用累计制。② 这种"一国一票加一美元一票"的表决制,使得全球环境基金管理的相关基金完全受控于发达供资国。受援国对资金的申请和使用没有太多的发言权,因而难以获得援助资金并用于真正急需领域。③ 此外,发达国家还利用《公约》框架外的双边资金机制,强调资金效率标准,从而决定资金的流向和分配,甚至附加苛刻条件,导致发展中受援国获得的资金很大程度上取决于发达国家主导的双边关系。④

(二)气候资金机制转向对公平性的负面影响

不可否认,以效率和利益为导向的市场主义在应对全球气候变化进程中产生了积极影响,比如带动了更多的私人资本进入气候变化领域。但过多强调市场主义的倾向国际气候法律新秩序构建中的公平性问题产生了深刻的负面影响:(1)发达国家规避对发展中国家的资金支持义务。虽然《公约》明确确立了历史排放责任原则以及共同但有区别责任原则,但是在市场主义的幌子下,发达国家则倾向性的强调气候变化资金机制仅是一种应对气候变化的市场手段以及促进气候变化谈判的激励手段,强调包括中国在内的发展大国也要履行出资义务。在资金性质上,市场主义模糊了资金是基于历史排放责任而产生的国家法定义务的性质,使得发达国家逃避历史排放责任原则下的法定义务;在资金来源上,发达国家通过强调资金来源的多样性,引入市场资金,弱化资金来源的确定性和可预测性,淡化资金的公共性,以"新瓶装旧酒""酒中掺假"的手段来履行《公约》框架下的出资义务,推卸发

---

① 参见谭灵芝、王国友:《气候变化适应性资金分配机制研究》,载《西部论坛》2011年第3期。
② 捐款累计是指,在计算以后各期的捐款比例时,前期的捐款可以累加,而不是仅仅按当期捐款额来计算。前期捐款的国家可以累积大量投票权,稀释后来捐款的国家的投票权比重,而GEF前期增资中,几个主要的发达国家占很大比重(如在前四次增资中,美日德英四国的捐款总额占GEF资金总额的比例已近60%)。转引自伍艳:《论联合国气候变化框架公约下的资金机制》,载《国际论坛》2011年第13卷第1期。
③ 参见伍艳:《论联合国气候变化框架公约下的资金机制》,载《国际论坛》2011年第13卷第1期。
④ 参见刘倩、粘书婷、王遥:《国际气候资金机制的最新进展及中国对策》,载《中国人口·资源与环境》2015年第10期。

国家政府出资的责任；在资金分配方面，发达国家强调以效率为分配标准，强化自己在资金治理结构中的决定权，趋利避害，无视发展中国家应对气候变化的实际资金需求和气候脆弱性。(2) 导致发展中国家阵营分化。在市场主义影响下，发达国家企图跳出《公约》框架，突破共同但有区别责任原则，强调私营部门和碳市场作为长期资金来源的作用，并积极开辟创新资金来源，变相将发展中国家纳入供资体系中，迫使发展中国家承担气候变化减排成本。而包括小岛国和最不发达国家在内的部分发展中国家为了获得更多的资金支持，开始采取双拳出击、左右开弓的策略，要求发展中大国同样承诺减排目标，意图直接获取欧盟通过双边形式进行的资金援助。① 利益的驱使导致发展中国家阵营分化，例如在COP17上，欧盟联合最不发达国家、小岛国，力推将航空航海税作为应对气候变化长期资金来源之一，要求发达国家和发展中国家无区别地为二氧化碳的排放进行支付。② (3) 阻碍了国际社会应对气候变化的进程。气候变化具有历史性，即气候变化是在长期排放温室气体的过程中逐步产生的。《公约》根据各国发展历程的不同，明确了公平原则及其下的共同但有区别的责任等原则，要求发达国家承担出资义务。之所以如此，就是希望将建立在公平原则基础上的气候资金能够合理运用到最需要、最重要、最迫切的领域，但是这些领域并不一定"有利可图"。以利益为导向的市场主义无视进一步可能导致的生态危害、无视分配不公，将资金投资到有利可图的领域。③ 市场主义投机、短视和贪婪的本质使其不会培育出一个对环境负责的、具备可持续发展能力的气候资金机制④，并在很大程度上阻碍了国际社会应对气候变化的进程。

三、国际气候资金机制公平性问题的解决路径

《公约》及《巴黎协定》对气候资金的规范本意，是以国家的法律责任为基础的。鉴于市场主义主导下的气候资金机制的缺陷和不足，必须强化和完善以国家责任为基础的国家主义主导的气候资金机制。与市场主义主导模式不同，国家主义主导模式更强调基于历史排放责任和共同但有区别责任基础上的国家出资义务，但是并不完全排斥市场主义的补充作用。在允许和鼓励

---

① 参见启岩：《对气候资金问题的回顾与思考》，载《经济纵横》2016年13期。
② 参见徐岭、周珂：《欧盟强征航空航海碳税背后的绿色贸易壁垒》，载《中国物价》2012年第10期。
③ See SaBracking, "The Anti-Politics of Climate Finance: The Creation and Performativity of the Green Climate Fund", *Antipode* 47, 2(October 2014).
④ See Benjamin J. Richardson, "Climate Finance and Its Governance: Moving to a Low Carbon Economy through Socially Responsible Financing", *The International and Comparative Law*, 3 (Jul. 2009).

市场投资的前提下，国家主义主导模式利用国家的权力来引导投资，确保碳市场价格的稳定，以及为消费者、生产者和投资者创造有意义的激励，达到市场所不能实现的效果①，从而有效应对全球气候变化。在国际气候谈判过程中，国家主义主导下的气候资金机制从未淡出人们的视野。它与市场主义主导下的气候资金机制一直是气候资金机制议题谈判中的焦点。该模式坚持了《公约》的一贯立场：基于历史排放责任和共同但有区别责任，发达国家应当向发展中国家提供"新的、额外的、充足的、可预测的公共资金"，帮助发展中国家应对气候变化。

（一）明确气候资金机制的法律性质和定位

应对气候变化涉及全球道义和福祉，各国均应积极参与。但由于历史累积排放量和发展水平不同，发达国家和发展中国家应对气候变化的责任和能力差别显著。② 正基于此，《公约》在强调遵从公平原则以及共同但有区别责任原则、各自能力原则的前提下，明确指出发达国家有义务向发展中国家提供"新的、额外的、充足的、可预测的公共资金"，协助发展中国家应对气候变化，突出发达国家向发展中国家提供资金支持是一种法定义务。这在后续的《京都议定书》和《巴黎协定》中也得到了充分体现。这种资金支持不是对发展中国家的施舍，而是对其历史责任的弥补。鉴于公共资金具有来源可靠、可预见的特征，且为发达国家政府所掌控，因此只有发达国家政府管理下的公共资金才能为发展中国家应对气候变化承担资金义务。③ 来自发达国家私人投资或者私营部门的其他非公共性资金，当然也对应对气候变化起到积极的作用。但非公共资金的投入只是国际社会应对气候变化的一种资金参与形式，并非是发达国家基于历史排放责任和共同但有区别责任向发展中国家提供资金支持、履行出资义务的表现形式。近年来，虽然非公共资金在气候领域的急剧增长和压倒性优势模糊了《公约》在责任、治理规则上的清晰性，但这并不意味着可以将市场主体的自愿出资与发达国家的法定出资义务相混淆。《公约》框架下发达国家向发展中国家提供资金支持是一种基于历史排放责任的法定的国家义务，《公约》框架下的气候资金机制就是发达国家基于历史责任原则和共同但有区别责任原则向发展中国家提供履约所需资

---

① 参见〔英〕彼得·纽厄尔、〔加〕马修·帕特森：《气候资本主义：低碳经济的政治学》，王聪聪译，载《中国地质大学学报（社会科学版）》2013年第1期。
② 参见启岩：《对气候资金问题的回顾与思考》，载《经济纵横》2016年第13期。
③ 参见潘寻、张雯：《如何通过气候变化资金机制支持发展中国家的减缓适应行动》，载《生态经济》2014年第3期。

金的组织和运行规则①,是一种义务履行机制而非道义援助机制。

(二)资金机制模式的选择

随着国际气候谈判进程的推进,气候资金模式也在不断发生着变化。《巴黎协定》在一定程度上改变了《公约》框架下的资金机制模式。这主要体现在:(1)出资主体的范围有所扩大。《公约》第4条第3款规定,附件二中列明的发达国家应该成为向发展中国家提供资金支持的主体。《巴黎协定》在遵循这一规定的基础上,要求所有发达国家都应当向发展中国家提供资金支持,同时"鼓励其他缔约方自愿或继续向发展中国家提供资金支持",从而将资金的提供主体从部分发达国家扩展到所有发达国家。②(2)资金支持的对象变得有所侧重。《公约》规定所有发展中国家都应该成为资金支持的对象,《巴黎协定》在坚持这一规定的前提下,又侧重于重点支助小岛屿国家和最不发达国家③,强调优先考虑"那些对气候变化不利影响特别脆弱和受到严重的能力限制的发展中国家缔约方,如最不发达国家,小岛屿发展中国家的优先事项和需要"④。(3)公共资金的地位发生了变化。在《巴黎协定》之前,公共资金作为资金的主体,在气候资金机制中发挥着重要的作用。而《巴黎协定》则强调"发达国家缔约方应继续带头,从各种大量来源、手段及渠道调动气候资金"⑤,撬动更多的来自私营和其他领域资金的注入,从而淡化了公共资金的主体地位。(4)提供资金的模式发生改变。除发达国家向发展中国家提供支持外,所有缔约方和其他出资方也被纳入提供支持的范畴内。《巴黎协定》要求"发达国家缔约方应为协助发展中国家缔约方减缓和适应两方面提供资金……鼓励其他缔约方自愿提供或继续提供这种支助"⑥。这也意味着气候资金模式向由发达国家主导、其他所有各方共同参与提供支持的方向演变。⑦除此之外,《巴黎协定》下的气候资金机制更多地体现了市场主义主导模式的特点。它淡化了共同但有区别责任原则,突出了各自能力原则;淡化了气候资金的公共性,强调了资金的市场性;弱化了发达国家出资义务的法定性,侧重于出资方式的灵活性,使得气候资金变得难以确定和难以预期,不利于积极应对气候变化。

---

① 参见吴喜梅、李静玥:《后巴黎时代国际应对气候变化资金机制的完善》,载《河南教育学院学报》2017年第2期。
② 参见巢清尘:《〈巴黎协定〉全球气候治理的新起点》,载《气候变化研究进展》2016年第1期。
③ 参见李海棠:《新形势下国际气候治理体系的构建》,载《中国政法大学学报》2016年第3期。
④ 参见《巴黎协定》第9条第4款。
⑤ 参见《巴黎协定》第9条第3款。
⑥ 参见《巴黎协定》第9条第1、2款。
⑦ 参见巢清尘:《〈巴黎协定〉全球气候治理的新起点》,载《气候变化研究进展》2016年第1期。

因此，我们认为选择并构建国家主义主导下的气候资金机制模式应当成为未来努力方向。首先，气候变化的事实和后果日益呈现出危机性。从IPCC最新发布的第五次评估报告（AR5）的基本结论中我们可以清晰地看到，气候变化事实的确定性和后果的严重性已经非常明显。① 其次，国家主义主导的气候资金模式更有利于应对气候变化的危机形态。在气候变化危机严重的情形下，国家主义的模式更加有有利于集中资金应对危机。最后，国家主义的气候资金模式也符合《公约》确定的发达国家率先出资义务的本意。当然，国家主义的气候资金模式也允许市场主义的补充，资金可以来自私人部门等市场渠道。② 在私人主体明确作出替代国家义务履行的情况下，也可以抵消相应部分的国家出资义务。国家主义主导下的气候资金机制，有利于在坚持历史排放责任原则和共同但有区别责任原则的基础上，充分发挥公共资金和市场资金的作用，应对气候变化危机。

（三）气候资金机制的制度完善

1. 资金治理结构

气候资金的治理机构应当秉持公正、透明、均衡、高效的原则。具体来说，决策要透明、公正，要让发展中国家拥有同发达国家同样的话语权；执行要高效，要保证管理运作的效率；监督要公正有力，要建立相应的监督机制对决策过程和执行过程进行持续有效的监督。目前，气候资金机制的治理结构并不合理，在决策、执行以及监督等方面都存在一些问题：(1) 决策机制不合理。在气候资金机制中，发达国家作为出资方，往往掌控了实际主导权。而发展中国家作为被支助方，并不能自主决定资金的具体使用。以全球环境基金的表决机制为例，在无法协商一致的情况下，理事会以双重加权多数原则投票表决，而且在计算捐款总额和捐款比例上采用累计制。③ 这种"一国一票加一美元一票"的表决制，使得全球环境基金管理的三个基金（全球环境信托基金、最不发达国家基金、气候变化特别基金）受控于供资国。(2) 执行不高效。仍以全球环境基金为例，受援国并不能直接从全球环境基金申请资

---

① 参见政府间气候变化专门委员会：《气候变化2013：自然科学基础》（第五次评估报告第一工作组报告决策者摘要，第6页，B1），载IPCC官网：http://www.ipcc.ch/pdf/assessment-report/ar5/wg1/WG1AR5_SPM_brochure_zh.pdf，最后访问时间：2016年7月18日。
② See SaBracking, "The Anti-Politics of Climate Finance: The Creation and Performativity of the Green Climate Fund", *Antipode* 47, 2(October 2014).
③ 捐款累计是指，在计算以后各期的捐款比例时，前期的捐款可以累加，而不是仅仅按当期捐款额来计算。前期捐款的国家可以累积大量投票权，稀释后来捐款的国家的投票权比重，而GEF前期增资中，几个主要的发达国家占很大比重（如在前四次增资中，美日德英四国的捐款总额占GEF资金总额的比例已近60%）。

金,只能通过国际执行机构申请项目。但是在某些情况下,往往由于国际执行机构内部决策程序而导致项目周期的拖延。(3) 监督不力。监督机制的疲软直接导致出资国资金落实不到位,难以对发达国家形成约束性资金义务,无法对广大发展中国家应对气候变化提供充分、稳定、有效的资金支持。

对此,在完善资金治理结构时,需要注意:(1) 设置公平、合理、透明的决策机制。首先,决策机制要公平透明。要保障发展中国家获得应有的话语权和决策权。在坚持合作协商的基础上,增强发展中国家与发达国家之间的对抗性,提高决策的科学、公正。其次,决策机制要合理。采取综合决策机制,使得与应对气候变化相关的主要部门都能够积极参与进来,发挥各自专业优势,保证决策的科学准确。① (2) 建立高效的执行机制,决策机构和执行机构要分离。执行机制负责受理和审核项目申请,指导项目实施,其并非基金项目的具体实施者。② 改进执行程序、建立高效的执行机制是完善资金治理结构的重要内容。一是要改进执行程序。例如,适当情况下采取资金直接拨付模式,减少交易和管理成本,缩短项目周期。二是要鼓励执行机制间的竞争,进而提高执行机制的办事效率。例如,全球环境基金的执行机构由最初的联合国环境规划署、联合国开发计划署和世界银行负责,后来扩大到亚洲开发银行、联合国工业组织等区域政策银行和专门国际组织。③ 通过执行机构之间的竞争,提高了执行效率。此外,决策机构和执行机构要分离。这样有利于发挥不同机构各自的专业优势,有利于有限资金的高效使用。(3) 要建立完善的监督机制,保证监督的公正有力。监督既包括对执行机制的监督,也包括对决策的监督。我们可以借鉴全球环境基金的监督机制。全球环境基金成立了独立的监督评估小组,通过监督项目实施、评估单个项目的效果来监督评估执行机构的业绩。同时,监督评估小组还负责评估全球环境基金总体政策。④ 这样就形成了对决策本身以及决策执行的全程监督,有利于总体决策的改善。此外,还要注重各资金治理机制之间的协调性。气候资金治理结构应该遵循有序的构建,而不应杂乱无章。这就需要在现有基础上,注重协调好执行机制、决策机制、监督机制三者之间的关系,避免职能重叠和机制复杂,使各资金治理机制统筹兼顾、协调互补。

2. 资金来源

在资金来源方面,需要注意以下几个方面:(1) 在坚持以公共性资金作

---

① 参见谷德近:《气候变化资金机制研究》,载《政治与法律》2011 年第 11 期。
② 同上。
③ 参见谷德近:《多边环境协定的资金机制》,法律出版社 2008 年版,第 11—24 页。
④ 同上。

为出资方履行出资义务的前提下,允许、鼓励和引导市场性资金参与到应对气候变化进程中来。由于国家主义主导、市场主义补充将成为气候资金机制的发展方向,因此对于气候资金而言,公共性资金与市场性资金之间并不相互排斥。《公约》秘书处和世界银行研究报告指出,2010—2030年间全球每年气候资金需求都将达到1700亿—6000亿美元。[①] 如此巨大的资金缺口,使那些本来出资意愿就不高的发达国家以公共资金作为提供资金支持的主要形式变得更加困难。此时确有必要在强调出资方的法定出资义务的同时,充分发挥市场机制的作用,通过公共资金的引导,撬动更多的市场资金投资到相应的领域。需要注意的是,这样的气候资金机制势必存在公共资金与市场资金的混杂。鉴于公共资金与市场资金二者性质不同,明确二者之间的关系就显得尤为必要。首先,公共资金与市场资金作为应对气候变化的一种资金参与形式,二者具有很好的互补作用,并不排斥。其次,公共资金与市场资金的互不排斥并不意味着可以模糊二者之间的区别:公共资金是基于历史排放责任和共同但有区别责任前提下,是供资方对《公约》义务的履行;而市场资金并非是对《公约》义务的履行。除非供资方明确作出替代国家义务履行的意思表示,否则不应自动作为供资方所在国的资金义务履行行为。再次,资金的投入中仍要以公共资金为主。相较市场资金而言,公共资金具有更好的稳定性和可预测性。而且市场主义趋利的特点使得市场资金的投入并不一定是应对气候变化最需要、最紧迫的领域。(2)筹集资金要遵循一定的原则。这些原则包括额外性原则、持续性原则、受益者付费原则。额外性原则是指除了对那些伴随着经济发展,并没有或没有完全考虑气候变化的领域进行常规性投资之外,还需针对气候变化风险,增加额外的投入,以反映因采取适应行动而增加的成本。持续性原则要求随着气候的不断变化,资金的筹集也应是持续性的,要有稳定的来源。受益者付费原则则要求"在环境或资源的开发、利用过程中,只要是其中的实际受益者都应当就环境与资源价值的减少支付补偿费用"[②],代替先前的"污染者付费原则",从而扩大资金的来源渠道。

3. 资金分配

在一定阶段内,气候变化资金是有限的,而对这有限资金如何进行分配成为气候资金机制迫切需要解决的难题。解决资金分配问题的核心在于分配标准的确定。而现实中,资金分配标准并不明确。正因如此,当面对有限的资金时,发展中国家集团内部展开了激烈的博弈。发达国家利用发展中国

[①] 参见潘寻:《基于国家自主决定贡献的发展中国家应对气候变化资金需求研究》,载《气候变化研究进展》2016年第5期。

[②] 苏明、王桂娟、陈新平:《适应气候变化需要怎样的资金机制》,载《环境经济》2013年第5期。

家间的利益分歧逐步分化发展中国家阵营,严重阻碍了气候谈判进程。因此,如何确定一个科学、合理的资金分配标准将成为有效解决资金分配问题的关键。对此,应注意以下几点:(1) 坚持以气候脆弱性作为资金分配的主要标准,同时兼顾效率等其他考量因素。首先,在决定资金分配方面,坚持以气候脆弱性作为资金分配的主要标准。市场主义主导下的气候资金机制以使用效率为分配标准,忽视了发展中国家的实际资金需求和气候脆弱性,不利于帮助最需要获得资金支持的国家积极有效的应对气候变化。而在国家主义主导下,气候资金机制强调以脆弱性为资金分配的主要标准,气候资金能够运用到最需要、最迫切、最脆弱的领域。它首先要分析哪个国家受气候变化影响最大,哪些国家最需要、最迫切得到资金支持。高脆弱性和低适应能力的国家被认为最为脆弱,应首先获得资金支助。对于这些国家而言,过低的适应能力导致过高的脆弱性,因此,必须集中资源,帮助其提高自身适应能力,避免分散的投资方式、不合理的技术和项目对其产生负面影响。[1] 其次,要兼顾考虑资金使用效率等因素。坚持以气候脆弱性作为主要分配标准决定了资金的主要流向,这是方向性的决策;但是这并不意味着在实际运作过程,便可无视效率等因素。因为将资金运用到气候脆弱的国家与提高资金的使用效率并不必然冲突。特别是气候资金机制与能力建设机制协同运行的情况下。(2) 围绕资金的使用领域进行针对性设计。在对资金进行分配的过程中,要考虑资金的具体使用领域。根据资金各自用途的不同,明确资金分配的侧重点。《公约》框架下的资金运营实体有的以适应活动为主,有的以减排项目为主,有的侧重于技术转让。因此这些运营实体在进行资金分配时要根据自身的侧重点进行资金分配。减缓资金应以项目减排效果和受援国能力水平为主要依据划分;适应资金则根据受援国受气候变化影响的敏感度、影响力度、人口规模和发展水平进行分配;技术转让资金优先支持中等收入国家通过低碳、绿色技术缓解全球资源环境压力,为其他欠发达的发展中国家积累宝贵经验。[2] (3) 确定一种更为透明、高效和公平的配置方法。无论是以脆弱性为主要分配标准还是根据资金使用领域而有所侧重,都需要一种透明、高效和公平的资金配置方法贯穿资金分配全程。对此,我们可通过借鉴世界银行在世界上最穷的国家间分配 IDA 优惠资源的方法,采用定量指标来评估一个国家对气候变化的脆弱性及其对各种资源的有效管理能力[3]。

---

[1] 参见谭灵芝、王国友:《气候变化适应性资金分配机制研究》,载《西部论坛》2011 年第 3 期。
[2] 参见潘寻、朱留财:《后巴黎时代气候变化公约资金机制的构建》,载《中国人口·资源与环境》2016 年第 12 期。
[3] 参见谭灵芝、王国友:《气候变化适应性资金分配机制研究》,载《西部论坛》2011 年第 3 期。

4. 资金使用

国家主义主导下的气候资金机制对资金的使用也提出了具体要求：(1) 要注重资金之间的协调。首先，从资金性质来看，要注重公共资金与市场资金之间的协调，要明确两种资金的各自运用领域。公共资金应当运用到对资金稳定性和可预测性要求较高的领域，对于具有较高投资价值的领域，市场资金则可以发挥一定的作用。其次，从资金应用领域来看，应注重适用资金与减缓资金之间的协调。虽然二者交叉可能性不大，但是需要协调好二者的资金比例。最后，从资金特点来看，应注重气候变化资金投入和常规性投入的协调。在经济建设过程中，我们有时会在没有或没有完全考虑气候变化因素的情况下，将资金投入到农业、林业、水资源、海岸带、卫生健康以及自然生态系统等方面，但是气候变化资金作为具有特殊性质的资金，应当具有额外性，这就需要气候变化资金与常规性资金投入之间的关系。① (2) 要注重对资金的引导作用。首先，要注重发挥公共资金对包括私人资本在内的各种社会资本投入的引导作用。通过加大公共资金的投入力度，撬动更多的市场资金投入到气候变化领域中来。其次，要合理引导资金流向。当前气候资金机制存在适应资金和减缓资金比例不协调的问题。这就需要克服市场主义的缺陷，在国家主义模式的主导下，引导相关资金投入到比例较小的适应领域，实现二者协调。(3) 要遵循脆弱者优先原则。脆弱者优先原则在资金使用方面的具体体现是：资金的使用应向经济发展滞后、生态系统脆弱的国家和地区倾斜。这样，就使得那些最需要支助的国家获得了相应的资金支持，从而增强对气候变化的适应能力。(4) 兼顾资金使用的成本与效益。在气候资金缺口巨大而发达国家出资意愿不高的情况下，气候资金具有有限性和稀缺性②。这就决定了在资金使用过程中，我们应当在坚持公平原则的前提下兼顾资金的成本和效益，提高资金的使用效率，使有限的资金发挥最大的效用。

第三节　技术领域及其专门化进程中的公平性问题

鉴于应对气候变化问题的科技性，技术领域在气候变化谈判中具有重要地位，而技术领域又主要是围绕气候友好技术（CFTs）展开的。③ 如何建立专门化的技术机制以促进 CFTs 的开发和转让，也一直是国际气候谈判中的一

---

① 参见苏明、王桂娟、陈新平：《适应气候变化需要怎样的资金机制》，载《环境经济》2013 年第 5 期。
② 同上。
③ 《联合国气候变化框架公约》使用的是更宽泛的"环境无害技术"（Environmentally Sound Technologies）概念。但气候友好型技术的概念更能符合《公约》自身的目的和适用范围，所以本文涉及《公约》下技术机制相关内容时，均使用气候友好型技术（CFTs）。

个基础性议题。尽管技术议题与减缓、适应以及资金、能力建设等议题一样,从《公约》开始,在历次气候变化谈判中均被作为重要内容提及。但技术机制的进展相较其他领域要缓慢得多。2015年的《巴黎协定》在进一步确立了雄心勃勃的减排目标①,要实现这一目标,客观上要求进一步推动《公约》框架下专门技术机制的建立和完善,从而使得CFTs的开发和转让能够真正满足缔约国,尤其是发展中缔约国在应对气候变化领域的技术需求。② 本节将结合技术机制专门化进程的探讨一并分析其中的公平性问题。

一、技术领域及其专门化进程概述

为了解决应对气候变化行动中的技术开发和转让问题,《公约》一直在试图推进技术机制的建立及专门化。《公约》框架下技术机制的专门化,涉及两个方面的工作:一是要在《公约》的框架内部建立负责促进技术开发和转让的专门机制,通过缔约方大会的谈判,设立相应的组织体系,并确立相应的运作机制和规则;二是促进该机制与世界知识产权组织(WIPO)以及世界贸易组织(WTO)框架下知识产权制度的协调。就目前的谈判成果而言,《公约》框架下技术机制的进展主要还是侧重在前一方面。我们可以依据专门机构的独立性和完善程度,将上述进展划分为如下阶段:

(一) 附属性阶段

在附属阶段,缔约方大会(COP)并未设立专门的负责技术领域工作的机构,而是由既有机构负责,同时也没有明确的行动计划以及工作方案。这一阶段主要是从1995年COP1到2000年的COP6。1995年COP1通过的《柏林授权》中,缔约方大会安排附属技术咨询机构(SBSTA)负责技术领域的工作,包括提供咨询、收集和发布资料、促进交流等。③ 1997年COP3通过的《京都议定书》为SBSTA设立了辅助性执行机构——附属履行机构和《公约》秘书处。附属履行机构负责评价及审查《公约》在技术机制的有效履行情况。④ 而《公约》秘书处负责具体的事务性工作,如安排会议、编写文件等。⑤

---

① 参见《巴黎协定》第2条第1款第(一)项,强化了《公约》的减排目标,提出"把全球平均气温升幅控制在工业化前水平以上低于2℃之内,并努力将气温升幅限制在工业化前水平以上1.5℃之内"。
② 《巴黎协定》将促进技术开发和转让视为缔约方的长期愿景,并特别强调了技术对于执行协定下的减缓和适应动重要性。See FCCC/CP/2015/10/Add. 1,1/CP. 21 Appendix-Paris Agreement,Art. 10.
③ See The Subsidiary bodies established by the Convention,Decision 6/CP. 1, Annex 1, A. 3.
④ See Division of labour between the Subsidiary Body for Implementation and the Subsidiary Body for Scientific and Technological Advice,Decision 13/CP. 3,(c).
⑤ See Division of labour between the Subsidiary Body for Implementation and the Subsidiary Body for Scientific and Technological Advice,Decision 13/CP. 3, 11.

1998年COP4进一步确定了技术领域的工作重点,包括:重视发展中国家能力建设,例如,要求附件一缔约方支持发展中国家缔约方自主研发技术、提高能力。① 完善报告,例如,要求缔约方加强报告技术合作与转让活动的情况,尤其是发展中国家缔约方的技术需求②,加强程序建设;并要求技术咨询机构展开协商,识别需要解决的事项以及关键性议题。③

(二)专门化机制的萌芽阶段

专门化技术机制的萌芽阶段主要是从2001年的COP7至2008年的COP14。该阶段有两个会议需要特别提及:一是2001年的COP7,该次会议产生了两个标志性的成果:设立了技术转让专家组(EGTT),该专家组的任务主要是分析推动技术转让的途径以及向附属技术咨询机构提供咨询④;规定了"技术转让框架",该框架规定了技术转让的目标和总体路径,明确了关键性领域和议题,为之后的工作奠定了基础。⑤ 二是2007年COP13,该次会议的进展主要是强调了发达国家的技术援助是发展中国家行动的前提。⑥ 此外,会议还肯定了技术转让框架的作用,为该框架拟定了一个附件,并对技术转让框架中的行动的落实提出了大量的指导意见。⑦ 技术转让专家组和技术转让框架的设立,标志着专门化技术机制萌芽初现。

(三)专门化机制的初步形成阶段

专门化技术机制的初步框架在2010年坎昆的COP16得以形成。按照2009年COP15《哥本哈根协议》设立新的技术机制的要求,2010年COP16通过的《坎昆协议》决定设立技术执行委员会(Technology Executive Committee,TEC)和气候技术中心与网络(Climate Technology Centre and Network,CTCN),负责技术领域的工作,并对这两个机构的定位、优先领域、职能、人员组成等作出了初步的安排。2011年德班气候大会(COP17)作出了旨在使技术机制在2012年投入全面运转的一系列安排,包括详细拟订气候技术中

---

① See Development and Transfer of Technologies, Decision 4/CP. 4, 7(a).
② See Development and Transfer of Technologies, Decision 4/CP. 4, 5, 7(c).
③ See Development and Transfer of Technologies, Decision 4/CP. 4, 9, 10, Annex.
④ See Development and Transfer of Technologies, Decisions 4/CP. 4 and 9/CP. 5, 4/CP. 7, 2.
⑤ See Development and Transfer of Technologies, Decisions 4/CP. 4, 2, and 9/CP. 5, 4/CP. 7, 1, Annex.
⑥ 《巴厘行动计划》规定,"发展中国家缔约方在可持续发展方面可衡量和可报告的适当国家缓解行动,它们应得到以可衡量、可报告和可核实的方式提供的技术、资金和能力建设的支持和扶持。"
⑦ 参见 FCCC/CP/2007/6/Add. 1,第 1/CP. 13 号决定,第 1 段 b(ii)项。

心与网络的模式和程序、多方提供经费来源等。① 同时还进一步明确了技术执行委员会的模式和程序,包括技术执行委员会的议事规则以及气候技术中心与网络的职权范围。② 规定了 TEC 和 CTCN 的职能、程序、职权范围等。③ 到 2012 年多哈的 COP18 作出了使气候技术中心和网络充分运转的安排,尤其是对确保技术机制运行所必需的程序性事项,如 TEC 的职能、模式和组成,CTCN 的职能、技术中心的承建机构、咨询委员会的人员组成等,都已经得到了确认(见图 19)。④ COP18 本身也认可了技术执行委员会在执行其 2012—2013 工作计划方面取得的进展。⑤ 技术机制实现了 2012 年全面运行的目标。2013 年的 COP19 通过决议,对 CTCN 职能进行细化规定,同时规定了 CTCN 咨询委员会的人员构成、议事程序等程序性事项。2014 年的 COP20 通过了 TEC 与 CTCN2013 年和 2014 年联合工作报告,要求进一步加强技术机制、德班增强行动平台(以下简称"德班平台")、清洁发展机制执行委员会和资金机制运行实体之间的协同合作。对于技术机制的结构、工作模式等机制完善与运行并未做进一步的实质规定。⑥ 2015 年的 COP21 在《巴黎协定》中特别重申了技术开发和转让的重要性,强调了要通过资金机制提供支助,以便采取协作性方法开展研究和开发,以及便利获得技术,特别

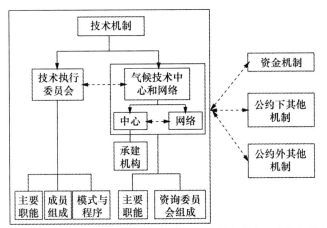

图表 19　技术机制谈判进展(虚线部分表示谈判中尚未明确的问题)⑦

---

① See FCCC/CP/2011/9/Add.1,Decision 2/CP.17.
② See FCCC/CP/2011/9/Add.1,Decision 4/CP.17.
③ 参见蒋佳妮、王灿:《气候公约技术开发与转让谈判进展评述》,载《气候变化研究进展》2013 年第 6 期。
④ 参见王克等:《国际气候谈判技术转让议题进展评述》,载《国际展望》2013 年第 4 期。
⑤ See FCCC/CP/2012/8/Add.1,Decision 1/CP.18,Chapter 4;also See FCCC/SB/2012/1,Annex I.
⑥ 参见袁振华:《国际气候谈判技术转让议题的最新进展和展望》,载《管理现代化》2015 年第 4 期。
⑦ 王克等:《国际气候谈判技术转让议题进展评述》,载《国际展望》2013 年第 4 期。

是在技术周期的早期阶段便利发展中国家缔约方获得技术。① 但在相关决定中并未对技术机制和资金机制之间联系的具体程序作出实质性规定。② 技术机制与公约下其他机制以及公约外其他机制的衔接问题,实际上是一个更为重要的问题,但也没有得到明确。

从谈判进程可以清晰地发现,尽管取得了一定进展,但技术机制仍存在难以克服的诸多问题。一方面,技术机制及其组成部分的职能与发展中国家的需求相距甚远。另一方面,由于发展中国家和发达国家分歧较大,技术机制谈判中目前尚有五大关系悬而未决:TEC 与 CTCN 的关系、CTCN 内中心和网络的关系、技术机制与资金机制的关系、技术机制与公约之下其他机制的关系、技术机制与公约之外其他机制的关系。③

二、《公约》框架下技术机制专门化面临的困境

综上所述,技术机制已经在 UNFCCC 的框架下不断取得突破,但是这些突破大多体现在程序意义上的,实体意义上的成果很少。技术机制专门化仍然面临一系列困境,这些困境形式上呈现为技术性问题,但其实质仍然与公平性问题紧密关联,主要包括:技术机制与传统知识产权机制的衔接问题、发达国家与发展中国家有关技术机制的立场冲突问题,以及技术机制的定位问题。

(一)技术机制与传统知识产权制度的衔接问题

以世界知识产权组织(WIPO)机制以及 WTO 框架下的 TRIPS 为代表的传统知识产权制度能否与《公约》框架下的技术机制衔接,是技术机制专门化需要解决的一个重要问题。该问题始于坎昆会议前长期合作行动特设工作组的接触小组会议,直到《巴黎协定》签订为止,都是南北分歧中的一个重要因素。④ 发达国家普遍认为,知识产权在气候技术机制中没有特殊性,不需要改变现有 WTO、WIPO 等专门机构的相关规定,联合国环境规划署

---

① See FCCC/CP/2015/10/Add.1,1/CP.21 Appendix-Paris Agreement,Art.10.
② See FCCC/CP/2015/10/Add.2,Decision 13/CP.21.
③ 参见王克等:《国际气候谈判技术转让议题进展评述》,载《国际展望》2013 年第 4 期。
④ See Third World Network, "Divergent Views on Bodies of the UNFCCC Technology Mechanism", TWN Bonn Update, No. 16, June 8, 2010, available at http://www.twnside.org.sg/title2/climate/news/Bonn 06/ TWN_bonn6.up16.pdf, (Last visited May 5, 2016); Third Word Network, "First Meeting of the Technology Executive Committee Ends with Compromise and Progress on Modalities and Procedures", TWN Panama Update, No. 1,October 1, 2011, available at http://www.twnside.org.sg/title2/climate/news/panama01/TWN_ panama.up-01.pdf,(Last visited Jul. 18, 2016).

(UNEP)及国际能源机构(IEA)的研究指出,89%的支持 CFTs 转让许可的公司都将知识产权保护作为其是否把技术转让到发展中国家的一个重要因素。① 发展中国家则认为,CFTs 转让不同于技术贸易,因为气候变化属于 TRIPS 协议中规定的国家紧急状况,应当放宽专利限制,建立适应气候变化的知识产权制度,以便于发展中国家充分、快捷、低成本地获得环保技术。② 这些争议使技术机制与知识产权制度的衔接难以有效推进,其发展趋势有利于发达国家而不利于发展中国家,具体体现为:从 TEC 一直到《巴黎协定》,知识产权从未正式进入气候变化议题,而只是在 TEC 关于建立促成环境、消除技术转让障碍的职能下进行讨论。

(二) 发达国家与发展中国家关于技术机制的立场冲突

发达国家关于技术机制的立场可以通过考察美国、欧盟及日本的国家自主贡献(Intended Nationally Determined Contribution,INDC)文件窥见一斑。在对美国及欧盟的 INDC 进行考察时,竟然未发现任何对技术机制的承诺。③ 只有日本在其提交的 INDC 中表示,日本将与所有主要排放国一起,通过运用国内领先技术,以及加强对发展中国家的支持,减少温室气体排放。而在加强对发展中国家支持方面,日本的表态是愿意对发展中国家与减排有关的技术进行传输,但前提是获得援助的发展中国家要帮助实现日本的减排目标。④ 可见发达国家总体上对技术机制仍然持较为消极的态度。

中国、印度和巴西作为主要的发展中国家,通过提取三国 INDC 中对技术机制的需求与贡献,可以大致透视出发展中国家在技术机制中的主要立场:(1) 中国的立场。中国在其 INDC 文件中提出,应明确发达国家按照《公约》要求,根据发展中国家的技术需求切实向发展中国家转让技术,为发展中国家技术研发应用提供支持。加强现有技术机制在妥善处理知识产权问题、

---

① 参见吴勇:《建立因应气候变化技术转让的国际知识产权制度》,载《湘潭大学学报》(哲学社会科学版)2015 年第 5 期。
② 参见尹锋林:《知识产权应成为后期气候谈判的正式议题》,载《电子知识产权》2010 年第 2 期。
③ See LV-03-06-EU INDC, available at http://www4.unfccc.int/submissions/INDC/Published%20Documents/Latvia/1/LV-03-06-EU%20INDC.pdf,(Last visited Jul. 18, 2016); U. S. Cover Note INDC and Accompanying Information, available at http://www4.unfccc.int/submissions/INDC/Published%20Documents/United%20States%20of%20America/1/U. S.%20Cover%20Note%20INDC%20and%20Accompanying%20Information.pdf,(Last visited Jul. 18, 2016).
④ See "Submission of Japan's Intended Nationally Determined Contribution (INDC)", available at http://www4.unfccc.int/submissions/INDC/Published%20Documents/Japan/1/20150717_Japan's%20INDC.pdf,(Last visited Jul. 18, 2016).

评估技术转让绩效等方面的职能,增强技术机制与资金机制的联系,包括在绿色气候基金下设立支持技术开发与转让的窗口。① 中国承诺要强化科技支撑,提高应对气候变化基础科学研究水平,实施《中国应对气候变化科技专项行动》。②（2）印度的立场。印度认为气候领域的技术机制是亟须全球合作。发达国家需要将向发展中国家提供 CFTs 作为其义务,并作为发展中国家参与和支持应对气候变化议题的前提。现存的技术转让机制需要巨额的资金投入,发展中国家普遍难以负担。为此,印度提倡推动全球合作研发(R&D)机制,建立技术领域的知识产权机制,让发达国家按照自由知识产权(IPR)成本的转让标准向发展中国家提供技术援助,或通过绿色气候基金(GCF)窗口来减少发展中国家引进技术的成本。印度自身重点倡导的全球合作研究的重要领域为洁净煤和化石燃料技术,此外,也倡导可再生能源的能源管理和存储系统建立技术。③（3）巴西的立场。在技术转让领域,巴西认识到南南合作的互补作用,强调南南合作项目,表示将在团结和共同可持续发展的基础上,与其他发展中国家尽最大努力加强合作计划。此外,巴西也邀请发达国家缔约方和有关国际组织,进一步支持这样的计划。④

综上可见,相对于发达国家而言,发展中国家对技术领域更为重视,且都无一例外地要求发达国家明确向发展中国家转让技术、提供援助。但遗憾的是,发展中国家作为整体而言并没有很好地处理南北关系,甚至在南南合作层面也存在很大的内部分歧。

（三）技术机制的定位问题

前面已经讨论过技术机制与其他框架下知识产权机制的关系问题,这里的技术机制的定位主要是指其内部定位,即在《公约》框架下到底扮演何种角色。技术机制的定位取决于技术机制的性质。技术机制设立的目的在于促

---

① 参见中华人民共和国国家发展和改革委员会应对气候变化司:《强化应对气候变化行动——中国国家自主贡献》,载 http://www4.unfccc.int/submissions/INDC/Published%20Documents/China/1/China's%20INDC%20-%20on%2030%20June%202015.pdf,最后访问时间:2016 年 10 月 11 日。

② 同上。

③ See "India's Intended nationally Determined Contribution: Working towards Climate Justice", available at http://www4.unfccc.int/submissions/INDC/Published%20Documents/India/1/INDIA%20INDC%20TO%20UNFCCC.pdf, (Last visited Jul. 18, 2016).

④ See "Federative Republic of Brazil Intended Nationally Determined Contribution towards Achieving the Objective of the United Nations Framework Convention on Climate Change", available at http://www4.unfccc.int/submissions/INDC/Published%20Documents/Brazil/1/BRAZIL%20iNDC%20english%20FINAL.pdf (Last visited May 26, 2016).

进缔约国之间的技术开发和转让,从而支持减缓和适应气候变化的行动。① 但这一机制的性质是什么？是作为减排义务的延伸还是仅仅是发达国家的道义援助的一种形式？对这一问题的答案直接决定了技术机制作用的发挥和未来的方向。从目前技术机制的组织机构和运作规则设置来看,上述问题仍未得到明确解答。技术机制仍然是具有妥协性、试验性的特征：一方面,技术机制回避了双方之间存在严重分歧的领域,如知识产权问题、发达国家的承诺问题、资金问题等,以便使得技术机制能够获得双方的承认。另一方面,技术机制尚未明确其要实现的政策性目标,其主要职能定位是提供技术信息、协调各方行动等,对于如何在实质层面上推动技术转让尚没有很好的举措。

技术机制的这种现状是由技术转让活动中的权力结构所决定的。技术机制如何发展,取决于发达国家缔约方和发展中国家缔约方之间的利益和价值平衡和博弈。但是南北双方对于 TEC 和 CTCN 两个机构的职能、运行方式、组织结构等一直存在着较大的争议。因此,尽管缔约方大会已经尽可能地实现了双方利益的平衡,但是对于技术机制的定位并没有达到最初缔约方,特别是发展中国家缔约方的预期。一个典型的例子就是技术机制下的机构应当如何进行报告。发达国家普遍持削弱和虚化技术机制职能的立场,希望降低技术机制在《公约》下的地位,因此技术机制应当向《公约》附属机构而不是 COP 报告。而发展中国家则认为技术机制的两个组成部分,即 TEC 和 CTCN,应当直接向 COP 报告。② 但是从谈判的结果来看,目前 TEC 和 CTCN 应当向附属履行机构进行报告,这意味着 TEC 和 CTCN 要比附属履行机构的层次要更低,这显然不符合发展中国家对于技术机制定位的预期。

三、《公约》框架下技术机制专门化困境的克服

（一）协调《公约》技术机制与现有知识产权机制的关系

国际技术转移和传播是指一个国家的公司提供另一个国家准入和使用技术的过程。一些转移发生于自愿交易伙伴间的交易,但许多通过非市场交易或溢出效应进行。③《公约》框架下技术机制专门化的主要功能是促进气

---

① FCCC/CP/2011/9/Add.1,Decision 2/CP.17.
② 参见王克等：《国际气候谈判技术转让议题进展评述》,载《国际展望》2013 年第 4 期。
③ See United Nations Industrial Development Organization,"The Role of Intellectual Property Rights in Technology Transfer and Growth: Theory and Evidence",2006, available at https://www.unido.org/fileadmin/user_media/Publications/Pub_free/Role_of_intellectual_property_rights_in_technology_transfer_and_economic_growth.pdf.(Last visited Jul.18,2016).

候友好型技术的国际转移和传播,实现该目标首先要解决的问题是技术机制和现有知识产权机制的协调。加强知识产权保护对技术传播的影响具有两面性:一方面,加强知识产权保护可能会限制技术的转移和传播,专利权的保护限制他人使用专利知识,此外,知识产权持有人市场力量的增强可能由于低产出和更高价格而减少技术的转移和传播。另一方面,知识产权可以在技术转移和传播中发挥积极作用,因为知识产权信息可以在专利主张者和其他潜在发明者之间传播。此外,强有力的知识产权保护可能会鼓励技术转让通过增加商品和服务贸易、外商直接投资、技术许可和合资企业进行。这表明,加强知识产权保护可以通过许多渠道鼓励技术转让,当然,该影响还取决于其他因素,如一个国家的模仿能力和发展水平。尽管上述理论有些模棱两可,但是大量的实践表明,由于传统知识产权制度以私权至上为基本理念,不太可能承认具有人类共同利益和全球共同应对的气候变化应当适用特有的、宽松的知识产权保护,专利法的私权保护与基于气候环境的公共利益之间存在的直接对立。

在气候变化这一"人类共同关切事项"之下,知识产权制度需要根据全球共同利益的需要进行改革,将应对气候变化纳入国际知识产权制度的考虑范围之内,并在《公约》之下建立 CFTs 转让的专门知识产权制度和配套机制。① 发达国家和发展中国家的分歧导致气候变化技术转让与传播的"市场失灵"。实际上,CFTs 的转让不同于一般专利技术的转让。在涉及气候变化的问题上,知识产权应当成为催化剂而不是障碍。② 消除 CFTs 领域的知识产权壁垒,协调技术机制和现有知识产权保护机制关系需要从以下方面着手:其一,基于矫正正义和能力原则,发达国家有义务帮助发展中国家。矫正正义要求损害者对遭到损害的主体的利益进行恢复和补偿,从历史排放量来看,发达国家占据了绝大多数的排放份额。与此同时,发达国家具有更加充足的技术资源和更强大的技术能力。因此,发达国家应当按照历史排放量的份额对发展中国家提供支持,包括技术支持。③ 其二,涉及 CFTs 的范围十分广泛,不同类型的技术特点不同,各国的技术需求也不同,因此,需要根据不同类型技术的特点和各国的需求进行相应的制度设计,与此同时,构建和完善相应的知识产权法律体系。具体来说应包括:建立和完善申请授权制度以及相应的实施制度,加快气候友好型技术运用、转让,加强对气候友好型技术转让领域

---

① 参见吴勇:《建立因应气候变化技术转让的国际知识产权制度》,载《湘潭大学学报》(哲学社会科学版)2013 年第 3 期。
② 同上。
③ 参见曹明德:《中国参与国际气候治理的法律立场和策略:以气候正义为视角》,载《中国法学》2016 年第 1 期。

的反垄断规制等。① 其三,建立 CFTs 专利基金制度,以资助该领域的专利申请和技术开发等,间接地为环保技术的转让和运用带来便利。②

当然,对于知识产权制度的改革,仍然需要在尊重和遵循法治基本理念和原则的前提之下进行③：一方面,对于知识产权制度不适应乃至阻碍气候变化应对的制度需要进行必要的改革,如强制许可、专利共享、专门的审查和奖励制度、资金补贴、南南合作和南北合作模式等等；另一方面,知识产权制度的基本理念、原则必须得到遵循,如专利申请平等、非歧视等等,这些限制能够保证发达国家和发展中国家之间利益的公平,避免过于倾向《公约》框架下的技术机制而损害专利制度本身。

(二) 加强技术转让领域的南北合作

气候变化问题是典型的全球性环境问题,不是发达国家或发展中国家一方能够独立解决的,需要加强国际合作,特别是南北合作。部分西方学者强调发展中国家在某些 CFTs 技术上的领先地位,如中国的煤炭气化技术、南非的煤炭合成燃料技术、巴西的生物燃料技术等,但这些极其有限的案例远不足以改变发达国家垄断 CFTs 的事实。④ 依据公平原则及其下位的共同但有区别的责任原则和各自能力原则,发达国家有能力也有义务向发展中国家转让和传播气候技术并帮助发展中国家进行技术方面的能力建设。现有国际知识产权保护制度阻碍了气候技术的有效转让,发展中国家获取气候技术付出的成本高昂。因此,需要调适现有的知识产权制度,并以法律生态化为调适原则,以利益平衡为调适法理,以强制许可为调适路径。⑤ 关于南北合作,有学者指出,全球环境问题不像国际贸易等领域,发达国家依据自己的强势地位可以自己作出决定,在应对气候变化等环境领域,它们必须与发展中国家进行自愿合作。在应对气候变化时,应考虑如何让穷国追求自己社会和

---

① 参见马忠法：《气候正义与无害环境技术国际转让法律制度的困境及其完善》,载《学海》2014 年第 2 期。
② 同上。
③ 例如国际商会(ICC)就认为,现有的知识产权国际机制在促进技术创新方面已经被证明是行之有效的,在应对气候变化的进程中亦不应改变其现状。其中两个重要的理由：一是没有知识产权保护就难以吸引投资用以研发和利用应对气候变化技术；二是应对气候变化的技术的外延难以界定。See ICC, Climate Change and Intellectual Property, available at http://www.iccwbo.org/uploadedFiles/ICC/p0licy/intellectual-property/Statements/Discussion%20Paper%20Climate%20Change%20and%20IP_1 0%2009%20 0a9. pdf, (Last visited Oct. 28, 2016).
④ See Thomas L. Brewer, Climate Change Technology Transfer: A New Paradigm and Policy Agenda, 8 CLIMATE POLICY 516, 526 (2008).
⑤ 参见叶辉华：《气候变化背景下对技术转让的知识产权制度调适》,载《河北法学》2015 年第 3 期。

经济发展的同时,继续维护全球气候系统的稳定。① 发达国家虽然技术先进,但是没有发展中国家的合作,依然不能独自完成气候变化领域的目标。

南北合作需要遵循以下要求:首先,缔约方之间应当通过公共路径展开合作,对私主体利益施加一定的限制。在技术领域,既有的技术转让活动主要在私主体之间通过商业性规则展开,其根本的基础在于私权利,技术转让活动属于国际商事活动的范畴。在这种机制之下,尽管南北间也展开了一定的技术合作,但是只能在有限的范围内进行。未来需要在明确各国特别是发达国家主要应基于公法义务,通过多种形式推动政府间的合作。这一方面需要国际公约明确各国的法律承诺,另一方面需要各国通过国内法对既有的技术转让机制进行一定的限制,确保技术合作和转让在合理的利润范围内进行。其二,与既有的技术转让活动由发达国家主导不同,新的南北合作应当以需求侧为导向,以发展中国家的需求作为技术合作和转让的出发点,明确优先援助的对象,重点对减排能力不足但有减排潜力的行动者进行技术援助。技术难题的成因固然与发达国家推卸自身责任有关,但从制度设计的角度看,技术制度功能出现偏差也是一个重要原因,即将之与南北合作以及人道主义议题下的援助混同,强调对所有发展中国家的援助,而忽视了对优先援助对象的筛选。② 这在一定程度上影响了技术合作与转让的效率。实际上,气候变化领域的技术援助应当优先支持减排能力不足但减排潜力大的发展中国家,使有意愿减排者有能力减排、有能力减排者有效率地减排,这样才能起到选择性激励的效果③,更好地发挥技术机制的支持减缓和适应行动的功效。

（三）明确技术机制的定位

目前《公约》框架下的技术机制刚开始进入执行阶段,仍然是一种以协调行动和信息交换为主要任务的机制,在框架外的关系上,它不能替代既有的以知识产权为基础的国际技术转让机制,在内部关系上,它还需要进一步明确自身的定位。应当确认技术机制的设计是基于排放责任产生的减排义务或减缓、适应行动的支持义务,部分缔约国,尤其是发达国家缔约国之所以需要通过技术机制向经过评估确认的技术需求方转让技术,或合作开发技术,

---

① 参见马忠法:《气候正义与无害环境技术国际转让法律制度的困境及其完善》,载《学海》2014年第2期。
② See Eric A. Posner, David Weisbach, *Climate Change Justice*, Princeton University Press, 2010, p. 37, p. 124.
③ 参见陈贻健:《国际气候法律新秩序构建的困境与出路:基于"德班—巴黎"进程的分析》,载《环球法律评论》2016年第2期。

是基于既定的法律义务，而不是基于道义的技术援助。《公约》框架下的技术机制可以对部分缔约国或者这些国家内部的实体基于道义进行的技术援助或提供的免费技术共享提供接受渠道，但这并非技术机制主要的定位和职能。① 因此，技术机制在《公约》框架下的定位应当基于排放责任产生的减排义务或减缓、适应行动的技术支持义务的实现机制。基于这样的定位，技术机制的专门化至少还需要落实以下两个条件：

一是负有技术支持法律义务的国家应当作出明确的法律承诺。相比较于原有的以知识产权为主导的技术转让机制而言，现有技术机制的优势在于以发展中国家的需求为导向，通过响应发展中国家的需求来推动技术转让与合作活动，这种机制的优势在于能够满足发展中国家的需求，但是另一方面，这种机制并没有明确对发达国家的义务要求，拥有技术的国家是否必须进行技术响应和合作，现有的技术机制无能为力。因此，在推动技术机制专门化的过程中需要为发达国家缔约方规定确定明确的技术支持义务。按照《公约》和诸多议定书的要求，发达国家在技术领域帮助发展中国家是发达国家的法律义务。因此，未来技术机制必须推动发达国家缔约方在《巴黎协定》下作出明确的法律承诺。在承诺的具体方式上，应当要求各国各自依其能力和意愿在 INDC 文件中提出承诺方案，然后由技术执行委员会对各国承诺的效果进行评估，如此既能够降低发达国家缔约方作出承诺的难度，也能够客观评估技术机制的效果，为技术机制的执行提供保障。②

二是为技术机制提供资金支持。在原有的技术机制之下，发达国家并没有义务免费或者低价提供技术。因此，除了要求发达国家履行技术支持义务之外，还必须为技术开发与转让活动提供资金上的支持，为发展中国家获得技术消除障碍。此外，还需要确保资金能够优先供应给最需要的国家。未来需要从以下两个方面加强对技术机制的资金支持：(1) 要加强资金机制的管理实体与技术机制下的两大机构之间的联系③，通过双方组织联席会议、相互交换信息等方式加强双方的联系，使得资金机制实体能够及时、充分的获得技术机制下的资金需求信息，确保能够及时给予资金方面的支持。(2) 要在各基金之下设立专门的供资窗口，并明确供资条件和程序，使得技术机制

---

① 在此需要将国家行为与私主体的行为区分开来，部分国家内部的实体基于道义开放共享生态技术行动，并非是国家技术支持义务的实施。例如 IBM 公司与世界可持续发展工商理事会合作，协同惠普、诺基亚、理光、索尼和施乐公司等多家公司设立了"生态专利共享计划"(Eco-Patent Commons)，开放的专利约 100 项。这些私主体的专利开放行为并非是国家技术支持义务的履行。

② 参见曹炜：《论 UNFCCC 框架下的技术机制：历史沿革、现状和发展方向》，载《中国政法大学学报》2016 年第 2 期。

③ See FCCC/CP/2015/10/Add. 2, Decision 13/CP. 21.

下的实体和各缔约方能够通过较为便捷和清晰的途径获得资金的支持,提高资金供给的效率,发挥资金的效用。

《公约》框架下技术机制专门化进程的推进对于发挥 CFTs 在应对气候变化行动中的作用至关重要。但技术机制专门化的推进目前主要局限于《公约》框架内部,而且主要局限在程序性方面。需要解决的更实质性、更困难的问题主要在于两个方面:一是在《公约》框架内部,如何真正促使 CFTs 的权利主体能够开放、许可、转让其拥有的技术,为此需要以法律约束力的义务为基础。这就需要技术发达国家在《巴黎协定》下提交 INDC 文件时作出有法律效力的承诺。二是《公约》框架下的专门化技术机制如何与外部机制协调,尤其是与私权为基础的 WIPO 以及 WTO 机制下的知识产权制度的协调。从目前的情况下,WIPO 和 WTO 机制下的知识产权保护制度还在发挥主导作用,《公约》框架下的专门化机制不可能完全另起炉灶①,只能先通过与 WIPO 和 WTO 的环境例外条款以及强制许可制度衔接②,通过利用私人主体主动开放授权以及各国基于其减缓、适应义务履行而开放授权的 CFTs 逐步建立自身的"专利池",逐步实现自身技术机制的实质进展。这才应是《公约》框架下技术机制专门化并解决公平性问题的最终出路。

第四节 能力建设领域的公平性问题

气候变化的应对不仅需要本国相应资源和技术的支持,也需要国家本身较强的组织和动员能力,而能力不足则是制约发展中国家缔约方采取有效的国际和国内行动的重要因素。因此,除了资金和技术的支助之外,能力建设也是保障气候变化应对集体行动得以有效实施的重要组成部分。能力建设过程中必然会涉及大量的义务分担和利益分享问题,从而引起能力建设领域公平性问题的论争和探讨。

一、能力建设领域概述

能力建设是气候变化应对的机制之一,经过长期的发展,能力建设领域已经取得了一定的发展。但是总体来看,各国对于如何建设和运营能力建设机制的主张仍然不统一,其中,最为关键的分歧便是对何为公平有效之能力

---

① 有的学者提出建立"应对气候变化的 CTFs 贸易协议"机制彻底解决各机制之间的冲突,但这一设想中短期内难以具备现实性。参见李威:《气候友好型技术转让国际法的冲突与协调》,载《南通大学学报(社会科学版)》2011 年 9 月第 5 期。
② 参见张乃根:《论后京都议定书时期的清洁能源技术转让》,载《复旦学报(社会科学版)》2011 年第 1 期。

建设机制的不同主张。

(一) 能力建设机制的历史发展脉络

能力建设机制是指旨在通过多种手段和措施提高发展中国家以及经济转型期国家充分参与和有效履行依《公约》所做的承诺的能力的机制。[①] 根据2001年《IPCC第三次评估报告》术语表,能力建设是指在气候变化中,开发发展中国家和经济转型期国家的技术技能和机构运转能力,使这些国家参与各个层面的气候变化适应、减缓和研究并执行京都机制等工作。[②] 可见,应对气候变化的能力建设主要针对发展中国家和经济转型国家而言。[③]由此可见,能力建设是一个非常广泛的概念,没有固定的模式,而是依具体国情进行,其必须符合受援国的具体需要和条件,并反映这些国家的战略、重点和计划。与资金和技术机制不同,《公约》一开始并未单独规定能力建设机制,能力建设机制是随着谈判的发展深入而逐渐产生发展的。

能力建设机制的发展与资金、技术机制的发展历程略有区别,其发展历程可以分为分散规定阶段、产生确立阶段以及发展阶段,整体来看,能力建设机制的发展要落后于资金和技术机制,尚未进入深化发展阶段,目前仍然处于发展阶段。

1. 分散规定阶段(1992—1998年)

从《公约》到1998年布宜诺斯艾利斯缔约方会议之前,能力建设并没有被规定为一个独立的机制,而是散见于一些具体条款之中。《公约》中涉及能力建设的条款主要包括:第4条第1款、第3款、第5款、第7款,第5条(c)款以及第6条(b)款。除此之外,在缔约方会议第10/CP.2号决议、第11/CP.2号决议、第9/CP.3号决议、第2/CP.4号决议、第4/CP.4号决议、第5/CP.4号决议、第6/CP.4号决议、第7/CP.4号决议、第12/CP.4号决议、第14/CP.4号决议中,也有关于能力建设的规定。

1992年《公约》对于能力建设的规定十分原则。《公约》第4条提出,发达国家缔约方应当更多关注极易受气候变化不利影响的国家,并帮助其提高应对气候变化的能力。《公约》第9条提出,将设立附属科技咨询机构负责能力建设事务。1997年,《京都议定书》第10条则提出应当加强发展中国家缔

[①] 由于能力建设目前主要针对的对象是发展中国家,且发展中国家能力建设机制与经济转型期国家能力建设机制之间有着一定的相同之处,因此本部分主要分析发展中国家能力建设机制。

[②] 参见陈娟丽:《清洁发展机制在我国应对气候变化能力建设中的地位及巩固》,载《重庆交通大学学报》2013年第6期。

[③] 参见张坤民等:《低碳经济论》,中国环境科学出版社2008年版,第676页。

约方在人才和机构能力等方面的建设,并帮助发展中国家培训此方面的专家。

这一阶段有关能力建设的规定具有如下特点:首先,这些条款涉及的范围非常广泛,几乎涵盖了与应对气候变化相关的所有领域,但是这也就意味着《公约》以及议定书并未明确提出能力建设的具体范围和特定内容;其次,在这一阶段,《公约》及其议定书也并未明确能力建设的具体组织支撑体系,也未建立起一个完整的工作框架。因此,总体来说,在这一阶段,能力建设仍然分属于资金、机制、教育培训等各具体领域,并未成为一个独立的机制。

2. 产生确立阶段(1999—2001年)

在这一阶段,缔约方会议逐渐认识到能力建设对于发展中国家以及经济转型期国家参与《公约》以及《京都议定书》的关键性作用,提出了能力建设需求的具体范围与内容并且最终确立了发展中国家能力建设框架以及经济转型期国家能力建设框架。

第五次缔约方会议第一次针对能力建设问题作出了独立的决议,决议10和决议11都对能力建设机制进行了关注。就发展中国家(非附件一缔约方)能力建设问题来说,决议10承认发展中国家执行《公约》存在着能力上的困难,并首次指出能力建设是一个过程,目的是酌情加强或建立相关的组织、机构和人才资源。决议还作出了以下重要的要求:一是要求对现有的能力建设活动和方案进行全面评估,以期为作出一项全面的决定做准备;二是要求非附件一缔约方在2000年3月1日前确定能力建设方面的具体需求和优先事项;三是要求附件二缔约方在国家信息通报中补充任何便利发展中国家能力建设活动和方案的信息;四是要求《公约》秘书处拟定能力建设框架草案。[1]按照这一决议的要求,七十七国集团与中国向缔约方会议提交了发展中国家缔约方能力建设需求一览表,详细列举了发展中国家能力建设需求的具体内容,为能力建设框架的构建提供了支持与参考。[2]

通过近两年的努力,2001年缔约方会议通过了两项决议,分别是《发展中国家(非附件一缔约方)能力建设》与《经济转型期国家能力建设》,并且以附件的形式通过了《发展中国家能力建设框架》以及《经济转型期国家能力建设框架》,确定了能力建设的目的、指导原则和方针、能力建设的目标和范围以及具体的执行措施,这两项框架确定了能力建设的具体内容和范围,其通过标志着能力建设正式成为气候变化领域的一项独立的领域。

---

[1] Capacity-building in developing countries (non-Annex I Parties),10/CP.5,Preamble,1(c),2,3,5(d).

[2] Id,Annex.

3. 发展阶段(2001—)

在两项能力建设框架通过之后，能力建设机制开始逐渐发展，但是在很长一段时间里，能力建设都没有成为缔约方会议关注的优先焦点，直到哥本哈根会议之后，随着针对发展中国家履行适当减缓行动义务议题的兴起，能力建设才又成为缔约方会议机制建设的重点。

在 2002 年到 2010 年之间，唯一一次重要的缔约方会议是 2004 年缔约方会议，其 2 号决议审查了发展中国家能力建设的发展情况，并且识别出了能力建设过程中的九项关键因素，这对于进一步推动能力建设机制的确立具有重要的价值。

2010 年《坎昆协议》将资金、技术与能力建设合并为一章，分节对能力建设进行了规定。其所取得的新的进展以及要求的新的行动包括：一是要求加大能力建设支持；二是要求加强信息交流；三是要求《公约》之下长期合作问题特设工作组考虑如何进一步加强对能力建设的有效性的监测与评审；四是要求《公约》之下长期合作问题特设工作组进一步制定有关能力建设体制安排的模式，供缔约方会议审议。[1]

2011 年德班缔约方会议在能力建设问题上关注的焦点是如何加强对能力建设活动有效性的监测和评审。此次会议要求附属履行机构组织安排一场每年举行缔约方会议时就能力建设予以深入探讨的德班平台，以邀请各方在会议上就开展能力建设活动分享经验，并交流设想、最佳做法以及教训，并进一步探讨加强监测和评审能力建设活动有效性的潜在途径。[2]随后的几届缔约方会议（多哈会议、华沙会议、利马会议），均延续的是德班平台之后的能力建设思路，每年均会举行德班平台项下的能力建设会议，但囿于国际社会各成员国彼此之间存在的利益、观念差异，致使能力建设领域仍然难以取得实质性进展。

2015 年第 21 次缔约方会议达成了《巴黎协定》(Paris Agreement)，在能力建设上取得了较大进展。《巴黎协定》在能力建设机制上的进展包括几个方面：首先，协定在第 11 条专门制定了"能力建设"条款，共计 5 项内容，再次强调发达国家需要定期对发展中国家提供能力建设支助，要求发达国家对发展中国家，尤其是最不发达国家和小岛屿发展中国家提供技术开发、气候资金获取、教育培训和透明信息通报等援助，并认为各国应当尽快制定适当的

---

[1] Cancun Agreement，1/CP. 16，130—137.
[2] Outcome of the Work of the Ad Hoc Working Group on Long-term Cooperative Action under the Convention，Decision 2/CP. 17，144，154.

体制安排以实现本条规定。① 其次,《巴黎协定》设定了巴黎能力建设委员会,使得能力建设机制也有了专门的组织机构,大大加强了对能力建设机制的保障力度。② 因此,可以说,《巴黎协定》中的能力建设条款是对已有成果的突破和创新,具有重要的进步意义。

(二) 组织体系与行动框架

1. 组织体系

专门的组织机构是推进能力建设工作的前提和基础。与资金、技术等机制不同,缔约方大会一直没有确立专门的负责能力建设的组织机构,这意味着能力建设一直以来并没有成为一项独立的,真正意义上的公约机制,巴黎能力建设委员会的设立改变了这一情况,具有重要的价值和意义。根据《巴黎协定》的规定,设立巴黎能力建设委员会的目的是处理发展中国家缔约方在执行能力建设方面现有的和新出现的差距和需要,以及进一步加强能力建设工作,包括加强《公约》之下能力建设活动的连贯性和协调。③

具体来说,委员会2016—2020年工作计划包括以下活动:评估如何通过合作加强《公约》下设立的开展能力建设活动的现有机构之间的协同增效,并避免重复工作,包括与《公约》下和《公约》以外的机构合作;查明能力需要方面的差距和需要,并就如何填补这些差距提出建议;促进开发和推广实施能力建设的工具和方法;促进全球、区域、国家和次国家层面的合作;查明并收集《公约》下设立的机构所开展的能力建设工作中的良好做法、挑战、经验和教训;探索发展中国家缔约方如何能够随着实践和空间的推移,逐步自主建设和保持能力;确定在国家、区域和次国家层面加强能力的机遇;促进《公约》下相关进程和倡议之间的对话、协调、合作和连贯性,包括为此就《公约》下设立的机构的能力建设活动和战略交流信息;就维护和进一步开发基于网络的能力建设门户网站向秘书处提供指导。④

2. 行动框架

目前能力建设仍然围绕第2/CP.7号决议附件通过的发展中国家能力建设框架展开,能力建设框架明确了能力建设的指导原则与方针、目标与范围以及具体内容。

---

① 参见曾文革、冯帅:《巴黎协定能力建设条款:成就、不足与展望》,载《环境保护》2015年第24期。
② 同上。
③ Adoption of the Paris Agreement, 72.
④ Adoption of the Paris Agreement, 73.

(1) 指导原则和方针

重要的能力建设框架的指导原则和方针包括:其一,符合具体国情,即能力建设应当按具体国家的特定需要进行,符合国家的具体需要和条件;其二,优先事项优先,即在执行中应当以发展中国家的优先事项为依据;其三,发挥协同作用,即按照能力建设框架展开的能力建设活动应当最大限度发挥《公约》与其他全球环境协定之间的协同作用;其四,兼顾最不发达国家和小岛屿发展中国家特殊需要,即执行能力建设框架时要照顾最不发达国家和小岛屿发展中国家的特殊情况。

(2) 能力建设的范围

缔约方会议根据发展中国家提交的"发展中国家缔约方能力建设需求一览表"、秘书处收集的资料以及缔约方提交的资料确定了能力建设的初步范围,共包括15个领域,这些领域中较为重要的领域包括:体制上的能力建设,包括加强和建立国家气候变化秘书处或国家协调中心;增强和/或创造扶持型的环境;国家信息通报;国家气候变化方案;温室气体清单、排放数据库管理以及用来收集、管理和利用活动的数据和排放因素的系统;缓解措施执行情况的评估;研究和系统观测,包括气象、水文和气候方面的服务;提高决策能力,包括为参与国际谈判提供援助;教育、培训和宣传;信息与联网,包括建立数据库。

对于最不发达国家和其中的小岛屿发展中国家,因其最容易受到极端天气事件的和气候变化的不利效应的影响而且它们防治自然灾害和适应气候变化的不利影响的能力最差,还应重点关注以下几方面的能力建设:加强现有的并于必要时建立国家气候变化秘书处或协调中心以确保有效执行公约有效参与京都议定书包括编写国家信息通报;研订顾及研究和培训在能力建设中的作用的综合执行方案;开发和加强技术能力和技能以执行脆弱性评估和适应性评估和有效地将其纳入可持续发展方案并研订国家适应行动方案;加强现有的并于必要时建立国家研究和培训机构以确保能力建设方案的可持续性;加强收集、分析、解释和传播气象和水文信息以支持国家适应行动方案的执行工作;加强宣传工作(认识水平和人力开发)。

(3) 能力建设的执行

能力建设要求所有缔约方之间进行相互对话,改进能力建设工作的协调性和有效性。具体来说,对于不同的主体,能力建设框架的要求各不相同。

对于发展中国家缔约方,能力建设框架要求其确定本国能力建设的需要、备选方案和优先重点;在可能和有效的前提下,通过在发展中国家中支持开展国家、次区域和区域能力建设活动的机构促进南南合作;促进广泛的利害关系方参与;促进能力建设活动之间的协调性和可持续性;为传播和共享关于发展中国家为改善协调性和促进南南合作而开展的能力建设活动的信息提供便利。

对于附件二缔约方,能力建设框架要求:提供额外资金和技术资源,以协助发展中国家执行能力建设框架;对于发展中国家的能力建设需要与重点作出协调的和及时的反应,并为国家、次区域以及区域层面的执行活动提供资助;特别注意最不发达国家和小岛屿发展中国家的需要。

(4) 能力建设框架执行中的关键因素

第十次缔约方会议首次对能力建设框架的执行情况进行了审评,并识别出了九项有助于进一步执行能力建设框架的关键性因素。这九项关键性因素包括:一是将体制能力建设作为创建和加强基本体制基础的一个优先事项;二是提高在各个层次上对气候变化问题的认识,吸收更多的国家的政府组织参加能力建设活动;三是发展并促进各缔约方开展在能力建设活动方面的最佳做法、经验和信息的交流;四是确保能力建设活动的有效性,以便实现确保能力建设成为政策和决策者的优先事项以及将能力建设融入规划过程以保证其长期稳定性等目的;五是通过资金机制的经营实体以及私营部门的多边和双边机构向发展中国家提供资金和技术资源;六是进一步贯彻"从做中学"方针;七是继续改进国际资助的协调性,遵循国家重点、计划和战略合理安排捐助方的资助;八是确保对执行能力建设活动提供资源;九是在国家一级加强体制安排,以此促进将气候变化问题纳入国家规划进程。①

(三) 主要国家能力建设活动

能力建设机制作为国际气候变化中的一项重要议题,它直接决定着包括中国在内的广大发展中国家切实履行国际公约义务的能力和程度。在《公约》下的能力建设机制尚未形成完善成熟的组织机构和制度体系的情况下,各主要国家一般根据本国的公平观和利益,通过本国国内的特定机构展开能力建设支助活动。美国通过多种途径给予其他国家以能力建设方面的帮助。在给予经济转型国家的援助之中,美国国际发展署和环境保护署发挥着重要的作用。例如,环境保护署通过其清洁空气政策中心(Center for Clean Air Policy)的资金,为波兰、斯洛伐克以及捷克共和国的国家碳排放交易体系的发展提供帮助,并帮助乌克兰发展区域/地方性的参与能力。此外,美国环保

---

① Capacity-building in developing countries (non-Annex I Parties), 2/CP. 10, 1.

署还为中欧和东欧国家提供人员培训、编写温室气体排放清单等方面的培训。①除此之外,美国国际发展署《气候变化与发展战略(2012—2016)》(USAID's Climate Change and Development Strategy 2012—2016)又提出要帮助发展中国家实现可持续的、具有气候适应性的、低排放的经济发展,该战略提出要从适应、清洁能源以及生态系统管理等方面给予发展中国家以能力建设方面的援助。②

加拿大同样通过其国际发展署(Canadian International Development Agency, CIAD)展开各种援助项目。加拿大能力建设援助的典型是"加拿大—乌克兰环境合作项目"(Canada-Ukraine Environmental Co-operation Program, CUCP)项目,该项目执行期是1992年至2002年,在该项目中,加拿大政府帮助乌克兰在三个领域展开工作,分别是制定乌克兰国家气候变化战略,建立气候变化管理体系以及建立共同履行项目的政策与法律框架。③

2004年欧盟出台了《欧盟气候变化与发展行动计划》,在该计划的指导下,欧盟确定了气候变化对外援助的四个重点领域:提升气候变化的政治影响,支持发展中国家的气候适应建设,支持减缓与可持续的发展道路建设以及帮助脆弱国家提升管理能力。除此之外,欧盟还建立了多项与发展中国家的对话机制,及时了解发展中国家的能力建设的需要。在项目层面上,欧盟开展了各种广泛的项目,对发展中国家能力建设给予了大量的资金和技术方面的支持。例如,欧盟设立了环境与气候行动资金项目(The Financial Instrument for the Environment and Climate Action, LIFE),该项目2014至2020年将会提供34亿欧元的资金,用于各种与气候变化有关的行动,其中包括技术援助与能力建设项目。④

日本的气候变化对外援助的管理机构是外务省下属的全球协力机构(Japan International Cooperation Agency JICA)。援助的形式可分为技术合作、资金合作和其他合作形式。具体通过JICA设立的"环境与气候变化援助资金(Grant Aid for Environment and Climate Change GAEC)"执行,JICA通过管理采购、资金源和监督等方式进行管理。GAEC援助优先领域有太阳能

---

① "Climate Change Capacity Building in Annex I EITS: Issues and Needs", available at http://www.oecd.org/env/cc/1953225.pdf.(Last visited Jul. 18,2016).
② "USAID's Climate Change and Development Strategy", available at https://www.usaid.gov/climate/strategy,(Last visited Jul. 18,2016).
③ "Climate Change Capacity Building in Annex I EITS: Issues and Needs", available at http://www.oecd.org/env/cc/1953225.pdf.(Last visited Jul. 18,2016).
④ "2015 Call for proposals for LIFE Grants", available at http://ec.europa.eu/environment/life/funding/life2015/ (Last visited: May 13,2016).

发电、防洪、森林保护、地热发电和水资源管理等。①

二、能力建设领域的公平性问题

由于各国自身资源的差异,致使其在应对气候变化,尤其是适应气候变化时的能力呈现出彼此不平等的情形,而且这一趋势越来越明显,甚至会出现"马太效应"的制度困境。现实能力的不平等直接导致的是能力建设领域不同国家主体之间就能力建设增强和支持机制的不同诉求和理论主张,进而使得国际社会历次气候谈判均得针对能力建设展开论述和争论。脱离资金、技术议题而单独成为气候谈判核心议题的能力建设机制,存在极为严重的公平性问题,亟待解决。

(一)气候公平:从能力不平等到合作共赢

1. 适应能力的不平等

所有国家都必须适应气候变化,但发达国家和发展中国家适应气候变化的能力是不平等的,而且这一趋势越来越明显。同时,适应气候变化能力上的不平等日益成为人类发展中在财富、安全和基于以上方面差距扩大的潜在动因。发达国家与发展中国家在环境状态、环境政策、应对环境能力和生活方式上处于本质上不同的发展阶段,构成当前这一不平等的国际体系。在环境领域表现为"发达国家占有了自然资源和环境容量的绝大部分"②。因此,国际环境合作客观上要求重新划分全球环境资源和环境容量,实现环境正义。③

一般而言,发达国家能就气候变化影响开展详细的调查研究,其政府、区域规划机构和保险公司通过拟定适应战略、进行公共投资来实施应对战略以保护其公民、财产和经济基础设施免受气候变化风险的影响,在发达国家,公众也能普遍意识到气候变化正在加剧与天气相关的风险并且呼吁政府采取前瞻性的应对措施。与此相对,发展中国家在适应能力上要远远落后于发达国家。

一方面,发展中国家具有更高的脆弱性,发展中国家大多处于气候变化影响较大的地区,尤其是热带和副热带区域的发展中国家将面临着气候变化带来的极端天气和灾害的影响,最强劲的气候变化的影响。

---

① 参见卢荻梵:《国际气候援助状况及中国气候变化对外援助研究》,外交学院 2013 年硕士论文。
② 张海滨:《环境与国际关系:全球环境问题的理性思考》,上海人民出版社 2008 年版,第 263 页。
③ 参见陈夏娟:《国际合作中的能力建设:以欧盟气候变化政策为例》,山东大学 2011 年硕士学位论文。

另一方面,发展中国家的政府往往缺乏足够的资金、技术和人才的支持,无法组织起有效的政策性行动,也缺少完善的法律规制,往往无力独立面对气候变化对其国民所带来的健康和财产方面的影响和损害。例如,在信息获取方面,世界上很多最为贫困的国家缺乏评估气候风险的能力和资源。例如,缺少跟踪气候类型、预测影响、风险评估能力和资源,这些国家不能为其公民提供优质的信息,也不能为其制定适应气候变化的公共政策提供良好的信息基础。在非洲撒哈拉沙漠以南的农村地区极端贫困,农业依赖雨水,这就使得适应气候变化必须获得气象信息,但该地区的气象站密度却是世界上最低的。这种气候监测能力与信息获取能力的不平等与更广泛的社会差距紧密相关,教育机会与培训机会的缺乏导致发展中国家缺乏从事相关活动的人力资本,财政限制加剧了信息获取方面的不平等。

2. 问题解决、能力提升和共同发展的统一

发达国家目前所取得的发展成果,是建立在对全球性资源的过度开发和利用的基础之上,当代发展中国家所面临的诸多问题,很多来自于发达国家历史上的剥削和掠夺。因此,基于公平与正义的考虑,发达国家应就其历史行为承担责任,此外,统一的气候系统应当受到全人类的共同关注。要成功地适应全球气候变化的威胁,可能需要在国际和区域层面开展前所未有的合作,各方应当承担起各自的责任,通过国际合作展开全球性的应对气候变化的协同行动,这是《公约》的核心目标。能力建设是促进相关问题的解决、国家能力的提升以及共同发展三者的统一。仅依靠发达国家的强制义务设定或者仅依靠发展中国家的自觉履行均非良策,只有将二者都作为应对气候变化的责任主体,才能确保全球集体行动的达成,也才符合《公约》及其历次议定书等法律文件所强调的公正性。

能力建设在气候变化国际合作中的意义不仅仅在于发达国家对发展中国家提供援助,也是多主体共同参与的、为增强发展中国家或组织执行相应政策创造适宜的支持性制度和环境的国际合作的必要前提,并具有促进共同发展的意义。能力建设是促进相关问题的解决、国家能力的提升以及共同发展三者的统一。

研究表明,基于人类发展的能力建设必须跳出过去只关注和支持发展项目的局限,更多地注意到综合背景下地方层面的、国家层面的、地区层面的及全球层面的社会和其他方面的变化所带来的影响和干预,以真正实现解决问题、提升能力和共同发展的统一。[①] 也正是基于这样的认识,能力建设需要

---

① 参见陈夏娟:《国际合作中的能力建设:以欧盟气候变化政策为例》,山东大学2011年硕士学位论文。

通过发挥众多国际法主体的力量来完成。在目前的国际法框架之下，除了传统的国际法主体国家之外，其他跨国家的、非国家的主体正在发挥着越来越重要的作用，包括协调各方信息交换、监督各国的能力建设援助行动、直接提供资金和技术支持等等，这大大地提高了国际气候变化能力建设行动的效率和效果。

（二）国家能力的不平等性决定了能力建设的差异性

1. 以国家为驱动，自下而上的能力建设

国家能力的不平等性不仅仅意味着一部分国家有帮助其他国家展开能力建设的义务，还意味着对于其他国家的能力建设，需要尊重受助国的具体情况，因此，维持能力建设领域公平性的第二个方面是必须注意到不同国家在能力建设需求上的差异性。进一步来说，这种差异性意味着能力建设的支助是项目层面上的，自下而上展开的。能力建设实现公平性标准的关键在于确保每一个项目符合各国的具体情况需要。对于不同类型的国家，能力建设项目在范围、种类和规模上有着很大差异。发展中国家、最不发达国家与小岛屿国家，经济转型国家在能力建设的范围上就存在有明显区别，其能力建设的侧重点也不尽相同。

即使是处于公约附件中同一类型的，或者是具有相似气候、地理条件的国家和地区，其能力建设也不能一概而论，也必须结合该国的实际情况和当地具体情况开展。例如，在孟加拉国行之有效的气候变化应对方法，并不等同于就能够推广到加纳。即便是在同一国家，适用于沿海地区也不一定能适用于山区或干旱地区，需要为各不同的国家、生态系统和不同的脆弱情况提出不同的指标。在能力建设方面必须采取自下而上的方针，由各国在各自的国家计划和方案中提出各项需要，根据这些需要的优先事项提供自下而上的支助。随后将当地取得的经验回馈到援助国和其他缔约方的政策、计划和方案中。

能力建设的国家驱动性一方面在于以国家具体情况为依据，另一方面还在于开展了能力建设的国家需要留住已建立的能力。因为能力建设的基础性和前提性，是一种嵌入式的机制，能力建设应当具有滚雪球的效应，不断自行发展，而一旦建立了能力之后国家要确保能力的持续存在。因此必须确保将能力建设纳入公约下的所有工作流程，以便根据专题领域的具体需要，专门制定并开展能力建设工作。例如，全球环境基金就将能力建设的需要融入了所有全球环境基金支助的项目中。单靠能力建设难以留存能力，应当发挥能力建设的基础性和嵌入作用以留存能力建设的能力。

2. 发展中国家的能力建设

对于发展中国家的能力建设,除了减缓之外,需要特别重视适应方面的能力建设。之所以如此,是因为发展中国家要承担的减缓方面的任务较轻,相比之下,其所面临的适应义务则更加艰巨,发展中国家在适应方面的能力也更加薄弱。与减缓主要涉及经济系统相比,适应能力所涉及的领域和范围更加广泛,涉及社会管理和控制的各个方面。对于发展中国家,特别是最不发达国家,其能力建设的首要问题和重点问题就是适应气候变化的能力。发展中国家需要通过自助和合作性的国际援助来提升适应能力,提高整个社会应对极端天气和自然灾害的能力,并对政府管理和控制社会的能力进行持续的改善。需要注意的是,由于适应能力的障碍不仅包括自然系统的无能,还包括技术、资金、认知和行为、社会文化上的限制等方面,所以对于适应气候变化的能力建设,其措施并不仅仅只针对气候变化,而是被纳入更广泛的社会方面。①

一般来说,适应能力包含三项基本能力,气候防护的基础设施、人类抵抗气候冲击的能力(包括减轻贫困)和从气候灾难中迅速复原的能力(包括气候危机管理的制度建设)。为了实现这几个方面的能力的提高,需要援助国和受助国之前的相互合作和配合,一方面需要援助国进行帮助,另一方面则需要受助国本身进行努力,进行持续改善。因此,提高适应能力对缔约方主体提出了以下几方面的要求:一是要求各国尽快在适应的能力建设方面达成专门的决议,使得适应问题成为能力建设中的重点关注问题;二是为发达国家缔约方确定量化的能力建设义务,以确保发展中国家在适应方面的需要能够得到及时的回应;三是在不同层面上推动多种主体的参与,吸纳私营部门在内的主体参与到能力建设活动之中,推动受助国本国的国内行动的有效落实。

具体来说,在执行适应能力建设时,发展中国家面临的主要障碍与缺乏物质和资金资源相关,在人力资源和机构协调方面也存在限制。另一些限制包括缺乏科学数据、历史气候资料、监测网络和分析能力;赤贫、健康状况恶劣和教育水平低下;缺乏具备技能的专家,无法将战略转化为明显受到气候变化影响的社区的行动;缺乏私营部门的参与;非政府行为者理解和参与应对气候变化问题的能力有限。②

与发达国家相比,发展中国家的一个突出问题在于对气候变化的知识和

---

① 参见陈夏娟:《国际合作中的能力建设:以欧盟气候变化政策为例》,山东大学 2011 年硕士学位论文。
② FCCC/SBI/2012/21.

理解方面仍然存在许多空白,要想使应对气候变化的措施变得更为有效,就需处理这些空白问题。由于气候模型在预测未来气候方面仍存在大量不确定性,以及对气候变化的影响、适应和缓解应对措施的研究的不足,许多发展中国家对气候变化及其影响的认识极为不足。宣传和制定传播战略已列为其能力建设的优先事项,用以促进发展中国家的公众接触气候变化科学。虽然在教育和宣传方面取得了一些进步,但许多发展中国家对气候变化的认识水平仍然较低,这一现象反过来阻碍了《公约》的有效执行。一些发展中国家的高文盲率是导致在理解信息方面存在困难的主要原因,同时由于《公约》的复杂性和技术性特点使得对《公约》的理解也变得困难。专业人才的缺乏也是发展中国家的一项严重的能力缺陷,例如,非洲就缺乏接受过博士和博士后培训的气候变化问题专业人才,需在这方面获得支持。因为面临缺乏就业机会这一障碍,所以,许多博士毕业生离开了研究和教育部门。[①] 发展中国家需要适当协调对气候变化的研究,优化研究带来的收益,以满足发展中国家的研究与政策制定的需要。

3. 经济转型国家的能力建设

由于政治经济发展水平和地理区域等方面的不同,经济转型国家的能力建设和发展中国家的能力建设存在较大的区别。经济转型国家能力建设的一般优先领域包括:国家温室气体清单,温室气体排放量预测,影响评估和适应、研究和系统观测,教育、培训和宣传,无害环境技术的转让,国家信息通报和国家气候行动计划,预估温室气体排放的国家体系,与目标、时间表和国家登记册有关的核算方式,报告义务,共同执行的项目和排放量交易。[②]

与发展中国家相比,减缓方面的能力建设是经济转型国家的主要侧重点,对于经济转型国家能力建设援助的地理覆盖集中于减缓潜力大的国家,即白俄罗斯、俄罗斯联邦和乌克兰,经济转型国家能力建设优先事项是:政策和措施以及评估这些政策和措施对能源、运输、农业和住宅部门带来的影响,教育、培训和公众认识以及联合执行项目和排放量交易。在 2007—2011 年期间,温室气体的固定和移动排放源的能源使用和能效被确定为能力建设的优先部门,目标部门是减缓潜力大的部门和产业,例如,能源,特别是住宅部门的能效,特别是产业装置的能效,或者是易受气候变化影响的部门,如农业部门。所有经济过渡期国家在 2007 年前都确立了关于编制国家温室气体清单的法律和体制框架。

经济转型国家利用《公约》及其《京都议定书》项下现有的机制和工具,大

[①] FCCC/SBI/2012/21.
[②] FCCC/CP/2001/13/Add.1.

量地开展了减缓和适应气候变化的努力,其不仅接受援助,而且还开始向非附件一缔约方转让自己在能力建设方面的专门技能、知识和所获得的收益。捷克共和国、波兰和斯洛文尼亚等在 2007 年前接受能力建设支持的一些经济过渡期国家已成为向发展中国家,如黑山,和其他经济过渡期国家,如白俄罗斯,提供能力建设活动的捐助国,捷克共和国、匈牙利和俄罗斯联邦等一些经济过渡期国家对环境基金的第五个充资期做了认捐。[①]

4. 能力建设最终无法实现平等

尽管基于国家能力的不平等所展开的能力建设是全球范围内在气候变化领域问题解决、能力提升和共同发展的统一,但国际合作仍然是在国家个体利益和全球气候正义相结合下产生的,国家能力是基础和前提,在能力建设的进程中,国家个体利益对其具有不可避免的影响和干预。国际格局中,具有能力优势的发达国家处于国际社会的上层,他们可以通过其能力优势参与到特定的国际规则的制定中来,凭借其力量影响国际秩序,维护、扩大其自身利益。无论发达国家如何在气候正义的国际合作之下帮助发展中国家进行能力建设,达到共同发展,它们都不可能放弃其能力优势。

在能力建设的进程中,发展中国家能够努力加强自身能力建设,在发达国家的援助下增强自主能力,尽可能地缩小与发达国家的能力差距,获得更多的话语和机会。由于国家个体利益的影响,在能力建设中仍会存在发达国家与发展中国家之间、发展中国家与发展中国家之间、不同的利益共同体之间的不平等,这是国际关系中的必然现象,尤其是能力建设具有国家驱动性,天然地具有国家之间的差异性,国际利益必然会影响能力建设中援助和合作的方式、范围、深度等核心层面,影响能力建设的成效。

(三) 能力建设下的个体差异和多主体参与

气候变化的影响是广泛的,涉及众多主体,而无论是个人还是群体,面对气候变化的能力都是不平均的。在参与式民主的影响下,让多主体(专家小组、联合国组织、非政府组织、研究人员、各国政府、传媒、学术界、环境工作者、金融机构、私营部门、青年人、妇女等)参与到能力建设的进程中变得日益重要,特别是利益攸关方,以及面对气候变化最为脆弱的弱势群体的参与,是气候正义与公平在个体和社会层面的重要体现。

调动民间资本和私营部门参与能力建设,能够协助减少发展中国家与气候相关的投资机会风险。发展中国家缺乏能力,不仅体现在缺乏国家项目开

---

① FCCC/SBI/2012/10.

发所需的知识和技能,同时也体现在缺乏愿意承担某些活动的风险的资本市场和投资者,对私营部门开展能力建设就显得尤为重要。例如,美国就发起了全面的气候融资准备支持方案以消除增加私营部门参与的障碍,支持发展中国家能力建设,制定有更多私营资本参与的有效的大规模减缓和适应战略。法兰克福学院的环境、气候和可持续能源融资问题合作中心开展了一个通过公共和私营部门之间合作,进行气候融资,提高小额信贷机构的环境、金融和社会可持续性的项目,在能力建设方面,该项目不仅帮助小额信贷机构了解与气候变化相关的风险,同时也帮助它们认识到为帮助人们应对气候变化影响而专门提供小额贷款所带来的商业机遇。另一方面,该项目帮助农民了解他们如何能够最好地应对气候变化的不利影响,以及如何申请小额贷款,以制定在当地可行的替代性解决办法。①

利益攸关方参与下的协商能够切实促进能力建设的进程,与利益攸关方进行磋商能够提高政策的透明度、建立信任和获得相关信息,这种协商促进了公众对政府的总体信任感和理解,促进了决策的进程。例如,巴西的气候磋商进程包括在线调查和利益攸关方会议,为政府关于国家自主贡献预案的决策作出了贡献。智利的公众磋商程序为国家支持推动将气候变化纳入国家议程提供了依据,使原先不关注气候变化的部委参与进来。墨西哥的利益攸关方磋商促进了行业与气候变化相关目标的实现,使制糖业更新了技术,为分析温室气体的负面影响打开了大门,这一做法反过来促进采用了新技术,还促使该部门签署了一项关于零碳排放的协议。②

个人和群体面临气候变化的能力是不平均的,特别是在一部分发展中国家,妇女在气候变化中因其社会地位处于弱势,气候变化能力建设与妇女权益与平等地位具有紧密联系。一些国际组织致力于性别与气候变化联系方面的能力建设,国际自然保护联盟与全球性别与气候联盟、开发署、环境署、环境与发展妇女组织以及其他83个联合国组织牵头实施了一项关于国家一级能力建设的举措,使利害关系方能够参与制订关于性别与气候变化的战略和行动计划。尼泊尔政府通过了该行动计划,通过共享信息和让妇女参与从计划制定到监测和评估的各个阶段,使妇女能够为国内气候变化议程作出切实贡献。③冈比亚在推广"妇女支持气候公正"这一基于互联网的全球网络,该网络汇集了世界各区域从事性别与气候公正工作的妇女、性别问题活动者和专家。建立该网络是为了响应公众对气候变化不断增加的关注,以及气候

---

① FCCC/SBI/2014/14.
② FCCC/SBI/2015/14.
③ FCCC/SBI/2013/12.

变化政策和措施中纳入关于妇女观点和性别层面信息这一不断增长的需要。发达国家为支持专门针对性别问题的项目或以性别问题为具体内容的项目，开展了广泛的合作举措。这些项目旨在通过培训和提高认识活动增强妇女适应气候变化影响、制订灾害管理计划、增强家庭粮食安全以及改善生计的能力。[①]

三、能力建设领域公平性问题的解决思路

气候变化问题是全球性问题，要求世界各国共同面对。然而世界各国应对气候变化的能力是不一致的，能力建设机制便是指旨在通过多种手段和措施提高发展中国家以及经济转型期国家充分参与和有效履行依《公约》所做的承诺的能力的机制。因此，能力建设主要是为了发展中国家及经济转型国家实现应对气候变化的相关承诺而形成的机制，能力建设服务的对象是发展中国家以及经济转型国家。与之相适应，能力建设的主体除了这两类国家的自身建设外，还要求发达国家提供相应的资助。具体体现为：

首先，对能力建设的公平性问题的准确定位。国家能力的不平等性决定了能力建设的差异性。对于不同类型的国家，能力建设项目在范围、种类和规模上有着很大差异。发展中国家、最不发达国家与小岛屿国家，经济转型国家在能力建设的范围上就存在有明显区别，其能力建设的侧重点也不尽相同。因此，能力建设也不能一概而论，必须结合该国的实际情况和当地具体情况开展。能力建设的国家驱动性提出了两方面的要求，一方面在于以国家具体情况为依据，另一方面还在于开展了能力建设的国家需要留住已建立的能力。因为能力建设的基础性和前提性，是一种嵌入式的机制，能力建设应当具有滚雪球的效应，不断自行发展，而一旦建立了能力之后国家要确保能力的持续存在。

其次，发展中国家以及经济转型国家能力建设的自我建设。对于发展中国家而言，主要面临的问题是适应能力的落后，发展中国家一方面面临着最大、最早的负担，尤其是热带和副热带区域的发展中国家将遇到一些最强劲的气候变化的影响，同时气候变化的风险将叠加在其本身贫穷和脆弱的社会之上；另一方面发展中国家，尤其是最不发达国家却只能通过拥有的极其有限的资源来应对气候变化的风险，适应成为了这些国家的自救问题。对于发展中国家，特别是最不发达国家，其能力建设的首要问题和重点问题就是适应气候变化的能力。发展中国家不仅需要通过自助和合作性的国际援助不

---

① FCCC/SBI/2014/2.

断提升本国适应气候变化的能力,还需要将应对气候变化的能力建设提到影响国家发展的战略地位,注重能力建设的自我建设,而非被动接受援助,应积极根据本国的能力需求并结合国际社会所给予之援助的背景下,不断更新、发展本国的适应能力。

最后,发达国家对发展中国家以及经济转型国家的资助。发达国家在态度上应该积极帮助发展中国家与经济转型国家加强能力建设。发达国家应提升气候变化的政治影响,将应对气候变化置于外交与发展援助工作的优先领域,帮助发展中国家应对气候变化带来的影响,通过多种渠道为发展中国家尤其是最脆弱国家提供不同形式的资金和技术援助,确保援助能够覆盖减缓和适应领域。

在具体资助措施上,发达国家应当从以下几方面着手:帮助完善适应项目、清洁能源项目、可持续地貌项目;建立双边、多边战略合作伙伴关系及共同体气候变化中心等对话机制建设;帮助建设气候外交网络,为其实现气候外交战略目标提供了大量外交资源;通过既有的技术和资金机制,为发展中国家提供援助,将应对气候变化融入减贫与发展战略;帮助保护植被减少温室气体排放、提高全球碳交易市场的参与度及减灾;与发展中国家加强技术合作、资金合作和其他合作形式。

第六章 "气候与贸易"的公平性问题

国际气候法律新秩序构建中与国际贸易相关联的公平性问题,主要是在碳排放权和减排义务分配的环节,因为国际贸易造成的碳转移和碳泄漏,影响着碳核算的准确性,进而也影响着碳排放权和减排义务分配的公平性。在以《公约》及其《京都议定书》为基础的国际气候法律框架未建立之前,气候问题与国际贸易问题之间并没有法律上的联系,即使是两者之间在事实上的关联也较少受到关注。但由于气候问题是一个全球问题,具有综合性、复杂性的特征,无疑会对国际贸易的诸多环节产生事实上的影响。其中,由于国际贸易导致的碳排放转移和碳泄漏问题,是两者之间联结的焦点问题。由于碳转移和碳泄漏现象的存在,使得国际气候法律新秩序构建中必须要考虑该现象对碳排放核算的影响,建立公平的碳核算机制,并在此基础上在碳排放权分配以及减排义务分配的过程中对各个主体予以公平对待。

第一节 "气候与贸易"作为关联议题的提出

国际贸易的存在远较气候问题的提出久远,因此国际贸易领域比气候变化领域更早地关注了两者间的关联,尤其是贸易与环境整体的关联。"气候与贸易"问题的提出,是在 WTO 框架下"贸易与环境"问题的细化和延续。贸易与环境在经济链条上具有客观的联系,贸易客体无论是产品或服务,都需要以一定的生产、运输等活动为基础,而生产、运输都需要消耗能源和资源,需要占用一定的排放空间。① 基于这样的客观联系,也基于近年来国际气候谈判的推进,气候与贸易议题在国际社会上受到了更多的关注。

2007 年《公约》第 13 次缔约方会议和《京都议定书》第 3 次缔约方会议(COP13/CMP3)在印尼巴厘岛召开,这次会议开启了国际贸易与气候变化议题的谈判。参加此次会议的欧盟、日本、美国、中国和印度等各国贸易部长举行了一次非正式会议,探讨国际贸易政策与气候变化政策之间的关联,以及是否可以通过国际贸易政策推动气候变化的应对。这是当时讨论国际贸易

---

① 参见边永民:《含贸易措施的多边环境协议与 WTO 之间的关系》,载《当代法学》2010 年第 1 期。

与气候变化会议最高规格的一次国际会议,会议形成了"气候变化行动可能涉及贸易扭曲,从而威胁经济发展"的观点。① 世界银行也于 2007 年出版了《国际贸易与气候变化:经济、法律和制度分析》的研究报告,认为《京都议定书》实施国家的产业竞争力受能源效率标准的影响大于碳税政策的影响;碳税政策对产业竞争力的影响常常被各种政策所抵消,即采用补贴和免税手段将税收所得返还给能源密集型产业通常可以补偿,甚至过度补偿这些产业的由于碳税政策所遭受的负面影响;有证据支持碳密集型产业在向发展中国家转移的推断,如果工业化国家对气候政策的要求进一步提高,碳密集产业的泄漏问题会更加显现;对于贸易措施是否正当的审视要具体化;现存的各种关税和非关税壁垒也妨碍了清洁能源技术在发展中国家的扩散。② 尽管在贸易与应对气候变化的环境机制之间存在冲突的可能性,如果"能够对当前世贸组织议事日程中的议题进一步研究就可以起到促进在全球范围内实现更高的环境目标的作用"。③ 2008 年,丹麦哥本哈根举行了两次专门以"贸易与气候"为主题的国际研讨会,讨论国际贸易政策和气候变化政策间的相互影响。④

　　国际贸易与气候变化关系得到国际文本首次阐释是在 2009 年 6 月 26 日,其时世贸组织(WTO)与联合国环境规划署(UNEP)共同发表了一份报告,题为《贸易和气候变化》⑤,这份报告也同时对"气候与贸易"议题进行了较为充分的论证。报告通过"当前气候变化的科学体系""贸易与气候变化的理论与证据""应对气候变化的多边协作"和"减缓与适应国家气候变化政策及其对多边贸易的影响"四个部分来阐述贸易和气候变化的相互关联性,表达了希望通过对这两者间的关系的透彻了解以促进协同发展的愿景。报告认为,国际贸易与气候变化两者之间有密切的联系,贸易活动会增加产品生产及运输等环节的能源消耗,从而带来碳排放;但另一方面,国际贸易也可以促进清洁技术的开发、转让及推广,提高能源使用效率,促进一国经济结构的转型。⑥

---

① 参见闫云凤:《国际贸易与气候变化的协调对策研究》,载《对外经贸》2013 年第 10 期。
② 世界银行:《国际贸易与气候变化:经济、法律和制度分析》,廖玫主译,高等教育出版社 2010 年版,第 94—96 页。
③ 同上书,第 10 页。
④ 参见冯相昭、田春秀、任勇:《高度重视气候变化与国际贸易关系新动向》,载《国际瞭望》2008 年第 408 期。
⑤ 参见刘冰:《气候变化下国际贸易法律问题研究——兼谈我国应对策略》,载《海峡法学》2010 年第 3 期。
⑥ 参见世界贸易组织、联合国环境规划署:《贸易和气候变化》,载 UNFCCC 网站:http://unfccc.int/files/adaptation/adverse_effects_and_response_measures_art_48/application/pdf/part_iv_trade_and_climate_change_report.pdf,最后访问时间:2016 年 7 月 11 日。

2010年,世界银行以"发展与气候变化"为题,发布了一年一度的《世界发展报告2010》,指出了气候变化威胁着所有国家,要立即采取行动,以公平的协议为基础建立起全球合作,通过转变能源利用方式,发展清洁机制,利用气候融资等方式为发展创造出适宜的气候环境。① 随后几年内,全球范围内碳排放交易以及碳关税政策的讨论和多数国家的政策立法实践都是对气候变化与贸易予以联结的典型实例。2015年中美元首共同发表《气候变化联合声明》,其中除了明确提出两国的减排承诺外,还提出要促进两国间的绿色产品贸易。

这些国际层面上对"气候与贸易"议题的讨论和实践,不断地推动着人们对于这一问题的理解和重视,而这也正是我们接下来对于其中的"公平性"问题予以讨论的事实基础。

第二节 "气候与贸易"的公平性问题

从《公约》到《巴黎协定》,国际气候变化法律体系在内部建构上日趋成熟。但是,作为一个全球性的综合议题,气候变化问题必然与其他领域的法律问题产生关联。由于国际贸易中隐含碳(Embodied Carbon)的产品导致的碳排放转移以及由此而生的碳泄漏现象,是气候变化法和国际贸易法之间联结的焦点问题。② 由于碳转移而致的碳泄漏现象,使得国际气候法中减排责任分担机制的公平性受到质疑,无论发达国家还是发展中国家均主张为限制碳泄漏现象而采取单边措施,诸如碳关税和边界调节措施,然而这又造成了"气候与贸易"两个领域的紧张关系。碳泄露的公平性问题主要发生在"气候与贸易"关联的领域,其法律规制也主要涉及两个领域的制度协调。仅靠国际气候变化法或国际贸易法任何单一领域的规制措施,无法真正解决碳泄露及其引发的公平性问题。

一、"气候与贸易"公平性问题的事实基础

(一) 碳泄露是"气候与贸易"公平性问题关联的事实基础

碳泄漏(Carbon Leakage)是碳排放外部性的一种形式,其关注的核心问题是排放责任主体是否承担了相应的减排成本。由于国际贸易中隐含碳

---

① 参见世界银行:《世界发展报告2010》,载《世界环境》2009年第6期,第52页。
② See World Bank, *Trade in virtual carbon-Empirical Results and Implications for Policies*, Washington DC: World Bank, 2010, 563—564.

(Embodied Carbon)的产品贸易引起了国家之间的碳转移,从而可能导致部分碳排放量逃避国家规制形成碳泄漏。由此可见,碳泄漏也是"气候与贸易"关联的一个核心议题。在《京都议定书》确立的附件一国家强制量化减排模式下,碳泄漏关注的重点是减排措施的效果,即避免采取减排措施的国家减少的碳排放量被未采取碳排放措施的国家增加的碳排放量抵消,并避免采取减排措施的国家竞争力受损。而在《巴黎协定》确立的"国家自主贡献"方案(INDC)下,所有缔约国均对碳减排作出承诺,因减排措施的差异造成的碳泄漏问题得以缓解,碳泄漏关注的重点也转向由于国际贸易导致的碳转移对各国减排责任分担公平性的影响。

碳泄漏的概念最初主要是由于欧盟、美国等对《京都议定书》实施效果的担心而提出[1],因为《京都议定书》根据"共同但有区别责任"原则将量化强制义务赋予附件一国家,而非附件一国家只承担道义上的自愿减排,这样就会导致部分国家采取强制减排行动的效果会被未采取减排行动的国家增加的排放抵消。1996年的政府间气候变化委员会(IPCC)第二次评估报告(SAR)即提及碳泄漏问题,并对碳泄漏率进行了非常粗略的评估(泄漏率在0—70%之间)。[2] IPCC的第三次评估报告(AR3)则将碳泄漏明确定义为"附件一国家的部分减排量可能被不受约束国家的高于其基线的排放增加部分所抵消"同时,该报告还详细列举了碳泄漏的发生方式:(1) 不受约束区域的能源密集型生产的转移;(2) 由于对石油和天然气的需求下滑而引发国际油气价格下降,从而造成这些区域的化石燃料消费上升;以及(3) 良好的商贸环境带来的收入变化(因而能源需求发生变化)。[3] 比如,规定在《京都议定书》中的第一承诺期(2008—2012年)的减排目标仅仅针对附件一发达国家和经济转轨国家,非附件一发展中国家并未承担强制性减排义务,在这些情况下,附件一国家的能源密集型产业就不可避免地向非附件一国家以及部分经济转轨国家转移(经济转轨国家尽管是附件一国家,但由于经济衰退而且减排目标过于宽松以致不需要采取大量的减排行动),能源密集型产业的转移就意味着大量的碳排放。除此之外,诸如美国、澳大利亚等拒不签署《京都议定

---

[1] 有相当一部分研究者认为碳泄漏的概念是在1995年《柏林授权》中首次提出,但查阅《柏林授权书》全文,并没有提及碳泄漏问题或使用相关概念。因此,较早明确提出碳泄漏概念的官方文件应当是1996年IPCC第二次评估报告(SAR)。详见下文相关论述。

[2] See IPCC Second Assessment Full Report(SAR), p. 245, available at http://www.ipcc.ch/pdf/climate-changes-1995/ipcc-2nd-assessment/2nd-assessment-en.pdf, (Last visited Sep. 10, 2016). 关于碳泄漏率的评估,到AR3调整为5%—20%,AR4在承认该评估还具有很多不确定性的同时也认为大多数模型支持了上述碳泄漏率,因而基本维持了这一比例。

[3] See Climate Change 2001: Mitigation, Appendices, II Glossary[EB/OL][2016-09-10]. http://www.grida.no/publications/other/ipcc_tar/, (Last visited Sep. 10, 2016).

书》的附件一国家,若不采取有效的减排行动,也有可能成为碳泄漏的流入对象。

IPCC 第四次评估报告(AR4)基本延续了 AR3 的定义,认为碳泄漏是一国的减排政策导致另一国排放增加从而削弱其减排政策的效应,报告还特别列举了采取宽松政策而获得贸易优势的例子。值得注意的是,AR4 还将碳排放权交易导致的排放增加视为碳泄漏的另一种类型,认为单边减排释放的排放许可会通过排放贸易机制而使他方获得新增排放的机会,从而会抵消原来的减排效果。[①] 由于碳排放交易主要是通过联合履行(JI)以及排放贸易(ET)在附件一国家之间进行,所以 AR4 对于碳泄漏的定义并未将碳泄漏仅限于是附件一国家向非附件一国家单一的碳转移,实际突破了原来附件一和非附件一国家之间的主体划分。

2015 年的《巴黎协定》确立了"国家自主贡献"减排方案(INDC),虽然减排强制力暂时看来弱于《京都议定书》,但参与范围更加广泛,将《公约》的所有缔约方都纳入了新协议之中。这一变化形式上进一步消除了附件一国家与非附件一国家在碳泄漏问题上的对立,因为理论上既然所有缔约方均作出自主减排承诺,则原有的因减排措施产生的碳泄漏问题得到缓解,而非因减排措施,如因减排技术、能源资源禀赋、劳动力成本等引起的贸易隐含碳的转移,受到了更多的关注。

从碳泄漏的概念前述演进过程来看,最初关注的重点在于碳排放抵消问题,即部分国家采取减排措施的效果会被其他未采取措施的国家增加的排放抵消;《巴黎协定》确立 INDC 之后,由于各缔约国均会根据本国国情作出自主贡献方案,碳泄漏关注的重点转移到了非因减排措施引起的碳转移问题,尤其是碳转移引起的各国碳减排量的核算问题。因为该问题又会直接影响到各国减排义务的公平分担。

(二) 碳泄露问题的形成机制

在《公约》及其《京都议定书》的体系下,碳泄漏的形成机制主要是由制度性因素引发,即主要由减排措施的外部性引发的。因为在《公约》及其《京都议定书》的框架下,减排协议参与度不够广,各国承担不同的减排义务,尤其是部分国家承担强制性的减排义务,另一部分国家采取自愿减排方式,这就

[①] See Climate Change 2014: Mitigation of Climate Change, Contribution of Working Group III to the Fifth Assessment Report of the Intergovernmental Panel on Climate Change, 3.7.1.4[M]. Cambridge University Press, 2014: 237.

导致了各个国家之间"非对称性"的减排政策(Asymmetrical Carbon Policies)。① 在大多承担减排义务的国家,其贸易环境相对更自由和开放;在开放的条件下,一旦采取环境管制政策,不可避免地会提高企业的生产成本,损害该国贸易产业的国际竞争力。② 企业的生产成本在环境政策严格的国家上升,而在环境政策相对宽松的国家下降;结果就是,后者在这方面的相对竞争力上升,产量也增加;前者的企业竞争力下降以及劳动力市场的劳动力过剩,前者的企业投资者甚至开始向海外转移。这种现象可以归结为"污染避难所效应"(Pollution Haven Effect)。③ 碳泄漏实际既是碳排放外部性的表现形式,也是碳排放领域的"污染避难所"问题的典型表现方式。

但是,在《巴黎协定》确立的"国家自主贡献"方案下,《公约》的所有缔约方均根据本国国情对减排作出承诺,因非对称性减排措施引发的碳泄漏问题被弱化。在此情况下,更需要关注的是非由减排措施引发的碳泄漏。因减排措施引发碳泄漏实际上存在着很大的不确定性:一方面在于碳减排国少碳排放不一定会导致全球化石能源需求下降和价格下跌,从而引发非减排国家增加化石燃料采购,因为化石燃料市场并非是一个开放的竞争市场④;另一方面,即使单边碳减排措施有可能导致减排国的环境成本内化,导致其生产成本总体提高,但如果考虑到这些产品的运输成本因素,减排国不一定会大规模的采购非减排国的能源、原料和初级产品。因此,有学者认为,现有研究文献无法提供有力的证据证明单边的碳减排措施和碳泄露之间具有明显的正相关性,从而导致全球碳排放总量的增加。⑤ 而从国际贸易成因的角度看,比较优势是国际贸易发生的原因⑥,导致比较优势存在的原因,如生产要素(包括初级生产要素如资源、气候、地理位置、非技术人工和半技术人工等,高级生产要素包括信息、教育、研发、人力技能、技术等)等诸多因素都可能会通

---

① See Andrei Marcu, Christian Egenhofer, Susanna Roth & Wijnand Stoefs. Carbon Leakage: An Overview, CEPS Special Report, No. 79, 2013.
② 参见谢来辉、潘家华:《发展低碳经济与区域互动机制研究》,载《城市与区域规划研究》2010年第2期,第73—87页。
③ See Eskeland, G. S., & Harrison, A. E., Moving to Greener Pastures? Multinationals and the Pollution Haven Hypothesis, Washington, DC: World Bank, 1997, p. 4.
④ 参见赵玉焕、范静文、易瑾超:《中国——欧盟碳泄漏问题实证研究》,载《中国人口·资源与环境》2011年第8期,第113—117页。
⑤ 马翠萍、史丹:《开放经济下单边碳减排措施加剧全球碳排放吗——对碳泄漏问题的一个综述》,载《国际经贸探索》2014年第5期,第4—15页。
⑥ 19世纪初,李嘉图在斯密的绝对优势论的基础上提出了比较优势论,成为自由贸易理论的基石。100多年来,国际贸易理论的发展基本上没有跳出比较优势的范畴。参见袁宜:《从国际贸易成因探索历程看竞争优势论》,载《国际经贸探索》2002年第5期,第16—20页。

过对生产成本的影响而导致国际贸易和碳转移。① 通过国际贸易进行碳转移由于科学合理的核定机制,从而会"溢出"管制框架之外,出现碳泄漏。

从对碳泄露概念及其形成机制的分析可知,碳泄漏并非只是因非对称性减排措施引发。将碳泄漏局限于减排措施,只是京都机制下的附件一国家要求发展中国家承担量化强制减排义务的借口。实际上,任何造成不同国家或地区之间生产成本差异的因素均会引起产业或产品的转移,从而引发碳转移,而这部分碳转移在减排责任分担核算时并没有被科学、合理地评估,导致应当承担碳排放成本的主体未承担该成本,从而造成碳泄漏。

(三) 直接影响

碳泄漏的实质是碳排放的外部性问题,而非是非对称性措施引起的碳排放转移,其结果导致国际范围内一部分碳排放通过国际贸易中的隐含碳和碳转移避开了《公约》框架的约束,或者虽然仍在《公约》的框架内调整,但没有公平合理地分配给相应的责任者。碳泄漏问题体现了环境与贸易在气候变化领域的冲突,是国际气候法律新秩序构建中需要解决的公平性问题之一。

首先,尽管非对称性减排措施引发的碳排放抵消效果并非是碳泄漏关注的重点问题,但在存在非对称减排措施的情况下的碳泄漏确实有可能会直接影响世界范围内的有效减排。由于碳排放领域的"污染避难所"效应以及碳泄漏问题的存在,从世界范围来看,全球的碳排放总量并非下降了,而只是发生了转移。例如,日本学者竹村真一就曾指出,"是全世界在污染中国",因为日本国内实行的碳税措施使得其本国企业为降低生产成本,将高碳排放的钢铁等产业转移到中国等碳排放限制不严格的国家。② 因此,一方面是附件一国家采取减排措施降低的碳排放量被未采取减排措施的非附件一国家抵消;另一方面,非附件一国家主要是发展中国家成为发达国家高排放、高污染产业的承接国,同时不平等的国际经济秩序使发展中国家成为发达国家能源、资源高消耗型产品的主要供应地。而这两方面的因素使得全球范围内的碳排放量继续增加。

其次,碳泄漏问题进一步影响到各国减排责任的计量和分担。在国际气候谈判中,如何分配各国的碳排放权和减排义务,各国的碳排放总量各自应该控制在多少一直是国际气候谈判的焦点。③ 各国的碳排放量(包括历史排

---

① 参见袁宜:《从国际贸易成因探索历程看竞争优势论》,载《国际经贸探索》2002年第5期,第16—20页。
② 参见张坤民、潘家华、崔大鹏:《低碳经济论》,中国环境科学出版社2008年版,第238页。
③ 参见陆森菁:《碳排放不公平性研究综述》,载《资源科学》2013年第8期,第1617—1624页。

放量和现实排放量)是分配减排责任的主要指标。而碳泄露问题的存在,直接影响到各国碳排放量的计算,并引发了碳减排义务分担的公平性问题。由于碳泄漏问题的存在,发展中国家(多为碳泄漏流向国)并没有从其累积的碳排放量中获得真正的经济实惠(扣除减排成本后),这些碳排放量的受益者实际上是发达国家及其消费者。但在计算各国碳排放量时,这些实际上被发达国家消费者消耗的碳排放量却被计入发展中国家的现实排放量中。

发达国家对碳泄漏问题的关注实际上与其对其相关产业国际竞争力和国内劳动力市场失业问题的担忧有关,因此往往基于碳泄漏问题要求发展中国家共同参与减排,或者自己采取保护主义政策。例如,美国当年退出《京都议定书》时提出的理由之一就是:中国和印度等排放大国免于承担减排义务,会危害美国国内的竞争力,也使得全球减排缺乏效力。长期以来,欧盟等发达国家一方面努力说服未批准议定书的美国和澳大利亚重回谈判,另一方面不断地向发展中国家,尤其是中国、印度等碳排放大国施压,要求它们尽早承担减排义务,其目的虽有出于保护全球气候的考虑,但毫无疑问出于保护其本国能源密集型产业的国际竞争力。[1]

总之,值得注意的是,碳泄漏客观上造成了发展中国家碳排放量的增加。在国际气候谈判中,如果这些碳排放量完全被纳入发展中国家累积的碳排放总量中,并据此确定它们的减排义务,对发展中国家是不公平的。[2] 因此,在构建国际气候新秩序的过程中,应当充分关注碳泄漏可能带来的公平问题,关注各国碳排放总量核算的准确性和合理性,进而在分配各国的碳排放权和减排义务的过程中实现公平。

二、"气候与贸易"公平性问题的制度基础

(一)国际气候框架协议中的贸易性条款

一般而言,国际气候变化法中的贸易措施可能涉及与贸易有关的减排措施、碳排放交易、气候友好型技术贸易、碳边境调节措施等。《联合国气候变化框架公约》是国际上第一个应对气候变化的国际公约,其目标是通过控制温室气体的排放,保护气候系统俄免受人类活动的干扰以使气候系统能稳定地保持适宜人类生存的状态。《公约》作为一个全球性的应对气候变化框架公约,从一开始它就关注了气候与贸易关系这一宏观议题,《公约》第 3 条第

---

[1] 参见黄舒涵:《国际碳源转移研究》,浙江工业大学 2012 年硕士学位论文,第 34 页。
[2] 参见何艳秋、戴小文:《中国碳排放国际转移的行业敏感性分析》,载《中国科学院大学学报》2016 年第 2 期,第 188 页。

5款明确指出,"为应对气候变化而采取的措施,包括单方面措施,不得成为国际贸易中任意的或无端的歧视手段或变相的限制。"《公约》及其后的《京都议定书》则建立了阶段性的量化强制减排模式,同时还创设了"灵活三机制",包括碳交易机制,碳交易通过市场激励机制提高各国及其国内企业积极减排以便获取可交易的碳排放指标,这种碳交易方式实际上是一种新型的贸易方式。德班之后,对清洁发展机制(CDM)的使用有所限制,特别是对中国等发展中排放大国。但碳交易的相关机制已经越来越成熟。

现在的趋势是:越来越多的减排国(主要是发达国家)要求发展中国家(尤其是中国和印度这类排放大国)承担减排义务,限制他们的排放权。从国际贸易的角度来看,一味地强调减排自然会使得减排国的企业竞争力下降,影响世界产业格局,进而可能影响到建立公正的国际贸易秩序。以WTO为核心的国际贸易规则的成熟性和效力一直都为各国称道,因此利用WTO规则来检验气候变化措施在一定程度上将有助于确保这些措施是可预期的、透明的和公平实施的。

(二)贸易措施(贸易协定和单边贸易政策)中的气候条款

与在国际气候变化法框架中考量贸易措施相对应的另一条研究路径,是在当前国际贸易法框架中思考气候变化与贸易的关联和冲突乃至应对措施。一般而言,检验贸易法中的环境责任条款要关注国际贸易相关法律主要是以WTO规则为核心的,包括WTO各成员国和非成员国的多边、单边贸易措施。然而通过浏览WTO的官方网站可以发现,目前气候变化问题尚未成为WTO工作计划的组成部分,也没有专门针对气候变化的WTO规则;但各国的应对气候变化的政策和措施正在以各种方式与国际贸易相互关联,因此,在以WTO为核心的贸易措施中,与气候变化问题有关的环境条款也是有迹可循的。如《马拉喀什建立世界贸易组织协定》规定:"本协定各参加方……同时应依照可持续发展的目标,考虑对世界资源的最佳利用,寻求既保护和维护环境,又以与它们各自在不同经济发展水平的需要和关注相一致的方式……"GATT第20条的引言和(b)款和(g)款规定,"在遵守关于此类措施的实施不在情形相同的国家之间构成任意或不合理歧视的手段或构成对国际贸易的变相限制的要求前提下,本协定的任何规定不得解释为阻止任何缔约方采取或实施以下措施……(b)为保护人类、动物或植物的生命或健康所必需的措施……(g)与保护可用竭的自然资源有关的措施,如此类措施与限制国内生产或消费一同实施……"此外,《服务贸易总协定》《与贸易有关的知识产权协定》《技术性贸易壁垒协定》《政府采购协定》《补贴与反补贴措施协定》《实施卫生与植物卫生措施协定》和《农业协定》中也有关于环境保护的规定。

在前面的讨论中我们已经谈到,开放的国际贸易体系有利于促进生产要素在全球的有效配置,尤其是其中气候友好技术的开放、转让和使用,对于帮助发展中国家经济的绿色转型至关重要;而各国在气候变化法律框架内采取的减缓和适应气候变化的措施也可能影响国际贸易,因为这些政策措施改变了参与国际贸易的国家、企业的生产成本、竞争优势。①事实上,这两者的相互影响和作用已经引起了许多的共同关注。根据世界银行的报告,由于环境或自然资源领域的现行市场体制、政策机制的不完善,贸易协定中的条款很可能对环境造成不利影响,如降低贸易壁垒会增加各国出口使用资源密集型生产要素生产产品的倾向。如由于环境政策力度不强,发展中国家的贸易壁垒的降低反而会使生产和出口结构转向高污染或资源密集型产业;贸易的开放会使本国政府为了吸引外资或为了加强本国企业的竞争力而降低环境标准;为了保护本国企业,环境关税会被伪装为抵制环境标准不完善的国家的工具。然而在实践中,与以上问题相反的情况也常常发生:大多数贸易比较开放的国家采用清洁技术的速度相对较快,且实际收入的增长常是因为对环境质量需求的增长。更高程度的贸易开放也会对清洁技术产生促进作用,这是因为采用保护主义政策的国家会庇护污染密集型的重工业。但是对自然资源的压力,包括追求过度开采或消耗资源,一般都与相关领域内的政策和制度因素直接相关,而与贸易开放程度次相关。②

WTO 中的诸多原则、规则均会对气候变化政策产生影响,如非歧视原则,包括最惠国待遇原则和国民待遇原则,如碳边境调节措施、生态标签和技术性贸易壁垒规则、气候友好型技术的开发和分享涉及的有关国际贸易的知识产权相关规则(TRIPS)。

三、"气候与贸易"的公平性问题

尽管气候变化与国际贸易的国际法规制已经出现了相互协调的趋势,但两者的冲突依然存在,在实践中表现更为突出。典型如欧盟试图征收的航空碳税因国际社会抵制而被迫搁浅。③但不可否认的是,国际气候法与国际贸易法都是各国协商、妥协的结果,其宗旨都是为了构建一个更有利于全人类

---

① 参见李丽:《低碳经济对国际贸易规则的影响及中国的对策》,载《财贸经济》2014年第9期。
② 参见世界银行:《国际贸易与气候变化:经济、法律和制度分析》,廖玫主译,高等教育出版社2010年版,第9页。
③ 参见刘勇、朱瑜:《关联、挑战与应对:气候变化背景下国际贸易法的转型思考》,载《国际关系与国际法学刊》2010年总第4卷。

福祉的世界,二者的关联议题已然受到越来越多的关注。这种趋势有利于解决气候和贸易领域中的以碳泄漏为事实基础的公平性问题。

碳泄漏问题影响到各国减排责任的计量和分担。在国际气候谈判中,各国的碳排放量(包括历史排放量和现实排放量)是分配减排责任的主要指标,对于附件一国家,这也是衡量其减排义务是否履行的重要指标。而碳泄露问题的存在,直接影响到各国碳排放量的计算。而如何分配各国的碳排放权和减排义务,各国的碳排放总量各自应该控制在多少已经成为当前国际气候谈判的焦点。① 因此,碳泄漏问题通过影响计算碳排放总量的精准性从而引发了国际气候新秩序构建中的公平性问题。

由于碳泄漏问题的存在,发展中国家(多为碳泄漏流向国)并没有从其累积的碳排放量中获得实际的经济实惠;这些碳排放量的受益者实际上是发达国家及其消费者。例如,几位学者的研究发现:在考虑了国际分工后,中国进口的大部分产品是为了生产,而不是最终消费,但生产产品中却有相当大的部分是用于出口,故在总体上中国是在替发达国家排放二氧化碳。②

发达国家对碳泄露问题的关注实际上与其对其相关产业国际竞争力和国内劳动力市场失业问题的担忧有关,因此往往基于碳泄漏问题要求发展中国家共同参与减排,或者自己采取保护主义政策。例如,美国当年退出《京都议定书》时提出的理由之一就是:中国和印度等排放大国免于承担减排义务,会危害美国国内的竞争力,也使得全球减排缺乏效力。长期以来,欧盟等发达国家一方面努力说服未批准议定书的美国和澳大利亚重回谈判,另一方面不断地向发展中国家,尤其是中国、印度等碳排放大国施压,要求它们尽早承担减排义务,其目的虽有出于保护全球气候的考虑,但毫无疑问于保护其本国能源密集型产业的国际竞争力。③

总之,值得注意的是,碳泄漏客观上造成了发展中国家碳排放量的增加。在国际气候谈判中,如果这些碳排放量完全被纳入发展中国家累积的碳排放总量中,对发展中国家是不公平的。④ 因此,在构建国际气候新秩序的过程中,应当充分关注碳泄漏可能带来的公平问题,关注各国碳排放总量核算的准确性和合理性,进而在分配各国的碳排放权和减排义务的过程中实现公平性。

---

① 参见陆森菁:《碳排放不公平性研究综述》,载《资源科学》2013 年第 8 期。
② 参见王媛、王文琴、方修琦、魏本勇、李东哲:《基于国际分工角度的中国贸易碳转移估算》,载《资源科学》2011 年第 7 期。
③ 参见黄舒涵:《国际碳源转移研究》,浙江工业大学 2012 年硕士论文,第 34 页。
④ 参见何艳秋、戴小文:《中国碳排放国际转移的行业敏感性分析》,载《中国科学院大学学报》2016 年第 2 期。

第三节 "气候与贸易"公平性问题的制度协调

部分国家基于自身对碳泄漏问题的理解和评估,试图通过单边的国内政策措施进行调整,如税收、政府补贴、环境标准或环境标志等。这些单边贸易措施的推行是引发"气候与贸易"公平性问题的重要原因。比如,以欧盟为主的发达国家将碳泄漏理解为因减排措施差异导致的碳排放转移,并由此而使采取严格减排措施的国家或地区竞争力受到不公平地损害为由,通过从欧盟层面制定相关指令推行航空碳税等调节措施,以便保护本国航空业免受减排成本投入的影响。① 上述措施在对碳泄漏问题的行调整的同时,导致了国际气候法律框架与国际贸易法律框架之间的紧张关系。与气候相关的单边贸易措施数量庞大,包括碳关税、边界税收调节(Border Tax Adjustments,BTA)、边境贸易措施(如边境进口调整、边境出口退税、充分边境调整和国内补贴等)。

一、单边贸易措施的推行和"气候与贸易"的公平性问题

与气候相关的单边贸易措施数量庞大,可以包括惩罚性关税(碳关税),如边界税收调节、边境碳税调解;边境贸易措施,如边境进口调整、边境出口退税、充分边境调整和国内补贴等边境贸易措施等等;并且根据不同的标准,对单边贸易措施可以有不同分类。虽然这些单边贸易措施是各国解决气候变化问题的主要手段,但是这些措施也可能成为保护主义的工具。有学者认为这些单边贸易措施比一般性关税之类的贸易保护措施的危害更大。② 基于此,这些单边贸易措施应遵循以 WTO 为中心的贸易条款,警惕其成为新的贸易保护手段,侵害国际贸易秩序。本书主要介绍三种较为典型的、被一些国家用以应对碳泄漏的单边贸易措施:碳关税、谈标签(识)、碳补贴。

虽然有学者认为单边贸易措施有其合理性和作用,但是学界对于单边贸易措施的争议仍然较大。另外有学者认为单边贸易措施可能片面夸大了减排措施对碳转移、碳泄漏的刺激作用,并基于对碳泄漏成因及后果的评估采取了偏激的单方贸易措施,这些措施提高了发展中国家出口产品的成本,由此不公平地损害了发展中国家的利益,从而可能引发这些其他国家的报复,

---

① 参见李威:《论气候与贸易国际法和国际机制的互动与协调》,载《上海对外经贸大学学报》2014 年第 5 期。
② See Alan Sykes: "Regulatory Protectionism and the Law of International Trade", *University of Chicago Review*, Volume 66, 3, (1999).

引发国际范围内的贸易战,影响开放、公平国际贸易秩序。① BTA 等单边措施还容易被利益集团利用成为贸易保护工具②;与此同时,在 WTO 的框架下,BTA 的合法性也值得讨论。

1. 冲突例证:碳标签

作为第三代环境标识的碳标签是一种产品信息披露制度,它是以标签的形式将商品整个生命周期(包括生产、运输、存储、消费、废弃处理等各个环节)碳排放量标示出来,以便消费者和其他相关者知悉。③ 碳标签并非是监管、许可制度,它并未限制产品价格或消费者购买权,也未与产品质量关联,只是保证消费者知情权的形式。但在部分消费者获知产的碳排放信息后,他们也许会选择低碳产品,从而间接起到引导产业结构和产品生产向低碳化转型,并达到减少温室气体的排放、缓解气候变化的目的。因此,碳标签一旦得到消费者广泛认同后,就会对产品生产国的产品竞争力造成重大影响。由于碳标签采用的是"从摇篮到坟墓"的生命周期环境影响评价方法,因此,在气候变化领域引入碳标签制度意味着要根据产品的生产过程和生产方法(PPMs)来区别对待同类产品,这一措施也可能从对国际贸易产生潜在影响,并引发相关争议。

碳标签的建立和适用可能形成新的贸易壁垒,尤其是针对发展中国家的贸易壁垒。如前述,碳标签是一种产品碳信息的披露制度,其目的在于引导消费者的购买倾向。通过消费者"用购买投票",使低碳产品能够获得优势竞争地位。而由于众所周知的事实,发展中国家由于产业结构、低碳技术水平、能源资源禀赋等原因,其产品碳排放往往都要高于发达国家的同类产品。如果用"碳标签"将商品生命过程中所有的碳排放明示标出,必然会使得大多数发展中国家处于不利地位。④ 此外,进口国政府在设置碳标签的类别、标准时,可能不会考虑出口国的技术、经济、环境状况,而是偏向本国生产商,抬高标准,造成非关税壁垒,打击国外同类产品的生产商,从而对国外同类产品尤其是发展中国家的同类产品进入进口国市场造成不利影响。因为发展中国家产品的加工与生产方法能会导致更高的碳排放,具有较高的碳足迹,往往

---

① See Mattoo, Aaditya & Subramanian, Arvind & van der Mensbrugghe, Dominique & He, Jianwu: Reconciling climate change and trade policy, Policy Research Working Paper Series 5123, The World Bank, 2009.
② See Henrik Horn & Petros C. Mavroidis, "To B(TA) or Not to B(TA)? On the Legality and Desirability of Border Tax Adjustments from a Trade Perspective", *The World Economy*, Wiley Blackwell, vol. 34(11), Nov, 2011, p.1911.
③ 参见吴洁、蒋琪:《国际贸易中的碳标签》,载《国际经济合作》2009 年第 7 期,第 82—85 页。
④ 参见孙滔:《碳标签——贸易保护主义的新措施》,载《生产力研究》2011 年第 12 期,第 172—173 页。

很难使自己出口产品的生产过程和生产方法达到发达国家的要求。

2. 冲突例证：边界税收调节（BTA）

传统的边界税收调节（Border Tax Adjustments，BAT）指在本国征收某一税种后，为了使本国企业和国外企业在国内和国外两个市场中保持公平的竞争环境，该国对本国出口产品进行退税，对国外进口的产品征收与国内相同的税收。① 它是"拟用排污权交易机制或碳税制度的国家根据进口产品在生产过程中所排放的二氧化碳的总量，或者根据进口产品来源地的国家所排放的二氧化碳排放总量或所削减的二氧化碳总量所采取的一种边境调整机制，从而确保进口产品与本国产品承担相同的气候变化减缓成本"②。这样做既可以保护出口企业在国际市场的国际竞争力，也保护了本国企业在国内市场的竞争力。③

事实上，对于边界税收调节在WTO规则下的合法性和协调问题的讨论由来已久。中国等碳产品出口大国的学者反对边界税收调节，认为中国无疑是美国、欧盟碳边界调节措施提议和针对的最主要潜在目标国④，这些国家单边的边界调节措施违反了WTO的最惠国原则、国民待遇原则，也违背了《公约》框架下的共同但有区别的责任原则，严重损害了发展中国家的利益，实则是一种贸易保护主义。⑤ 在著名的精炼与常规汽油标准案中，巴西和委内瑞拉就以违反国民待遇原则为由，向WTO争端解决机构申诉。争议的条款是美国净化空气法的"汽油规则"规定，即美国为了控制其国内汽油使用的构成和排放，应对空气污染，对在国内市场销售的汽油基线数据区分国内与进口采取不同的标准。WTO争端解决机构认为该规定对进口汽油的措施严于国内汽油，违反了国民待遇原则。

但也有学者认为，边界税收调节等措施"也没有为环境保护创造绝对地例外，只是力图在贸易和环境间寻求平衡"⑥。GATT第20条的引言和子项（b）项和（g）项似是为边界调节措施的合法性规定了合法的边界，即"不会在相同条件各国之间造成任意的或无端的歧视"，或"不会形成伪装起来的对国

---

① 参见东艳：《全球气候变化博弈中的碳边界调节措施研究》，载《世界经济与政治》2010年第7期，第65—82页。
② 王慧：《对气候关税不可等闲视之》，载《环境保护》2010年第2期，第54页。
③ 参见姜克隽：《征收碳税对GDP影响不大》[EB/OL][2016-09-02]．http://business.sohu.com/20090921/n266872284.shtml，最后访问日期：2016年7月18日。
④ 参见东艳：《全球气候变化博弈中的碳边界调节措施研究》，载《世界经济与政治》2010年第7期，第65—82页。
⑤ 李晓玲、陈雨松：《"碳关税"与WTO规则相符性研究》，载《国际经济合作》2010年第3期，第77—81页。
⑥ 〔英〕帕特莎·波尼、埃伦·波义尔：《国际法与环境》，那力等译，高等教育出版社2007年版，第666—667页。

际贸易的限制",且"为保护人类以及动植物的生命或健康所必需"或"关于养护可用竭的天然资源,只要这类措施同限制国内生产与消费一同实施"①。但遗憾的是,该条并未对其适用范围作出明确的规定,其中措辞如"所必需的"(necessary),"任意的"(arbitrary),"不合理的"(unjustifiable),"情形相同"(the same condition)和"相关的"(relating to)模糊不清,缺乏可适用的具体标准,由含糊的用词带来的自由裁量可使其成为合法化环境保护外衣下的贸易保护措施的工具。② 这也是边境税收调节适用中可能引发问题的规范根源。

总之,从国际气候变化谈判的角度来看,单边贸易措施不加以规范地广泛实施必将损害国际气候变化法律体制,损害需要经济发展和经济增长的国家的利益,毕竟,这些国家只有发展经济才有能力治理气候变化问题。③ 这些国家对外贸易中的碳泄漏问题不应只是通过提高其生产成本的单边措施解决。

二、"气候与贸易"公平性问题的制度协调

在《巴黎协定》确立的"国家自主贡献"方案下,由于参与减排的主体囊括了所有缔约方,因是否实施减排措施带来的碳泄漏及其导致的竞争力损失问题,相较《京都议定书》下变得没有那么突出。对碳泄漏问题更应当关注它对各国减排责任分担公平性问题带来的影响。由于广大发展中国家的经济发展很大程度上依赖于高能耗、高碳强度的产品出口,这些出口产品生产、运输等过程中产生的碳排放量却被完全计入出口国的碳排放总量中,并作为分配各国减排义务的重要考虑指标,由此导致国际气候法律实施的不公平。发达国家因本国竞争力受损为由采取的规制碳泄漏的单边措施非但没有真正解决碳泄漏问题,反而加重了上述不公平的程度。因而需要在《公约》的框架内解决贸易隐含碳的核算问题,以此为基础科学、公平地核定各国碳排放量,确立"原因者负担"的减排责任原则而非一味强调"生产者负担",在"国家自主贡献"方案的实施、评估过程中要充分考虑碳泄漏因素,并通过资金、技术机制对发展中国家碳泄漏的本源问题加以解决。同时,由于碳泄漏问题不可避免的涉及《公约》框架与国际贸易法律体系的协调,因此,还需要进一步促进多边贸易机制的低碳化,促进多边贸易机制与多边环境机制的协调。

---

① 王曦:《国际环境法》,法律出版社 2005 年版,第 358 页。
② 参见刘勇:《试论 WTO 规则与多边环境条约之间的冲突及其解决——关于 WTO 贸易与环境谈判的若干思考》,载《外国经济与管理》2003 年第 1 期,第 10 页。
③ See Julia O'Brien, "The Equity of Leveling the Playing Field in the Climate Change Context", *Journal of World Trade*, 2009(43):109.

(一) 在《公约》框架内确立"原因者负担"法律责任原则及相关制度

碳泄漏问题首先应当在《公约》内部对自身的相关法律原则和制度作出调整加以解决。其中,确立"原因者负担"(Polluter-Pays Principle)的法律责任原则和相关制度是最重要的一环。原因者负担原则是对环境法上的"污染者负担"原则的改进。污染者负担原则是对环境污染损害的责任承担原则,这一原则在不同的文本和情境中有不同的表述方式,其中污染者负担强调生产者责任,使用者负担强调消费者责任,而受益者负担和原因者负担则试图融合以上两种提法的内涵。① 在碳泄漏问题上,应确立原因者负担的法律责任原则。首先,原因者负担原则这一中性的表述相对而言更准确的概括了气候变化领域的负担分配。因为对于碳排放是否视为"污染"仍存在很大争议,而受益者负担并不能准确地概括那些因高成本、高污染实际并不受益的生产者及其生产国。② 原因者负担原则作为气候变化领域的责任分配原则,强调的是气候变化领域的负担分配应当由实施导致气候变化原因行为的主体承担。实施原因行为的主体包括生产、流通、消费环节的各个主体,这些主体可能是原因行为的受益者,但同时也可能是气候变化的受害者。其次,从碳泄漏的实践看,生产者与消费者确实同为"原因者",因为虽然碳排放产生于生产过程,但产品消费是生产的最终驱动力,而且隐含碳的产品最终是为消费者使用,生产者和消费者整体上都应被视为排放者。再次,从规制效果来看,考虑消费者责任能够有效抑制排放区域转移,同时激励发达国家通过技术转移、开展 CDM 等渠道提高发展中国家,尤其是出口大国的减排能力;同时,由于原因者负担的落实能减轻出口大国的碳排放责任,有助于提高外向型发展中国家参与全球减排合作的积极性。这两个方面都能起到减少碳泄漏的作用。③ 最后,京都机制以及《巴黎协定》确立的国家自主贡献机制,实际上是都仅以生产者责任为基础的,因此有必要引入原因者负担原则进行纠正。在国际贸易和国际投资造成碳转移的情况下,通过原因者负担原则追索责任者并在碳排放指标分配的过程中考虑各主体的责任分担。这对于客观地界定包括生产者、消费者和利益相关者的责任有重要的意义。

基于"原因者负担原则",在国际气候法律新秩序构建的过程中,应当进一步建立和完善相关法律制度:首先,解决《公约》框架内隐含碳的核算制度

---

① 参见柯坚:《论污染者负担原则的嬗变》,载《法学评论》2010年第6期,第82—89页。
② 参见陈贻健:《气候正义论:气候变化法律中的正义原理和制度构建》,中国政法大学出版社2014年版,第177页。
③ 参见张文城、彭水军:《不对称减排、国际贸易与能源密集型产业转移——碳泄漏的研究动态及展望》,载《国际贸易问题》2014年第7期,第93—102页。

问题。《公约》框架下传统的碳核算体系主要是静态的核算方式,核算空间是静态的,仅局限在一国之内,核算对象也是静态的,只考虑生产,不考虑消费等环节。因而贸易隐含碳问题没有得到应有的考虑。因此,要改造传统的碳核算体系,在计算历史排放量、现实排放量等所有可能影响各国减排责任计算和分担的指标时,应当充分地考虑贸易隐含碳的问题,这是解决碳泄漏公平性问题的基础。其次,应当根据"原因者"之间的碳排放责任,在分配环节通过调节碳排放权的分配实现国际气候法律秩序与国际贸易之间的公平问题的协调。目前国际社会提出的各种碳排放权分配方案,大都以人均排放、累计排放等作为趋同指标,并且是以生产法为基础来进行核算的,但生产法并不能使各国在温室气体消费上达到真正的公平。[①] 为了解决碳排放区域转移,有学者提出基于消费者责任的碳排放核算方案[②],或者把生产者和消费者责任结合起来,设计综合性碳排放责任分担方案。在不破坏现有的以生产法为基础的谈判框架下,为了体现消费者的排放责任,各国的温室气体排放权应根据贸易中的隐含碳进行适量增减。隐含碳净出口国理应得到更多的碳排放权,而隐含碳净进口国的碳排放权应有所削减。从而实现《公约》内部对减排责任的公平分担。

(二) 促进 WTO 主导的多边贸易体制低碳化

国际贸易中的隐含碳问题也暴露了国际多边贸易规则缺乏低碳性。当前 WTO 主导的多边贸易体制,其对低碳经济的约束是大于激励的。对于以隐含碳为基础或高度相关的碳关税、碳补贴等措施的规定的限制,都不利于保障低碳经济的发展。因此,对多边贸易体制规则的内容进行低碳化重塑,开发多边贸易规则对低碳经济的激励机制,既有利于消减碳泄漏问题,也有利于促进多边气候法律框架与多边贸易机制之间的协调。实际上,贸易自由化的理念是可以成为低碳发展的正面因素,自由的贸易可以弥补各国需求与供给方面的差异。[③] 在此基础之上,将与贸易有关的单边减排措施经由 WTO 规则检视其相符性问题就显得行之有效。由于《公约》对于单边减排措施的授权性规定属于应对气候变化国际法下的一般性授权,UNFCCC 并无贸易措施的具体规范,因此,约束多边贸易行为的 WTO 规则体系自然成

[①] 参见马艳、李真:《国际贸易中的"碳"不平等交换理论与实证分析》,载《学术月刊》010 年第 7 期,第 69—73 页。

[②] See Munksgaard, Jesper &. Pedersen, "Klaus Alsted. Co₂ Accounts for Open Economies: Producer or Consumer Responsibility"? Energy Policy, Elsevier, 2001(4):327.

[③] 参见曾文革、蒋世松:《气候贸易措施对多边贸易体制的挑战与未来策略》,载《江苏大学学报:社会科学版》2015 年第 1 期,第 26—33 页。

为此类单边减排措施合法性的检验标准。① 可见,《公约》体系规则与 WTO 涵盖协定本身已经存在相互协调的渠道,比如"可持续发展原则";在规则层面上需要协调的则是《公约》框架授权下的单边减排措施与 WTO 管辖权的关系问题。WTO 应更多地考虑和吸收《公约》的谈判成果,通过更具弹性的条款应对单边减排措施所引起的贸易争议问题,而不应该把这些问题统统诉诸 WTO 的争端解决机制。同时,还应当进一步修订规则或制定新措施,促进绿色清洁技术的传播,使国际贸易机制"绿化""低碳化"。

(三)促进 WTO 与 MEAs 的协调

鉴于气候变化是多边环境问题中的一种,同时碳泄漏问题更是与国际贸易法关联紧密,因此,要解决碳泄漏中的公平性问题时,必须促进多边环境协议(MEAs)尤其是多边气候协议与 WTO 的协调。例如,《公约》第 3 条第 5 款就直接援引了 GATT 第 20 条前言的规定,以避免为对付气候变化而采取的措施尤其是单边措施不当限制国际贸易。而对于已经成熟运行的 WTO 机制本身,更需要特别考虑与 MEAs 的协调问题。从 WTO 机制来看,修改 GATT 第 20 条以协调 WTO 与 MEAs 的关系是一种可行的做法:一是制订一份《关于 MEAs 贸易措施与 WTO 规则之间关系的谅解书》,在该《谅解书》中规定 MEAs 贸易措施的判断标准。这样一来,如果碳泄漏的规制措施税遵循了 MEAs,则其在 WTO 下就是合法的,反之依然。从长期而言,另一条有可能的解决路径是在 WTO 体制下达成《与贸易有关的环境措施协议》(TREMs),在其中完善地规范碳泄漏规制措施的适用及实施。② 然而对于这样对国家的经济利益影响如此巨大的协议,如何规定以符合多数国家的利益和实现公平,并争取多数国家的支持和参与,将是一个极具难度的新问题。

在《巴黎协定》确立的"国家自主贡献"方案下,由于参与减排的主体囊括了所有缔约方,因是否实施减排措施带来的碳泄漏及其导致的竞争力损失问题,相较《京都议定书》下变得没有那么突出。对碳泄漏问题更应当关注它对各国减排责任分担公平性问题带来的影响。由于广大发展中国家的经济发展很大程度上依赖于高能耗、高碳强度的产品出口,这些出口产品生产、运输等过程中产生的碳排放量却被完全计入出口国的碳排放总量中,并作为分配各国减排义务的重要考虑指标,由此导致国际气候法律实施的不公平。发达

---

① 参见李威:《论气候与贸易国际法和国际机制的互动与协调》,载《上海对外经贸大学学报》2014 年第 5 期,第 57—65 页。
② 参见刘勇:《试论 WTO 规则与多边环境条约之间的冲突及其解决——关于 WTO 贸易与环境谈判的若干思考》,载《外国经济与管理》2003 年第 1 期,第 7—12 页。

国家因本国竞争力受损为由采取的规制碳泄漏的单边措施非但没有真正解决碳泄漏问题,反而加重了上述不公平的程度。因而需要在《公约》的框架内解决贸易隐含碳的核算问题,以此为基础科学、公平地核定各国碳排放量,确立"原因者负担"的减排责任原则而非一味强调"生产者负担",在"国家自主贡献"方案的实施、评估过程中要充分考虑碳泄漏因素,并通过资金、技术机制对发展中国家碳泄漏的本源问题加以解决。同时,由于碳泄漏问题不可避免的涉及《公约》框架与国际贸易法律体系的协调,因此,还需要进一步促进多边贸易机制的低碳化,促进多边贸易机制与多边环境机制的协调。

第七章　国际气候法律新秩序构建中的
　　　　 公平性问题与中国的应对

国际气候法律新秩序构建的过程,总体趋势将是向强化共同责任的方向发展的过程,这给中国带来了更大的国际压力。这种压力给中国的气候谈判立场和应对气候变化政策产生了较大的影响。2015年巴黎气候大会前中国政府的声明表明的积极立场即是一个明显的例证。中国作为温室气体排放大国,有必要承担温室气体减排义务,更应当在符合其自身责任和能力的基础上积极参与应对国际气候法律新秩序的构建,这是国际气候变化法领域"公平原则"及其下的"共区原则和各自能力责任原则"的现实要求。中国温室气体年排放量自2007年以来首次超过美国和欧盟总量并成为世界上温室气体排放量最大的国家,且中国人均温室气体排放量已达7.2吨(世界人均排放量为5吨,欧盟人均排放量为6.8吨)。有专家预测,鉴于中国在2012年全球碳排放比例中占到25%的客观现实,中国或将在《巴黎协定》2023年第一次盘点期中占到全球的1/3以上。[①] 因此,虽然中国在造成气候变化问题的历史责任方面"贡献"较少,但对未来气候变化问题形成之现时和未来"影响"将显著激增,为避免未来国际社会的舆论压力和气候谈判压力,中国应积极开展减排义务,并有效参与到气候变化全球治理议程中。此外,中国实际上也是气候变化敏感度较高的国家,也势必会承受气候变化问题所造成的种种不利影响。因此,必须对国际气候法律新秩序的演变动向有着前瞻性的认识,并积极做好相关的应对。

---

① See Conclusions on Preparations for the 19th session of the Conference of the Parties (COP 19) to the United Nations Framework Convention on Climate Change and the 9th session of the Meeting of the Parties to the Kyoto Protocol (Warsaw, 11—22 November 2013), http://www.consilium.europa.eu/uedocs/cms_Data/docs/pressdata/en/envir/139002.pdf,(Last visited Jul. 18,2016).

第一节　中国面临的国际气候法律新秩序构建新形势①

国际气候法律新秩序构建进程的趋势可以从很多方面进行分析。我们在第二章对国际气候法律新秩序有关公平性的法律论争中，是以共区原则的演变为核心进行分析的。同样的，由于共区原则的走向决定国际气候法律体系的构建以及其制度安排，如国际气候法律体系中涉及的重要议题——减排、资金和技术转移、国家情报编制等方面的义务分担方式的设置实际上即是共区原则的具体体现。因此，共区原则在法律论争中的可能走向，会基于共区原则在整个国际气候法律体系中的特殊地位传导开来，并影响到中国面临的国际气候谈判形势。我们可以从共区原则的转向窥见中国面临的国际气候法律新秩序构建的新形势。

一、在谈判核心议题上日益强化共同责任

国际气候谈判最核心的问题无疑是减排义务的分担。迄今为止，国际社会在国际气候谈判中的法律成就集中体现为《公约》及其《京都议定书》，而《公约》及其《京都议定书》最核心的内容即是确立共区原则并据此为附件一国家和非附件一国家设定了不同的减排义务分担模式。这种异质的责任成为目前国际气候法律框架中减排义务分担的主要特征，也成为共区原则的主要特征。

然而，将共区原则理解为一种异质责任原则，无论从文义解释或目的解释的角度看，还是从公平原则的要求出发，都是难以自圆其说的。既然共区原则是一种同质责任的观念在理论上更具有说服力，发达国家必然会利用这一观念主张在减排义务的分担中应更强调共同责任，并在共同责任的前提下讨论区别责任。如2006年11月的内罗毕会议（COP12）根据议定书相关规定启动了对议定书义务足够性的审评，发达国家以《京都议定书》第一承诺期减排行动的环境效果十分有限，只有发达国家减排不能实现全球长期目标为由，力图将减排义务引向发展中国家。此外，部分发达国家将共区原则中的"影响"进行扩大解释，与污染者付费原则（PPP）中的"污染"关联，认为高排放的发展中国家应被视为"污染者"，可根据污染者付费原则（PPP）要求其承担应对气候变化的法律责任，而不受制于支付能力和历史责任因素②，具体

---

① 本节主要内容已刊发于《法商研究》2013年第4期。参见陈贻健：《共同但有区别责任原则的演变及我国的应对：以后京都进程为视角》，载《法商研究》2013年第4期。
② See Lavanya Rajamani, "The Increasing Currency And Relevance of Rights-Based Perspectives In the International Negotiations On Climate Change", *J. Env. L.* 2010, 22(3), 391—429.

的实施方式则是在保持《京都议定书》附件 B 名单不变的情况下增设附件 C,将发展中国家纳入其中。① 上述要求和观点集中体现了国际气候谈判中发达国家强调应根据一致性的客观标准承担共同责任的主张。这一动向已在历次气候会议中显现无遗。2007 年 5 月底,在德国总理默克尔宣布把气候变化等列入 2007 年度八国集团会议议程之后,一向对环境问题,尤其是气候变化不感兴趣的美国总统布什,提出了在华盛顿召开温室气体减排国际会议,并要求印度、中国、巴西等发展中国家参加的提议,从而制造了一种要求发展中国家承担"共同责任"的氛围。2012 年,在气候变化天津会议中,以美国为代表的发达国家,要求包括中国在内的发展中国家承担更多的减排义务。在 2012 年气候变化多哈会议上,一些发达国家认为,随着新兴经济体在 2020 年后的经济地位提高,潜在排放量逐渐增大,发达国家和发展中国家之间的二元划分已经过时。"德班平台"上所有国家都要在统一法律框架下,承担具有同等法律效力的减排义务,发展中国家不能再以提供资金和技术支持作为实施减排行动的前提。2015 年《巴黎协定》的通过,旨在囊括所有缔约方国家的低限度的同质责任得以确立,尽管这一国家自主贡献模式下的责任形式目前尚缺乏法律拘束力。

当然,尽管共同责任的提法在理论上具有较强的解释力,但为了能够继续将发展中国家吸引在国际气候谈判的框架之内,作为一种谈判策略,欧盟等发达国家对于共同责任的强调也注意保持适度的张力:一方面,不断向发展中大国施压,要求发展中大国应当承诺采取"可报告、可检测、可核实"的减排行动,并在排放达到峰值或"毕业门槛"之后,承担强制量化减排义务,这一呼声在 2009 年的哥本哈根气候变化大会前后最为强烈;另一方面,在一定程度上保持自身对减排、资金和技术转移等方面的义务承诺,向发展中国家表示其自身对于应对气候变化的诚意。

二、谈判轨道从形式上的多轨趋向一轨

在气候谈判的核心议题上日益强化共同责任,是共区原则的演变动向对气候谈判实体方面的影响,这一影响反映在气候谈判的程序方面,主要是对谈判轨道的影响。从目前的形势看,国际气候谈判已从"一轨"历经"双轨"转向"多轨"并存。2005 年蒙特利尔会议(COP11)提出了启动《京都议定书》

---

① 这样的做法可以只对《京都议定书》作出修订而避免对《公约》进行修订,减少涉及的缔约方和程序上的难度。See Kevin A. Baumert, "Note, Participation of Developing Countries in the International Climate Change Regime: Lessons for the Future", 38 Geo. Wash. Int'l L. Rev. 365, 390—91 (2006).

第二承诺期谈判的问题,并成立了《京都议定书》特设工作组(AWG-KP)[1];2007年的巴厘岛会议(COP13)谈判经各方妥协达成"巴厘路线图"共识,成立长期合作行动特设工作组(AWG-LCA),从而形成了"双轨"并进的局面。[2]AWG-KP的轨道主要是为了解决附件一国家第二承诺期的减排义务,AWG-LCA讨论的则是《公约》所有缔约方的减排义务问题,同时也包括资金、技术转移和能力建设等问题。从目前国际气候谈判的进展来看,"双轨制"的推进并不理想,已逐步分化为"三轨"甚至"多轨":其一是《京都议定书》的轨道(AWG-KP)继续延续,从2012年多哈会议的成果看,尽管美国、加拿大、新西兰、澳大利亚等国明确表示拒绝参加《京都议定书》第二承诺期,但欧盟等大多数附件一国家还是坚持了《京都议定书》的轨道,同意《京都议定书》第二承诺期为8年,从2013年1月起算,使《京都议定书》的轨道在形式上得以延续;其二是《公约》下的长期合作行动对话轨道(AWG-LCA)并未关闭,2007年的巴厘岛会议(COP13)开启了为期两年的《公约》下的长期合作行动(AWG-LCA),但因一直未能就2012年后的减排问题达成具有法律约束力的协议,直至2012年的多哈会议(COP18),这个轨道也未最终关闭;其三是德班增强行动平台特设工作组(简称"德班平台",ADP)已经启动,在2011年的德班气候大会上,各方关于气候谈判的博弈日趋激烈,大会在加时赛后通过了"德班一揽子决议"(Durban Package Outcome),即建立德班增强行动平台特设工作组(简称"德班平台",ADP),决定实施《京都议定书》第二承诺期并启动绿色气候基金。[3]多轨并存的状态实际上是国际气候谈判核心议题转向的反映,发达国家先是寄望于通过《公约》下的长期合作行动将所有国家都纳入减排行列,而发展中国家则坚持发达国家的"率先"履行义务并将发达国家的资金、技术转移义务作为自己履行"三可"减排义务的先决条件,这两种要求相持不下从而使得《公约》下的对话长期无果。"德班平台"的推出,只不过是将短期内无法解决的核心议题后移而已。

但是,多轨并存只是目前暂时的态势。轨道的变化是形式的,一以贯之的是在核心议题上由发达国家对共同责任强化的趋势以及各方以轨道之争作出的程序应对。共区原则的总体趋势是强化共同责任,其在程序问题上的最终要求将归入一轨。在《京都议定书》轨道(AWG-KP)、《公约》下的轨道

---

[1] 参见 UNFCCC 官方网站 COP11 的决议,载 http://unfccc.int/meetings/montreal_nov_2005/session/6269/php/view/decisions.php,最后访问日期:2016年7月18日。
[2] 参见 UNFCCC 官方网站 COP13 的决议,载 http://unfccc.int/meetings/bali_dec_2007/session/6265/php/view/decisions.php,最后访问日期:2016年7月18日。
[3] 参见 UNFCCC 官方网站 COP17 的决议,载 http://unfccc.int/meetings/durban_nov_2011/session/6294/php/view/decisions.php,最后访问日期:2016年7月18日。

(AWG-LCA)、德班增强行动平台特设工作组(ADP)这"三轨"当中,《公约》下的对话轨道在近期的关闭应不可避免,未解决的相关议题自然会转移到德班平台下,《京都议定书》的轨道虽然形式上得以延续至2020年,但已不可能囊括更多的国家参与,《京都议定书》的模式也可能会采取一种改良的方式重新出现在德班平台。因此,国际气候谈判将将最终统一到德班平台或类似的"一轨"之下。根据《巴黎协定》的规定,在每年年中的附属机构会议上、年末的缔约方大会上,将会出现一个新的工作组,即《巴黎协定》特设工作组。《巴黎协定》相关机制的谈判都将在这个工作组内进行,组织安排参照"德班加强行动平台特设工作组",而"德班平台"轨道则完成了历史使命。这也就意味着,气候变化国际谈判轨道转回一轨制。

三、谈判议程独立性由弱转强

谈判议程是为实现特定的谈判目标而将谈判议题、谈判轨道、谈判主体等各方面的要素协调于特定过程中的谈判进程安排。国际气候谈判是否具有独立性取决于其是否有独立的谈判议程。国际气候谈判最初是为应对气候变化而生,这是其具有独立性的基础。在京都时代,国际气候谈判议程的独立性特征并不明显,具体表现为:

第一,谈判目标虚置。《公约》第2条提出了防止气候系统受到危险的人为干扰的长期目标,2009年哥本哈根气候大会(COP15)则将公约的长期目标转化为将本世纪内全球气温升高幅度控制在2℃以内的要求。2010年的坎昆会议,缔约方进一步将这一长期目标解读为"与工业化前水平相比的全球平均气温上升维持在2℃以下",甚至要求审评考量加强以确保该目标在1.5℃以内。2015年通过的《巴黎协定》重申了坎昆会议上提及的温控目标,同时进一步提出要"努力将温升幅度控制在工业化前水平以上低于1.5℃",进一步强化了减排的雄。虽然这一长期目标在之后的历次谈判中不断得到确认和重申,但仍未就2020前后的减排目标作出任何实质性的安排。虽然全球已经就2℃温升目标达成政治共识,但在将2℃温升目标向各国减排目标的转换过程中仍然面临一系列的不确定性。① 由此看来,尽管气候谈判中屡次提及了应对气候变化的目标问题,但在谈判议程中,这一目标并未得到有效体现,总体上是虚置的。

第二,谈判议题混杂。减排是应对气候变化最主要的途径,是国际气候谈判核心议题中的核心,对减排义务的谈判议程设置可以很好地体现出气候

---

① 参见滕飞、何建坤、高云:《2℃温升目标下排放空间及路径的不确定性分析》,载《气候变化研究进展》2013第6期。

变化谈判议题的独立性,但在实际的谈判中,这一问题一直与资金、技术援助问题混杂在一起。① 实际上,在气候变化的事实为真的前提下,国际气候谈判的核心议题应当围绕应对气候变化的目标设置,明确各国在应对气候变化进程中的责任有无以及责任大小。这样的议程设置方能体现出国际气候谈判的独立性。至于资金、技术援助等基于福利主义和人道主义的问题,最好在国际援助体系中得到解决,即便纳入国际气候谈判进程,亦不应影响核心议题的实现。

第三,谈判主体模糊。在当前的国际气候谈判中,并未根据谈判主体与气候变化的关联进行具体的细分②,而是移植了国际政治、经济等领域中的主体划分,如频繁援用发达国家、发展中国家的身份名称。这样的主体身份往往以整体和集团的面目出现,并没有体现气候变化谈判自身的特点,从而导致国际气候谈判中的主体缺乏自身特色,在进行权利和义务划分时会出现主体错位的现象。③

国际气候谈判议程独立性日益减弱,是这一谈判进程对自身初始目标的背离。从共区原则演变的一般走向推论,共区原则逐渐在向同质责任原则、客观要件原则以及"影响"决定的归责原则演变的过程中,国际气候谈判中要求根据各国对于气候变化的客观"影响"承担共同责任的要求也日益强烈,而这一要求意味着所有主体应当为实现应对气候变化的目标,根据同一客观标准,分担同质不同量的责任。这一趋势有助于增强国际气候谈判议程的独立性,使国际气候谈判的中心议题回归到应对气候变化上来,逐步将应对气候变化的短期、中期及长期目标量化并落实具体的减排责任和措施,尽量将资金、技术与能力建设问题放在类似国际援助的福利主义议程中讨论,并按照气候变化的脆弱性、气候变化的贡献度等指标划分国际气候谈判中的各类主体并明确其责任。

---

① See Louis Kaplow & Steven Shavell, Any Non-Welfarist Method of Policy Assessment Violates the Pareto Principle, 109 J. Pol. Econ. 281, 284 (2001).
② 气候变化与各国的关联性可以通过气候变化贡献度、气候变化脆弱性、自然资源禀赋、能源结构等指标划分。例如,小岛屿国家联盟(AOSIS)是国际气候谈判中的一种独有主体类型,体现了气候变化脆弱性与谈判国家之间的关联,但类似的主体划分在国际气候谈判中并未得到普遍地应用。
③ 发展中国家也可能有高历史累积排放,现实排放也不低,如果按照发达国家承担减排义务的标准在应对气候变化的进程中理应承担一定的强制减排义务。

第二节　中国在新秩序构建谈判中的应对策略[①]

在科技、经济、政治以及法律等综合因素的影响下，国际气候法律秩序的构建发生了转向，其实质是要求所有国家根据一致性的客观标准承担同质的共同责任，这一要求给国际气候谈判本身带来了直接的影响：体现在谈判的核心议题上则更多地强调共同责任，在谈判轨道上逐步从形式上的多轨转向一轨，谈判格局日趋多元和复杂。这些影响均关系到中国和其他发展中国家在国际气候谈判中的切身利益，中国应当结合自身实际情况，提前预判、审慎应对。

一、将自主贡献与无悔政策结合

中国政府已经对自己的 2020 年减排目标作出了承诺，同时在《巴黎协定》下将要作出自主减排承诺。因此必须对应对气候变化问题高度重视，并采取了一些积极的应对措施。但总体而言，气候变化问题在国内问题清单中并不是首要的，即便在环保领域，环境污染、生态破坏、资源短缺等问题也可能排在气候变化问题的前列。[②] 在此情况下，立足自主贡献承诺并结合无悔政策进行气候变化应对对中国的利益维护至关重要。

无悔政策（no regret policy）最初由科学家提出，用以说服政治家重视气候变化并采取全球减排行动。后来，经济学家对这一概念加以延伸，认为只要不会影响近期和远期经济发展的任何减排措施，就是"无悔"的减排。之所以将无悔政策作为首要的应对策略在于它对经济具有无害性或者说无成本性，这里的"无害性"是指它与经济社会发展是兼容的，在实现环保目的的同时也平衡和促进经济社会发展；"无成本"并非指没有任何成本，而是指一项基于经济发展而采取的措施，其应支付的成本已在该项活动预算中列支，无需再为其产生应对气候变化效果支付额外成本。

无悔减排政策的优势在于，它能够促进绿色产业的产生，比如说节能减排政策、大力促进风能等可再生能源技术发展和创新，推动碳排放捕捉和存储技术（CCS）研发，促进智能电网的运用，不仅能够起到减少温室气体排放的作用，而且能够培植新的经济增长点。近年来，英国通过能源立法的方式，

[①]　本节主要内容已刊发于《法商研究》2013 年第 4 期。参见陈贻健：《共同但有区别责任原则的演变及我国的应对：以后京都进程为视角》，载《法商研究》2013 年第 4 期。

[②]　e.g., World Bank, Statement from World Bank China Country Director on "Cost of Pollution in China" Report, July 11, 2007, http://go.worldbank.org/68GG2KJ8Z0,(Last visited Jul. 18, 2016).

大力发展可再生能源技术,鼓励加上海上风力发电的比重,大力资助碳排放捕捉和存储示范项目。欧盟国家也在努力推行智能电网。所有这些举措,不仅能够起到减排的效果,而且推动经济结构转变的内容。对于中国这样一个发展中大国,既要保证经济社会发展以促进民生,又要通过可持续发展的方式应对气候变化促进环境保护,无悔政策正是协调这两个目的的最优策略。如果可能,中国在国际气候谈判中的各项对策均应尽可能与无悔政策结合:

1. 大力推动可再生能源发展技术创新

近年来,世界能源局势发生了一定程度的调整,尤其是在美国发生"页岩气革命"以后。由于开采页岩气技术出现了极大的突破,这就使得美国在很大程度上实现了能源独立,并且有可能从能源进口国转为能源出口国。那么,这必然会使得世界能源价格受到影响,甚至出现天然气走低的可能。中国应该抓住这个有利时机,将原来用于购买化石燃料的大量费用转用做支持可再生能源技术的研发。可再生能源技术如果现在取得突破,其意义将会使中国在国际社会应对气候变化中取得主动,而且更能够带动可再生能源产业的发展和国家经济的发展。

2. 中国城镇化建设的低碳路径

中国的城镇化是推动中国经济发展、破解城乡二元结构的必然选择。无论中国是否面临应对气候变化的压力都要推行。在实现中国城镇化的过程中,如果将低碳发展、建设生态城市的理念融入其中,将不仅会起到减少温室气体排放的效果,而且能起到节约能源、减少能源需求、实现低碳发展的多重效果。具言之,应当在城镇化的有关制度设计中,注意以下几方面的要求:第一,构建针对能源消费和碳排放的总量约束和控制制度。第二,健全低碳发展法律标准体系。第三,借鉴"精明增长""紧凑城市"规划理念促进城镇空间布局低碳发展。第四,将低碳发展有机融入城市规划体系。第五,完善城镇化低碳发展的治理模式。一是完善推动低碳城镇化的财税政策;二是加强市场手段的应用;三是全面激发公众的主动参与意识。[①]

3. 大力推行能源合同管理的发展

这是一种新型的市场化节能机制。其实质就是以减少的能源费用来支付节能项目全部成本的节能业务方式。这种节能投资方式允许客户用未来的节能收益为工厂和设备升级,以降低运行成本;或者节能服务公司以承诺节能项目的节能效益,或承包整体能源费用的方式为客户提供节能服务。近年来,我国政府加大了对合同能源管理商业模式的扶持力度。2010年4月2

---

① 参见刘强等:《中国低碳城镇化的问题及对策选择》,载《中国人口·资源与环境》2016年第2期。

日,国务院办公厅转发了发改委等部门《关于加快推行合同能源管理促进节能服务产业发展意见的通知》、财政部出台了《关于印发合同能源管理财政奖励资金管理暂行办法》,从政策上、资金上给予大力支持,促进节能服务产业的健康快速发展。合同能源管理公司由2000年的3家,发展到2013年通过国家发改委备案的有3210家,其中含第一批第二批取消的32家。能源合同管理不仅能起到节能减排的效果,而且起到促进一个产业的发展、能够解决就业等多方面的效果。与政策试点工作的推进相适应,有关合同能源制度的法律规范也应及时修订、完善。①

二、强调责任形式的多样性淡化减排责任

共区原则向共同责任原则演化的趋势有其社会以及法理依据的支持,从长期而言,应当是一个客观的、不可逆的趋势。在国际气候谈判中,作为一种权宜的谈判策略,中国可以通过强调能力因素和历史责任②,并坚持用异质责任的观点模糊共区原则的逐渐形成的共识③,但在这一策略的正当性上,中国可能会面临着道义上的指责。既然从长期甚至中期而言,中国承担共同责任的国际压力日益增加,提前拟定应对策略则宜早不宜迟。而通过强调责任形式的多样性可以利用区别责任使共同责任产生差异化,从而达到消减共同责任压力的目的。责任设置方式的多样性是指在法理上承认各国在应对气候变化的进程中均应根据公平的同一标准承担同一性质的共同责任,只是在承担责任的方式上"但有区别"。中国在谈判过程中强调责任形式的多样化,可以侧重在两方面:

(一)除减排外其他强制性义务的设定

减排是国际气候谈判的核心议题,也是国际气候法律中设置的根本性义务,除了减排义务,国际气候法律实际上还涉及其他义务,如编制和定期更新温室气体源和汇的国家清单,制定、执行、公布和定期更新应对气候变化国家方案,促进公众参与以及获得有关气候变化的信息④,制定、执行适应气候变

---

① 参见曹明德、马洪超:《中国合同能源管理的法律与政策分析》,载《华东政法大学学报》2011年第6期。
② See Sunstein, The World v. The United States and China?, supra note 11, at 1682.
③ See China State Council Info. Office, White Paper: China's Policies And Actions On Climate Changes III (Oct. 29, 2008) available at http://www.china.org.cn/government/news/2008-10/29/content_16681689.htm, (Last visited Jul. 18, 2016).
④ 也有人将类似义务称为"阳光手段"。See Nina E. Bafundo, "Compliance With The Ozone Treaty: Weak States And The Principle Of Common Butdifferentiated Responsibility", 21 Am. U. Int'l L. Rev. 461.

化的措施和方案等。① 我们可以将减排这一根本性义务之外的其他法律义务称之为辅助性义务,也有学者称之为"软法义务"。② 辅助性义务不涉及减排这一核心问题,对一国经济社会发展影响相对较小,同时这些辅助性义务实际上也构成了一国无悔政策的一部分,即便是在未设置强制减排义务的前提下,了解本国温室气体的源和汇、制定和执行应对气候变化的措施、促进应对气候变化进程中的公众参与、采取适应气候变化的措施等也是一国应对气候变化的底限性措施。实际上,中国是较早制定《应对气候变化国家方案》的国家之一,并在林业、农业、水利等领域已经采取了一系列适应气候变化的措施。如果共区原则向同质的共同责任转向的趋势不可避免的话,发展中国家适当提出承担个别强制性的辅助性义务,可以避免自身未承担任何法律义务的指责,也可以缓解自身在承担强制减排义务上面临的压力。当然,《公约》在提及共区原则时已经明确了发达国家的"率先"责任,发展中国家承担部分强制性的附随性义务,其前提是发达国家的相关义务已经履行在先。

(二) 强调发展中国家承担强制减排义务的过渡期

有关国家应依其历史和现实排放责任承担同质的减排责任,这是共区原则作为一种由客观标准确立的同质责任原则的基本要求,即便这种责任的种类、数量等有别,甚至个别国家可以基于自身的特殊原因免责,但这并不能改变所有国家承担同一性质的共同责任这一基本要求。在有关国家名义上均需承担强制减排的法律义务的情况下,发展中国家在谈判中可以使用的另一对抗工具即是要求为发展中国家设置承担强制减排义务的过渡期。

为发展中国家承担的强制义务设置过渡期的做法在国际法上有先例可循(见图表20),典型的如 WTO 为发展中国家设置的不少于 18 年的过渡期,以及《蒙特利尔议定书》为发展中国家设置了 10 年的过渡期。③ 此外,过渡期的设置也符合《公约》第 3 条要求"发达国家缔约方应当率先对付气候变化及其不利影响"的精神。

---

① See Kyoto Protocol to the United Nations Framework Convention on Climate Change, art. 3, Dec. 11, 1997, 37 I. L. M. 22 (1998).
② Mary J. Bortscheller, Equitable But Ineffective: How The Principle Of Common But Differentiated Responsibilities Hobbles The Global Fight Against Climate Change, 10 Sustainable Dev. L. & Pol'y 49. 但这些义务同样可以通过设置强制手段加以保障,简单称之为"软法义务"不尽恰当。
③ See Ozone Secretariat, U. N. EP, The Montreal Protocol on Substances that Deplete the Ozone Layer (2000), http://www.unep.org/ozone/Montreal-Protocol/Montreal-Protocol2000.shtml,(Last visited Jul. 18,2016).

图表 20　主要国际条约中的过渡期设置

序号	名称	内容
1	TRIPS 协定	TRIPS 协定第 65 条和第 66 条赋予发展中国家成员和最不发达国家成员 5 至 10 年的过渡期。
2	WTO 农产品协议	该协议第 15 条第 2 款规定,发展中国家享有最长达 10 年的过渡性。
3	《与贸易有关的投资措施协议》	该协议第 5 条对过渡期的规定:发展中国家成员应在 WTO 协议生效后 5 年内取消本协议所禁止的投资措施,最不发达国家则应在 7 年内取消(发达国家为 2 年);如果发展中国家或最不发达国家可证明其在实施本协定规定方面存在特殊困难,则货物贸易理事会可应请求延长其过渡期。有 26 个发展中国家成员援引了关于 5 年过渡期的规定,1 个最不发达国家援引了 7 年的过渡期,截至 2000 年 10 月 1 日,9 个发展中国家请求延长过渡期。
4	补贴与反补贴措施协议	该协议第 27 条规定,对于符合第 3 条第(1)款(b)项规定的补贴,分别给予发展中国家 5 年、最不发达国家 8 年的过渡期。
5	海关估价协定	该协定规定第 20 条规定,发展中国家执行《海关估价协议》的过渡期为 5 年。

实际上,京都模式也可以看做是一种默许的过渡期安排,其目的即在于使发展中国家做好承担强制义务的准备。① 设置过渡期的做法是众多国际条约对发展中国家采取的特殊和差别待遇的一种方式②,这种特殊和差别待遇一方面考虑了发展中国家的履约能力,另一方面兼顾了众多全球问题需要各国合作并分担共同责任的特性。在国际气候谈判中,如果发展中国家的共同责任不可避免,那么,强调过渡期的设置就是一种退而求其次的谈判手段。通过过渡期的设置,发展中国家承担了名义上的法律义务,但在承担的时间上得到后延,这一方面照顾发展中国家经济社会发展的特殊需要,另一方面也解决了共区原则作为异质责任在逻辑上不能自洽的情形。

三、强调责任标准的细分化解减排责任

共区原则在演变过程中日益强调要确立一致性的客观标准用以分配各国的责任,而不是采取机械的二元身份划分方法,责任划分的标准应集中在"影响"上而非"能力+影响",更非单一的"能力"因素。所以,"影响"如何认定决定了责任的分配。对发展中国家而言,其历史累积排放总体上远低于发

---

① See Anita Halvorssen, Equality Among Unequals in International Environmental Law: Differential Treatment for Developing Countries 28—31(1999).
② See Christopher D. Stone, Common But Differentiated Responsibilities In International Law, 98 Am. J. Int'l L. 276 C, 2004.

达国家,但伴随着经济社会的高速发展,其现实碳排放量却呈加速度增长,对气候变化的"影响"也不断加大。对于中国这样的发展中大国而言,情况尤其如此。因此,必须在既定的责任标准之下,寻求对这一标准进行细分的方法。"影响"由排放决定,而排放有多种情形。区分不同的情形,对由"影响"决定的责任标准进行细分,是应对共区原则向共同责任原则转向的另一路径。

碳排放的类型有多种划分标准,但可以作为对责任标准进行细分依据并且可以作为中国和其他发展中国家谈判工具的排放类型大致有四:

第一,生存排放。生存排放是指人类为满足基本的生存需求而进行的排放,它在一定程度上与基于发展需求而进行的发展排放相区别。生存排放应当免责,生存排放量应当排除在责任标准计量之外。① 如果仅以累积排放量来考察欧盟27国与中国自1990年到2010年的累积排放量,我们将发现二者十分接近(见图表21),但是,中国人口众多,为满足众多人口基本需要产生的必需碳排量巨大,这些必需碳排量为生存所需,不应作为计责标准;而人口少得多的欧盟,其"奢侈型"碳排放量占到了其碳排放总量的70%多。

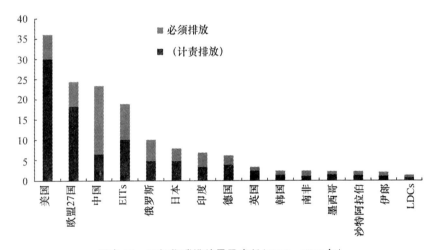

图表21 二氧化碳排放量及责任(1990—2010年)

第二,适应排放。作为应对气候变化的两种基本措施,无论减缓还是适应都会相应地产生排放,但适应措施针对的是已产生的气候变化的影响,而已产生的气候变化的影响主要是发达国家的历史排放造成的,所以对于适应措施造成的排放应当至少部分由发达国家承担。

---

① 当然,生存排放问题也具有两面性,从照顾在先使用者权利的角度而言,发达国家居民的生存排放水平应高于发展中国家;从考虑后发者技术劣势的角度出发,发展中国家居民满足生存需求产生的排放量应高于发达国家。如何运用生存排放工具,需要对这两个方面进行权衡。

第三,转移排放。在当今的国际经济秩序下,发展中国家面临的转移排放主要有两种形式,一是发达国家通过对外投资将高能耗产业转移到发展中国家,从而致使发展中国家增加的排放;二是发达国家消费了大量从发展中国家进口的产品而生产产品导致的排放却计入产品出口国,这两种类型的转移排放不能完全计入投资东道国或产品生产国的总排放之中。根据上述各类排放类型的细分,可以通过更明晰的路径为缓解中国的减排责任寻找正当性的理据。从转移排放的角度来看,中国是一个出口导向型的国家,仅仅通过计算中国的 GDP 碳排放强度是不合理的。有学者通过研究发现:中国出口商品内含的 CO_2 排放量从 2000 年的 9.6 亿吨增加到 2006 年的 19.1 亿吨,每年占全国总排放的比重基本在 30%—35%。扣除进口商品使我国避免在本土排放的 CO_2,货物进出口贸易使净转移到我国的 CO_2 排放量至少从 2.3 亿吨增加到 7.2 亿吨,中美贸易顺差、中国与欧盟贸易顺差是产生净转移的主要原因。[①] 国际能源署(2008)的研究报告认为,2004 年中国 CO_2 排放总量的 34% 源于为生产满足国际市场消费的产品。英国 Tyndall 气候变化研究中心(2007)的分析结果表明,2004 年进出口贸易使中国产生的 CO_2 净排放占全国的 23%。Bin and Robert(2006)对中美贸易的研究结果表明,中国为生产满足美国消费的产品而产生的 CO_2 排放量由 1997 年的 2.13 亿吨增加到 2003 年的 4.97 亿吨,占中国 CO_2 排放量的比重从 7% 增加到 14%。齐晔、李惠民、徐明(2008)研究发现:1997—2006 年,通过产品出口的形式,我国为国外排放了大量的碳。其中 1997—2004 年,隐含碳净出口占当年碳排放总量的比例在 0.5%—2.7% 之间,2004 年之后迅速增加,2006 年达 10% 左右。孙小羽、臧新(2009)的研究结果表明,我国的出口贸易承载着越来越多的世界能源消耗和 CO_2、大气污染物质排放转移。[②] 研究成果表明,"我国外商直接投资实际利用额对二氧化碳排放量起到了显著地带动作用,并且在长期内这种趋势仍然存在,其他发展中国家也存在这种关系","由于目前我国吸引的外商直接投资主要投向了制造业、生活消费和建筑业这类本身能源消费较高的行业"。[③] 下面的图例即显示了钢铁产品贸易领域碳排放转移的具体情况(见图表 22)[④]:

[①] 参见张晓平:《中国对外贸易产生的 CO_2 排放区位转移分析》,载《地理学报》2009 年第 2 期。
[②] 参见许广月、宋德勇:《我国出口贸易、经济增长与碳排放关系的实证研究》,载《国际贸易问题》2010 年第 1 期。
[③] 参见朱彦梅:《外商直接投资对我国碳排放的影响及国际比较》,山东大学 2012 年硕士研究生毕业论文。
[④] 张晓平、王兆红、孙磊:《中国钢铁产品贸易流域碳排放跨境转移》,载《地理研究》2010 年第 9 期。

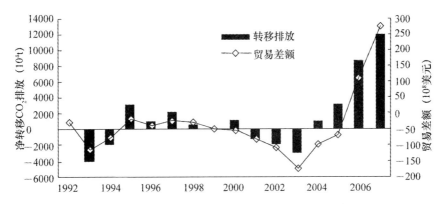

图表 22 中国钢铁产品进出口贸易差额及净转移到中国的 CO_2 排放量(1992—2007)

第四,人均排放。尽管中国已经是世界上碳排放总量最大的国家,但从人均来看,中国还低于世界平均水平。人均排放可以适用在任何一种类型的排放计算中。但需注意的是,随着中国经济的高速发展,碳排放总量呈加速度增长而人口增长放缓,人均排放优势可能会逐步减弱。

四、设置多样化议程

随着共区原则的演变,国际气候谈判的议程趋向于更独立,即以稳定适合于人类生存和发展的大气系统为目的,围绕减排义务分担设置独立的谈判议程,力图减少与这一议程无直接关联的议题。但作为一种谈判策略,设置多样化议程,淡化国际气候谈判议程的独立性,却可以增强自身的谈判地位和谈判优势。

在国际气候谈判中设置独立的谈判议程,需要按照国际气候谈判的程序要求,提出具有令人信服的科学证据,并能得到大多数国家响应。总体而言,发展中国家设置谈判议程的能力相对较弱,但仍可以争取提出或强化更多有利于己的议题,促进谈判议程的多样化。结合中国的具体情况,这些可以利用的议题包括:

第一,资金、技术转移问题。《公约》及其《京都议定书》都强调了发达国家的资金和技术转移义务,该议题也一直是历次气候大会谈判的焦点问题之一。2009年,在哥本哈根会议四个议题有两个议题涉及资金方面,包括:如何资助发展中国家减少温室气体排放、适应气候变化带来的影响,以及如何管理这笔资金。资金问题虽然在德班会议(COP17)上宣称有所进展,会议决定正式启动"绿色气候基金",成立基金管理框架,但具体的资金来源和管理机制仍是空白,而技术转移问题则进展更为缓慢。在今后的国际气候法律新秩序的谈判中,中国仍应依据《公约》及历次气候大会的决议,以发展中国家整体的名义要求在议程设置中将此问题放在更突出的位置。

第二,能力建设问题。资金和技术问题与能力建设密切相关,这里的能力建设主要是《公约》第 4、第 5、第 9 条强调的自身能力建设问题,自身能力建设更侧重于通过教育、培训、信息传播等活动将技术、能力、经验等内化于主体的过程。能力建设议题没有资金、技术问题那么直接和尖锐,具有更多灵活性,可以更方便地纳入谈判议程当中。

第三,能源结构问题。中国的能源结构有两个突出的特点,一是煤炭消费占比过高,目前的比例仍为 70% 左右,远远高于世界平均水平;二是天然气占比过低,仅为 3.7%。① 研究资料显示,煤炭仍然是世界上储量最多、分布最广的化石燃料,并且中国煤炭可探明储量紧随美国和俄罗斯,位居世界第三位。② 由于碳排放高的煤炭占比过高,而碳排放低的天然气占比过低,使中国在应对气候变化进程中处于先天不足的劣势。对于这种由于自然资源禀赋造成的能源结构问题,也可以作为一个有利于中国的抗辩因素适时在国际气候谈判议程中提出。

第四,人口问题。在联合国气候谈判中,已有 37 个国家将人口问题作为应对气候变化的战略之一,而中国也在 2009 年的哥本哈根气候大会(COP15)上提出了中国人口方案在应对气候变化中的作用问题。有关资料显示,在过去的 30 多年里,中国的总和生育率从 5.8 下降为 1.8,少出生约 4 亿人口,按照 2007 年人均碳排放量 4.57 吨计算,当年减排贡献约为 18.3 亿吨。③ 中国在人口问题上一直以人均作为一个谈判工具,而将人口方案作为应对气候变化的战略并在国际气候谈判中提出,是一种新的做法。但需要注意的是,这一做法可能会引发更复杂的人权争议。

上述各个议题均很难说具有绝对优势,在将这些议题引入国际气候谈判的议程时需要全面、审慎的评价。但无论如何,力争在国际气候谈判中增加有利于自己的谈判议题,促进多样化议程的设置,无疑会减少共区原则的演变动向对本国的不利影响。

五、以轨道换时间

在德班会议(COP15)之前,国际气候谈判的程序问题主要是"双轨制"和"单轨制"之争。而德班之后到多哈之前,国际气候谈判呈现了"三轨并行"的趋势。此外,少数发达的温室气体排放大国,积极谋求在公约框架之外广泛

---

① 参见廖春良:《十二五时期中国能源结构的演变》,载《上海经济》2012 年第 12 期。
② 参见魏一鸣等:《中国能源报告(2012):能源安全研究》,科学出版社 2012 年版,第 2 页。
③ 参见赵白鸽:《人口方案和应对气候变化》,载《人口研究》2010 年第 1 期。

开展对话活动。总的说来,这些活动可以分为两种:一种由作为世界"环保先锋"的欧盟主导,利用现有各种平台进行国际气候对话,目的是增加发达国家之间以及发达国家与发展中国家对气候变化问题的理解,在《公约》和《京都议定书》的框架之外推进气候变化国际合作的进程,包括 G8+5、20 国能源与环境部长级会议、亚欧首脑会议。[①] 另一种由美国主导,在公约的框架之外创设新的合作平台,强调通过技术途径解决气候变化问题。美国布什政府在退出《京都议定书》之后,在联合国气候变化谈判之外分别发起了"氢能经济国际伙伴计划""碳收集领导人论坛""甲烷市场化伙伴计划""第四代国际论坛"以及"再生能源与能源效益伙伴计划"等,其中最具影响的是在美国的倡议下建立起来的《亚太地区清洁发展与气候新伙伴计划》(Asia-Pacific Partnership on Clean Development and Climate,APP)。[②] 如果将美国、欧盟在联合国框架外的双边和多边气候合作机制也考虑在内[③],国际气候谈判实际呈现的是"多轨并行"的局面。

"多轨并行"一方面导致国际气候谈判议题多元,谈判效率低下,进展缓慢;但另一方面这也是各国充分表达自身主张,维护自身正当权益,使谈判结果科学合理的必由之路。无论如何,处于两难境地中的"多轨并行"状态带来了一个客观后果:当实体谈判陷入困境之时,轨道的转换为谈判的延续提供了程序上的可能,同时也为相关谈判主体赢得了时间。对于中国和众多的发展中国家而言,使轨道合并的时间推迟到本国温室气体排放峰值到来之后或者大致吻合,是一个较优的谈判结果。在 2009 年的哥本哈根会议(COP 15)上,中国官方首次提出了温室气体的排放峰值年份预期为 2030 至 2040 年之间。2015 年,在巴黎气候大会召开之前,中国政府明确宣布了 2030 年的排放峰值时间。那么在预期的峰值年之前,中国除了通过设定辅助性义务和过渡期、细分责任标准以及设置多样化议程等方式缓解被动局面之外,利用各种谈判轨道换取时间也是一个可以考虑的策略。中国和其他发展中国家以及欧盟可以要求美国等发达国家在德班平台上作出相应的率先承诺,以弥补未在《京都议定书》轨道下本应履行的义务并继续讨论《公约》轨道下的长期合作行动问题,一方面争取实体上的谈判优势,另一方面合理延缓谈判程序的进行,为中国承担相应强制减排义务赢得更充分的准备时间。

[①] 参见李慎明、王逸舟主编:《全球政治与安全报告 2007》,社会科学文献出版社 2007 年版,第 221—223 页。
[②] 参见上书,第 223—224 页。
[③] 如欧盟主导 20 国能源与环境部长级会议,美国发起的"氢能经济国际伙伴计划""碳收集领导人论坛""甲烷市场化伙伴计划""第四代国际论坛""再生能源与能源效益伙伴计划"以及《亚太地区清洁发展与气候新伙伴计划》(Asia-Pacific Partnership on Clean Development and Climate,APP)等。

第三节　中国的应对气候变化立法[①]

制定专门性的应对气候变化立法,是我国对于国际气候法律新秩序构建中的公平性问题的法律回应。中国是世界上最大的发展中国家,也是温室气体排放量最大的发展中国家。中国一直以一个负责任的大国的形象和态度积极参与国际社会应对气候变化的进程,同时也在国内积极开展应对气候变化的各项行动,包括为制定相关立法做准备。2007年,中国国务院颁布了《气候变化应对国家方案》,2008年8月,全国人民代表大会常务委员会颁布了《全国人民代表大会常务委员会关于积极应对气候变化的决议》,2010年制定的国家"十二五"规划设置了气候变化应对篇章,2014年出台了《碳排放权交易管理暂行办法》,近年来陆续制定了各省市应对气候变化的法律、法规。上述政策和法律性文件虽然总体上均为原则性规定,但为中国气候变化立法提供了基本的方向和依据。目前,国家发改委等部门已经启动了《气候变化应对法》立法建议稿的准备工作。制定气候变化立法,必须兼顾国际气候法律新秩序构建中的公平性问题,并使其在国内立法中得到体现。

一、中国在制定气候变化立法过程中面临的主要公平性问题

本书所探讨的气候变化领域的公平涉及的是一种全球性公平,它要求所有国家根据一致性的客观标准承担应对气候变化的法律义务。部分国家之所以可以暂时承担道义上的减排义务,进行自愿减排,并非由于其身份,而是由于客观上它并未达到承担量化强制法律义务的一致性标准。基于对气候变化领域公平性问题的这一基本认知,中国在制定气候变化立法的过程中面临两个主要的问题:其一是中国应否承担量化强制减排义务?其二是在国际立法尚未要求中国承担量化强制减排义务的情况下,中国是否可以在国内法中明确量化的强制减排义务?

(一)中国应否承担量化强制减排义务

关于第一个问题,即中国应否承担量化强制减排义务,学界有关气候正义的讨论已经基本形成共识:根据气候正义的要求,所有的国家均应根据一致性的客观标准确定各国在应对气候变化中的利益和负担分配,而不能根据主观的身份划分,这种一致性的标准应当是由"影响"而不是"能力"决定的,

---

[①] 本节主要内容已刊发于《中国高校社会科学》2014年第2期。参见王灿发、陈贻健:《"气候正义"与中国气候变化立法的目标和制度选择》,载《中国高校社会科学》2014年第2期。

即应当根据各国对气候变化造成的实际影响决定,而不是由各国的经济发展水平和拥有的财政、技术等资源和能力决定,财政、技术等资源和能力只有作为造成气候变化影响的因素时才成为利益和负担分配的考虑因素。所以,对于中国而言,之所以在《公约》及其《京都议定书》的框架下不承担强制减排义务,不能以"能力"作为解释理由,更不能简单地从"发展中国家"身份上获得支持,而只能根据一致性的客观标准。如果该种标准是"人均历史累积排放"和"人类发展指数"双指标或更多的综合指标,则任何国家达到这一指标即需承担强制减排义务,中国自然也不例外。基于对国际气候正义的这一认识,中国在未来应对气候变化的过程中,应根据国际立法确定的一致性客观标准承担量化的强制减排义务,除非是中国尚未达到以"人均历史累积排放"和"人类发展指数"等综合指标的标准。

(二) 中国的气候变化立法是否应明确量化的强制减排义务

关于第二个问题,即在国际立法尚未要求中国承担量化强制减排义务的情况下,中国是否可以在国内法中明确量化的强制减排义务,则涉及气候公平在国家层面的落实问题。在《公约》及其《京都议定书》的框架下,这一问题已经在实证法层面得到解决,即中国并非"附件一"国家,因而无需承担量化强制减排义务,只需进行自愿减排。但是这一实证法层面的规定并非是气候正义这一自然法层面的必然答案。因而,在德班平台启动后的新一轮国际气候谈判中,中国在应对气候变化的过程中应承担的国际责任仍然是一个被继续讨论的问题。即便在未来的国际气候谈判中,中国仍然无需承担量化强制减排义务,但中国在制定气候变化立法的过程中设定量化的强制减排目标,却并不与气候公平相悖。

首先,中国在制定气候变化立法的过程中设定量化的强制减排目标完全是中国主权范围内的自决事项。从当前的国际气候立法的内容来看,并未给中国以及其他发展中国家设定量化强制减排义务,中国并没有在国内法层面落实量化强制减排目标的国际法律义务,但这并不妨碍中国在自己主权范围内,依据本国国情,在制定气候变化立法的过程中为本国设定量化强制减排目标,相反这正是主权的应有之义,是国际法上强调的"主权独立"原则在对内事务上的具体体现。

其次,中国在制定气候变化立法的过程中为本国设定量化强制减排目标符合国内气候公平的要求。气候变化问题虽然在中国国内问题清单中并不排在最突出的位置,但中国目前正处于经济社会的转型期,建设生态文明已经成为民间和官方共同的迫切要求,由于长期片面追求单方经济增长带来的环境污染和环境破坏已经严重影响了全体公民的生存权、健康权,甚至财产权,通过制定强有力的应对气候变化国内立法,借助公平适用的一致性管制标准减少碳排放,以改变高污染、高消耗的粗放型生产方式,建设作为生态文明重要组成部分的气候文明,正是国内气候公平的要求。

最后,中国在制定气候变化立法的过程中设定量化强制减排目标有利于提前应对未来气候公平的一致性要求。气候公平的核心是要求所有相关主体根据一致性的客观标准承担应对气候变化的责任,就此国际社会已有共识,目前国际气候谈判中的争点主要在于"标准"问题,即何谓一致性的标准?对此问题,未来的趋势更可能是前面所述的综合性指标,如"人均历史累积排放量"和"人类发展指数"等。就人均历史累积排放量而言,中国1850—2004年的人均历史累积排放量为68.9吨,居全球第92位(见图表23.),但鉴于近年中国的碳排放总量增加迅猛,人均历史累积排放量也会继续增加,因而应当提前做好根据气候正义要求的一致性客观标准承担强制减排义务的准备,争取在未来的国际气候谈判中掌握主动。

图表23 1850—2030年16个国家及全球人均历史累积排放[①](现实情景和预测情景)

国别	人均历史累积及排名 (吨 CO_2) 1850—2004年	人均累积 (EIA 低排放情景) 1850—2030年	人均累积 (POLES 较高排放情景) 1850—2030年
全球	173.5	348.84	356.01
中国	68.9(92)	253.6	241.2
印度	23.3(122)	217.2	366.5
南非	286.3(43)	—	—
墨西哥	112.3(78)	287.0	297.8
巴西	49.7(99)	132.0	176.2
印尼	28.4(118)	—	—
韩国	187.3(60)	545.3	627.7
澳大利亚	598.0(17)	1253.7	—
美国	1105.4(3)	1828.8	1830.6
英国	1134.9(2)	—	1424.4
俄罗斯	626.6(15)	972.7	—
日本	334.2(36)	776.9	738.2
意大利	307.5(41)	—	535.3

---

① 参见胡国权、罗勇、刘洪滨:《二氧化碳累积排放相关研究进展》,载王伟光、郑国光主编:《〈应对气候变化报告〉(2010):坎昆的挑战与中国的行动》,社会科学文献出版社2010年版,第313页。

(续表)

国别	人均历史累积及排名 (吨 CO_2) 1850—2004 年	人均累积 (EIA 低排放情景) 1850—2030 年	人均累积 (POLES 较高排放情景) 1850—2030 年
德国	962.8(6)	—	1266.4
法国	525.0(23)	—	749.1
加拿大	748.1(9)	1395.2	1315.8

二、中国在制定气候变化立法的过程中应持的公平性观念

如前述,公平性问题是一个价值论、方法论、实践论层面的概念,其功能是协调不同主体间的正当性的价值冲突。气候变化领域的公平性观念受到各个主体认识论上的背景信念的影响,更受到客观利益的影响。不同国家、同一国家不同区域和人群间的公平性观念可能会受到各种因素影响从而偏离公平的要求。中国制定气候变化立法的过程,即是贯彻气公平要求的过程,在此过程中,应当坚持如下观念:

1. 坚持气候公平在国际和国内两个层面的一致性

气候公平在空间领域上主要包括两个层面:一是国际层面的气候公平,本文前述所及的气候公平主要集中在国际层面;二是国内层面的气候公平,这方面目前的探讨较少。前面讨论的中国在制定气候变化立法过程中的主要公平性问题,实际上就是气候公平在国际和国内两个层面的关系问题。对两个基本问题的解答也决定了中国在处理气候正义两个层面关系的基本观念,即在国际层面,各国均应按照一致性的客观标准承担量化强制减排义务,如果中国符合此标准,则不应逃避须承担的义务,如果不符合此标准,中国亦不应承担不适当的义务,仅从"人均历史累积排放量"这一标准看,中国将呈逐步增长的趋势,但距离世界人均水平仍有差距,如 1850—2004 年全球人均累积排放量是 173.5 吨,而中国只有 68.9 吨(见图表 23),因而中国短期内承担量化强制减排义务的理由还不充分,亦不符合气候正义的要求。据此,在国内层面,中国可以有两种选择,一是仍然坚持自愿减排,在制定气候变化立法时不确定强制减排目标;二是尽管短期内根据气候正义的要求中国在国际层面无须承担量化强制减排义务,但自愿在国内法中采取强制模式。从气候公平的长期要求以及国内环境保护、经济社会转型需求等因素考虑,后一种选择应该能更好地处理和协调国内气候正义以及国际气候正义的关系。

在此需要特别说明的是,中国在根据目前的国际气候立法以及气候公平的一致性标准尚不需要承担强制减排义务的情况下,在国内立法中采取了强

制减排模式,并不意味着国际气候公平与国内气候公平的冲突。中国无须承担量化强制减排义务,即意味着是"自愿"减排,而无论自愿选择不设定强制目标的"软法"模式,还是设定强制目标的"硬法"模式,均是"自愿",符合"自愿"减排的含义,亦符合气候公平的要求。这恰恰表明了国际气候正义和国内气候正义的协调和一致。减排是气候公平关注的核心领域,也是国际气候法律中设置的根本性义务,除了减排义务,气候公平还涉及其他义务,如编制和定期更新温室气体源和汇的国家清单,制定、执行、公布和定期更新应对气候变化国家方案,促进公众参与以及获得有关气候变化的信息[①],制定、执行适应气候变化的措施和方案,等等。[②] 我们可以将减排义务之外的其他法律义务称之为辅助性义务。[③] 这些义务在国际层面的《公约》及其《京都议定书》中均有明确规定,也是发展中国家亦须履行的义务,因而应当保持国际立法和国内立法两个层面的一致性。这也是处理气候正义两个层面关系时需要注意的一个方面。

2. 坚持气候公平在国内适用中的一致性

适用上的一致性是公平的内在要求。通过设置调整气候变化领域利益和负担的一致性客观标准,是气候公平得以实现的基础。气候公平要在国内法中得到实现,也必须解决标准的一致性问题。对于在国际层面需要承担强制减排义务的国家而言,气候公平在国内法上的实现主要是通过设置一致性的客观标准落实国际立法确定的量化强制减排目标;而对于在国际层面无需承担强制减排义务的国家而言,气候公平在国内法上的实现则主要是通过设置一致性标准以分解国内法或国内政策上自定的目标。中国政府于2009年12月在哥本哈根气候大会上郑重承诺,到2020年我国单位国内生产总值二氧化碳排放比2005年要下降40%—45%,并将其作为约束性指标纳入国民经济和社会发展中长期规划中,而国务院2012年1月13日《关于印发"十二五"控制温室气体排放工作方案的通知》中进一步明确了"到2015年全国单位国内生产总值二氧化碳排放比2010年下降17%"的近期目标,并将该目标在省级层面进行了分解(见图表24)。这实际涉及了气候正义在国内法层面落实时的一个关键问题,即适用的一致性问题。无论在何种层面,气候正义

[①] See Nina E. Bafundo, Compliance, "With The Ozone Treaty: Weak States and The Principle of Common but Differentiated Responsibility", 21 Am. U. Int'l L. Rev. 461.

[②] See Kyoto Protocol to the United Nations Framework Convention on Climate Change, art. 3, Dec. 11, 1997, 37 I. L. M. 22 (1998).

[③] See Mary J. Bortscheller, "Equitable but Ineffective: How the Principleo of Common but Differentiated Responsibilities Hobbles the Global Fight against Climate Change", 10 Sustainable Dev. L. & Pol'y 49.

均要求按照一致性的客观标准得以实现。在国际层面,未来的趋势主要以"人均历史累积排放量"为基础结合其他指标作为标准。

图表 24 "十二五"各地区单位国内生产总值二氧化碳排放下降指标①

地区	单位国内生产总值二氧化碳排放下降(%)	备注:单位国内生产总值能源消耗下降(%)
北京	18	17
天津	19	18
河北	18	17
山西	17	16
内蒙古	16	15
辽宁	18	17
吉林	17	16
黑龙江	16	16
上海	19	18
江苏	19	18
浙江	19	18
安徽	17	16
福建	17.5	16
江西	17	16
山东	18	17
河南	17	16
湖北	17	16
湖南	17	16
广东	19.5	18
广西	16	15
海南	11	10
重庆	17	16
四川	17.5	16
贵州	16	15
云南	16.5	15
西藏	10	10
陕西	17	16
甘肃	16	15
青海	10	10

① 《"十二五"各地区单位国内生产总值二氧化碳排放下降指标》,载《节能与环保》2012 年 2 期。

(续表)

地区	单位国内生产总值二氧化碳排放下降(%)	备注:单位国内生产总值能源消耗下降(%)
宁夏	16	15
新疆	11	10

在国内层面,国内立法中的既定减排目标如何在不同地区之间进行合理分配,同样需要一个符合公平正义要求的一致性客观标准。既然国际层面的标准较符合气候公平要求的是一个以"人均历史累积排放量"为基础,结合其他平衡性指标的客观标准,那么在国内立法中,也应当确立一个类似标准,以保障气候公平在国内层面的贯彻。

由于中国国内还没有碳排放量的直接监测数据,碳排放的计量大都是基于化石燃料的消费量计算得来。同时,目前国家统计部门只有地方分品种能源消耗的统计数据,地方温室气体排放清单统计核算工作的进展情况也各不相同,全国尚没有针对地方碳排放的统一核算方法。① 在这样的情况下,各地约束性的碳排放指标只能根据预估的化石燃料消耗量确定,而化石燃料消耗量又往往以 GDP 增长预期确定。这种减排义务分解指标的准确性暂且勿论,其合理性本身就有可质疑之处:一方面,未考虑到历史累积因素,与国家之间的经济社会发展状况和对气候变化的贡献度的差异一样,国内各地区之间的经济社会发展状况和气候变化贡献度也是一个长期积累的结果,仅依据短期内的 GDP 增速和化石燃料消费量分解减排责任恐难保证公平。历史累积排放在国际层面是一个重要的考虑因素,在国内也无特殊理由排除这一标准的一致性适用。另一方面,未考虑人均因素,由于人权观念在气候变化领域的引入,将碳排放权作为一项重要的个人人权已经成为一种共识,个人之间拥有平等的碳排放权是气候公平的要求之一,因而在国内立法中,也不应排除人均标准的适用。

因此,中国在制定气候变化立法的过程中,应该坚持气候公平在国际和国内层面的一致性适用,尤其是在确定减排义务的分担这一核心问题上,必须首先确立一个公平合理的一致性客观标准,如参照国际层面的做法,以人均历史累积排放量为基础,再根据各地的地理条件、资源禀赋等特殊情况适当调整。以行政手段简单分解碳减排义务的做法,不符合气候公平的要求,也无法保证气候正义在国际和国内层面的一致性适用。

---

① 参见周丽、张希良:《关于地方碳强度下降目标考核的若干建议》,载《科技导报》2013 年第 23 期。

三、气候公平视野下中国气候变化立法的基本框架

气候变化立法是气候公平从价值论到方法论再到实践论转化的过程。中国的气候变化立法,涉及诸多方面的内容,但其基本的框架应当是有立法目的、基本原则和主要制度构成。气候公平在国内法上的落实,也主要通过这三个层面得到体现和保障。

(一)立法目的

立法目的是法律框架的核心。中国即将制定的气候变化立法的目的将如何表述,将对该法的基本原则和法律制度设计起到决定性的作用。新的气候变化立法虽然未见完整的文本,但其立法目的的表述应该部分会来源于中国已有的有关政策和法律文本中,其中对气候变化立法有直接指导意义的主要是第十一届全国人大常委会第十次会议通过的《全国人大常委会关于积极应对气候变化的决议》。该决议提出,"要把加强应对气候变化的相关立法作为形成和完善中国特色社会主义法律体系的一项重要任务,纳入立法工作议程",但决议并未对今后气候变化立法的目的作出直接表述。在决议的前言部分提到,"气候变化是环境问题,但归根到底是发展问题",在开展应对气候变化的工作时应当按照党的十七大提出的"把建设资源节约型、环境友好型社会放在工业化、现代化发展战略的突出位置"和"加强应对气候变化能力建设,为保护全球气候作出新贡献"的要求,走可持续发展的道路;决议的第二部分特别指出,应对气候变化"必须深入贯彻落实科学发展观,坚持节约资源和保护环境的基本国策,以增强可持续发展能力为目标,以保障经济发展为核心……"这些表述的核心可以归结为三点:其一,要加强应对气候变化的能力建设,为保护全球气候作出新贡献;其二,通过应对气候变化保证经济发展;其三,气候变化问题在性质上归根到底是发展问题。

中国未来的气候变化立法的目的,是否是上述三者只择其一,还是三者兼而有之或是兼容更多目标?哪一种情况更符合气候公平的要求呢?我们在前述的分析中提及,气候公平是在应对气候变化的整个过程和所有方面公平地对待所有实体和个人的价值体系。这一概念实际上蕴含着一个目的论的要求,即气候公平是产生于应对气候变化的过程中,并为促成应对气候变化的目的服务的,是否能促成应对气候变化的目的实现,是判断气候公平正当性更深层次的标准。气候公平作为价值综合和价值序列的气候公平,并非是指在相应的气候变化立法中设置综合性的目的来容纳各种价值,相反的,它要求在气候变化领域各种相互关联或者冲突的价值中确立各个价值的重

要性序位,通过确立主导性价值来协调各价值间的冲突。

鉴于目前人类社会面临的气候变化风险,气候公平涉及的安全、平等、自由等诸价值中,安全作为一个底限性价值应当具有优先性。正如2007年IPCC第四次评估报告指出,气候变暖已经对人类产生了巨大的现实危害①,IPCC第五次评估报告进一步加强了上述结论。在此情况下,应对气候变化以确保作为人类基本生活条件的气候系统的安全,是气候公平蕴含的根本目的。只有满足确保气候安全,才能确保人类处于正常的气候环境之中,气候安全是所有实体和个体平等拥有、行使自身正当权利,平等选择自身的生产、生活、消费方式的前提和基础。因此,应对气候变化,确保气候安全,是气候变化立法的唯一目的。低碳经济、循环经济、新能源等措施乃至经济发展、经济社会可持续发展等目标,不是气候变化立法的目的,而恰恰是实现应对气候变化、确保气候安全的手段。尽管在国际层面和国内层面,由于各种谈判主体和利益主体在立法过程中的博弈,使得气候变化立法出现了目的上的偏差,但这并不符合气候公平的内在要求;气候变化立法需要与环境保护立法、能源法、产业法等进行协调,气候变化立法的目的实现过程中需要考虑的问题,也是任何一部立法在整个法律体系中需要面对的问题,这些问题自然有相关的实体规则和程序规则来调整,无需在气候变化立法的立法目的中作出考虑和妥协。

基于此气候变化立法中的各项原则、制度均应围绕气候安全的目标展开,对于气候变化立法中可能会涉及其他相关法律的问题,应尽量在气候变化立法中作出规定,如与能源法、森林法、农业法、草原法、渔业法、水土保持法、防沙治沙法、海洋环境保护法等法律相关规定产生联系和交叉的,应尽量在气候变化立法中作出明确规定,待其他法律在修订过程中再根据气候变化立法的规定作出立法调整,因为其他法律在立法目的上并不以应对气候变化为目的,难以作出直接针对气候变化应对的规定。

(二)法律原则

在立法中处于中观层面,对上一层面而言,它是立法目的中强调的安全价值的具体化,对下而言,它可以指导具体的制度设计。气候变化立法的法律原则既包括实体原则,也包括程序原则。具体如下:

1. 风险预防原则

风险预防原则是指在环境保护领域,应当根据各国或各个主体的能力广

---

① 参见IPCC第四次评估报告(AR4),载 http://www.ipcc.ch/publications_and_data/ar4/wg2/zh/contents.html,最后访问日期:2016年7月13日。

泛采取预防措施,在遇有严重或不可逆转损害的威胁时,不得以缺乏科学充分确实证据为理由,延迟采取符合成本效益的措施防止环境恶化。① 基于环境破坏和环境污染后果的严重性和不可逆转性,风险预防已经作为一项基本原则在环境法上得到确立。环境法上很多法律制度的构建不是以现实的环境损害为调整对象的,而是基于风险预防原则,对于未知的环境风险作出应对,例如生物安全、危险废弃物处理等领域。气候变化正是一种典型的环境风险,且其危害性后果已经通过极端天气事件等自然灾害逐步显现。

在气候变化领域国际层面的立法中,《公约》也就风险预防原则作出了规定:"缔约方必须采取预防措施来预测、制止或尽量控制气候变化并缓和其负面影响。当存在'严重的或不可逆转的危害'的威胁时,缺乏足够的科学论证不应成为反对采取相应措施的理由,但同时也应考虑到针对气候变化所采取的政策和措施必须是符合成本效益的,这样才能以最小的代价来确保全球的利益。"②而《京都议定书》确立的量化强制减排目标,无疑是对风险预防原则的具体化。

中国在制定气候变立法过程中,还需要特别考虑到中国总体上是一个高气候变化敏感度的国家,尤其需要提前应对气候变化风险:中国气候条件复杂,降水时空分布不均,生态环境比较脆弱,易受海平面上升带来的不利影响;同时,中国人口众多,经济发展水平较低,适应气候变化的基础和能力较差。随着全球气候变暖,极端天气气候事件发生频率加大,流域性特大洪涝、区域性严重干旱、高温热浪、极端低温、特大雪灾和冰冻等灾害出现的可能性增大。③ 因此,在国内法中确立风险预防原则,既是对上述国际立法在应对气候变化过程中形成的经验的吸收和借鉴,同时也是中国作为一个高气候变化敏感度国家对待气候变化风险应采取的必然立场。

2. 减适并重

面对温室气体浓度增加而诱发的全球气候变化带来的各种潜在或显示的不利影响,人类社会采取的应对行动主要是在两大领域进行:减缓和适应,减缓侧重于通过对源的控制减少温室气体排放或通过增加汇促进碳的吸收、封存以期稳定大气中温室气体的浓度,减缓气候变化所造成的不利影响;适应则是自然或人类系统为应对现实的或预期的气候刺激或其影响而作出的调整,这种调整能够减轻损害或开发有利的机会。适应行动多种多样,包括

---

① 参见王曦:《国际环境法》,法律出版社1998年版,第116页。
② United Nations Framework Convention on Climate Change, May 9, 1992, art. 3(3).
③ 参见曹格丽、姜彤:《中国适应气候变化的政策、行动与进展》,载王伟光、郑国光主编:《应对气候变化报告2010:坎昆的挑战与中国的行动》,社会科学文献出版社2010年版,第195页。

预防性适应和反应性适应、个体性适应和集体性适应以及自发性适应和计划性适应,等等。① 适应侧重于针对已经发生的气候变化后果,尤其是其中极端气象灾害等,采取各种尺度的措施降低气候变化风险、减轻损失。

在国际气候谈判之初,减缓气候变化一直是一个重点,《公约》第一次缔约方会议虽然提及了适应问题但未深入。《公约》第十三次缔约方会议(COP13)——巴厘岛会议决定通过加强国际合作促进实施适应气候变化的行动,这些行动包括气候变化影响和脆弱性评估,帮助发展中国家加强适应气候变化能力建设,以及为发展中国家提供技术、资金、灾害和风险分析、管理及减灾行动等方面的支持,将适应气候变化问题提上议事日程。适应受到国际社会的重视有其必然性,因为无论人类社会如何努力减排,由于气候系统的时滞效应,气候变化目前已经带来了一些客观的不利影响,况且自《公约》直至其《京都议定书》之后的整个气候变化应对过程的效果并不如预想中的乐观。因此,适应气候变化也是应对气候变化不容忽视的一个领域。

在应对气候变化的大前提下,减缓和适应两种路径总体上有着内在的一致性。实际上,减缓内含了适应的要求并有助于长期的适应,减缓本身还意味气候变化的影响已经存在,并在较长时期内仍将缓慢扩大,减缓措施只是对目前和未来排放进行限制,减少气候变化的进程和影响。而适应也内含了减缓的要求,因为适应首先要求气候变化必须在可适应的范围内,并且是可预期的,否则适应政策便无法制定,而且气候变化如果超出人类社会目前的能力和资源条件,适应便会没有太多的意义。减缓和适应路径的一致性决定了无论在国际层面还是国内层面的立法中,必须坚持减适并重的原则。

3. 公平负担

气候公平的要旨是对应对气候变化过程中的利益和负担进行公平调整,因此,公平负担是气候公平在气候变化立法原则层面的核心要求和体现。《公约》第 3 条第 1 款明确提到,"各缔约方应当在公平的基础上,并根据它们共同但有区别的责任和各自的能力,为人类当代和后代的利益保护气候系统。"②因此,在《公约》的条文中,公平原则是一个比共区原则和各自能力原则更为基础性的原则。

公平原则自然包含着对利益和负担的调整两个方面。公平负担只是公平原则的另一种表述,它意味着在应对气候变化领域,各个主体对以气候容

---

① IPCC WGⅡ: *Climate Change 2001*: *Impacts*, *Adaptation and Vulnerability*, Cambridge University Press, 2001.
② United Nations Framework Convention on Climate Change, May 9, 1992, 1771 U. N. T. S. 165. art. 3(1).

量资源为基础的碳排放权以及应对气候变化的收益享有平等的权利,在此前提下,各个主体也须公平分担应对气候变化的负担。因此,公平负担实际上是包含作为前提的公平享有利益的内容,它与公平原则是一致的。应对气候变化过程中涉及的负担,主要是指与气候容量资源利用相关的碳减排义务,以及为应对气候变化提供资金、技术和促进能力建设的义务。这些义务的公平负担对应对气候变化立法的实施至关重要。

在国内立法中,必须根据公平负担的原则确定减排义务,分解减排义务,明确应对气候变化过程中的资金、技术投入由谁负担。因此,无论在国际还是国内层面的气候变化立法中,公平负担都是必须确立的基本原则。

4. 公众参与

公众参与是环境法的一项基本原则,这已在国际和国内的立法实践中得到具体体现和证明。如果说风险预防、减适并重、公平负担是主要涉及实体性权利和义务的法律原则的话,公众参与则更多地侧重于程序方面。公众在环境事务中有获得信息,参与决策和诉诸司法的权利,这是国际环境法和各国的国内环境法在新的历史条件下迅速发展起来的重要内容。表达这一内容的国际法律文件首见于1992年联合国环境与发展大会通过的《里约宣言》第10条,此外,在1998年6月25日欧洲委员会的《公众在环境事务中获得信息、参与决策、诉诸司法权利的奥胡斯公约》(简称"奥胡斯公约")中得到更具体和明确的表达。

公众参与同样是应对气候变化各个环节必须遵循的原则。在气候变化的国际立法过程中,无论是气候变化事实及其后果的评估、气候变化应对行动的决策和实施,都离不开公众参与。例如,国际社会对气候变化事实及其后果的认知虽历经 IPCC 历次气候变化评估报告的凝聚得以形成广泛共识,但由于在此过程中公众参与有限,这种共识仍然没有预想的牢固,正如 Patrick Michaels 指出的,"创造 IPCC 文件的那些人中,只有约 1/3 的人是真正的科学家,大部分人都是政府官僚。"①因此,为了促进 IPCC 的公信力,就必须加强 IPCC 工作程序中的公众参与。应对气候变化立法中的程序设计,也面临着在各个环节适当扩大公众参加的问题。《公约》第6条第1款(i)项以及《京都议定书》第6条分别对公众知情、决策参与、培训等内容做了规定,《京都议定书》第10条(e)项还特别强调了要在"在国家一级促进公众意识和促进公众获得有关气候变化的信息",并"应发展适当方式通过《公约》的相关机构实施这些活动"。

---

① 转引自曹荣湘主编:《全球大变暖:气候经济、政治与伦理》,社会科学文献出版社 2010 年版,第6页。

中国在国内气候变化立法中,当然应当秉承国际层面的立法精神。越来越频繁的气候极端事件对公众生活产生了直接和经常性影响,公众对气候变化问题的认识也因此越来越多。国际社会环保组织"气候组织"和北京市消费者协会的《气候变化消费者调查》报告显示,超过98%的消费者表示关注气候变化问题,且中国消费者对气候变化的关注程度高于美国和英国消费者,并愿意为应对全球气候变化采取行动,其中有69%的人愿意通过改变生活习惯来应对气候变化,说明应对气候变化意识已经渗入人们的日常生活和消费中。中国零点研究咨询集团的调查还显示,有72.3%的公众认为应该由政府来主要负责解决气候变化问题,同时,74.1%的公众认为政府确实在解决气候变化问题上发挥了主要作用(见图表25)。这一结果一方面显示出中国公众在解决气候变化问题上对政府的极大信任,另一方面也显示出中国公众在应对气候变化问题方面的不作为或对政府的严重依赖。① 所以,在中国制定气候变化立法过程中强调公众参与原则并促进其制度化尤其重要。

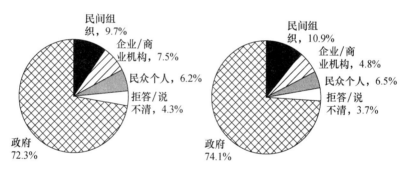

图表25 公众对政府在气候变化领域的角色认知

(三)基本制度

在国际气候变化谈判中,应对气候变化的路径分为减缓和适应两大类,这已经形成一种共识。依此分类,中国气候变化立法中涉及的基本法律制度也与此对应可分为减缓型制度和适应型制度。但除此外,还有些制度的实施目的和效果并不直接与减缓、适应相关,而只是为减缓和适应提供支持,因而我们将之称为支持型制度。这三种类型的制度对气候正义的体现不是线性对应的,但总体反映了气候正义的价值要求,无论减缓型、适应型还是支持型制度,均是将公众、企业等气候变化领域相关主体的财产权利、人身权利等自

---

① 参见徐相华、胡博:《如何推动中国公众参与应对气候变化》,载中国气象局气象干部培训学院网站 http://www.cmatc.cma.gov.cn/www/res/index/index.shtml,最后访问日期:2013年10月21日。

由的基础放在首位,但对权利的保障又必须满足气候安全这一底限性的要求;同时,为满足气候安全而对有关主体权利的调整(对应的是义务的分配)必须符合公平和平等价值的要求。中国气候变化立法中的制度框架正是由整体上融合了上述气候正义要求的减缓型、适应型以及支持型制度构成的。

1. 减缓型制度

以减少碳排放为目标的应对气候变化法律制度,减少碳排放的途径主要有两个方面,一是减少"源"①的碳排放,二是通过"汇"②的增强减少碳排放。在此我们将通过减少"源"的碳排放实现减缓效果的制度称之为源减排制度,将通过增强"汇"的吸收实现减缓效果的制度称之为增汇制度。

源减排制度主要包括气候变化影响评价和"三同时"、碳预算制度、GDP碳强度控制制度以及碳排放标准制度、碳排放监测制度、超标排放限期治理制度。气候变化影响评价制度主要针对规划和建设项目,"三同时"则主要针对建设项目,它要求一切可能对气候变化产生影响的建设项目,其减排设施必须与主体工程同时设计、同时施工、同时投产,这两项制度处于源减排制度的最前端;碳预算制度源自英国《气候变化法》,是指为保持二氧化碳排放与生态容量之间的平衡而确定的相应周期内的碳排放量上限,碳预算水平由气候变化委员会提出,由政府决定提交代议机关进行审批,审批通过后,该碳预算水平即具有强制约束力,与碳预算配套的是碳排放总量控制、碳排放许可制度,碳预算制度需要通过碳排放总量控制制度和碳排放许可制度分解落实;GDP碳强度控制制度与碳预算制度的侧重点不同,前者通过控制单位产值的碳强度提高能源、资源的生产效率,后者控制碳排放总量确保气候安全,前者是后者的补充;碳排放标准制度、碳排放监测制度以及超标排放限期治理制度则是对前述各项制度的保障性手段。源减排制度通常指的是强制减排,但立法中还有一种类型的减排制度,即自愿减排制度。自愿减排(voluntary emission reduction,简称 VER)个人或企业在没有受到外部压力的情况下,为中和自己生活或生产经营过程中产生的碳排放而主动从自愿减排市场购买碳减排指标的行为。③ 作为一种自愿参与减少 CO_2 排放的形式,一直是全球碳市场的有效补充,同时也是中国开展碳交易的市场准备和必要途

---

① 温室气体的源可理解为向大气中释放温室气体的系统或过程。参见刘强、刘嘉麒、贺怀宇:《温室气体浓度变化及其源与汇研究进展》,载《地球科学进展》第 15 卷第 4 期。
② 温室气体的汇则可理解为从大气中清除温室气体、气溶胶或温室气体前体的系统、过程或机制。参见刘强、刘嘉麒、贺怀宇:《温室气体浓度变化及其源与汇研究进展》,载《地球科学进展》第 15 卷第 4 期。
③ 参见丁丁:《开展国内自愿减排交易的理论与实践研究》,载《中国能源》2011 年第 2 期。

径。① 在中国未来的气候变化立法中确立自愿减排制度,最关键的一环是要解决自愿减排的信用问题,必须同时建立一个核证、监管平台,使自愿减排指标具有"可衡量、可核实、可转换"的特征,从而实现与国内法强制减排产生的指标在碳排放权交易市场中具有同等的信用。

增汇制度的功能在于增强各种系统或过程吸收或清除碳排放的能力,依据各种系统或过程作用的领域可将汇主要划分为林业碳汇、农业碳汇、渔业碳汇等,其中林业碳汇、农业碳汇的作用更为明显。由于在能源、工业等领域限制和减少碳排放所支付的成本往往高于汇清除的成本,因此增汇制度对发展中国家减缓气候变化具有特别重要的意义。增汇制度主要是通过加强植树造林、加强草地、湿地、海岸带保护等措施发挥林业碳汇、农业碳汇的作用。

2. 适应型制度

社会环境和生态环境是环境科学上根据环境的成因而对"环境"的一种分类,其中社会环境强调人为因素的作用,而生态环境则主要强调自然因素的作用。根据环境的这两种类型划分,我们也相应地可将适应型制度分为社会适应能力增强型和生态适应能力增强型两类制度。② 其中社会适应能力增强型制度侧重于提高社会环境适应气候变化的能力,生态适应能力增强型制度则侧重于提高生态系统适应气候变化的能力。

社会适应能力增强型制度主要是指增强人类生活的社会环境对气候变化的适应能力,(极端天气事件和气候灾害的预警和防范)尤其是海洋灾害预警与应急预案,气候灾害应急及救助制度,适应性基础设施建设,包括农业基础设施、水利基础设施、沿海防潮设施,产业结构调整制度,如调整农业种植结构,适应性技术研发,如利用生物技术快速有效的培育抗旱、抗涝、抗高温和抗低温的抗逆作物新品种。

生态适应能力增强型制度主要是通过生态环境保护措施增强生态系统对气候变化的适应能力,如天然林保护制度、自然保护区制度,天然林的群落结构、遗传特征、物种丰度以及通过物质循环适于再生的特征,使其对于气候变化具有较强的适应性③,生态修复措施,如要针对海平面上升引起的红树林、珊瑚礁等生态系统破坏实施生态修复。

---

① 参见冷罗生:《中国自愿减排交易的现状、问题与对策》,载《中国政法大学学报》2012 年第 3 期。
② 这两类制度的划分来源于廖建凯博士对适应性气候变化立法的分类,他将适应性气候变化立法分为增强社会适应性立法、增强生态适应性立法。参见廖建凯:《我国气候变化立法研究——以减缓、适应及其综合为路径》,中国检察出版社 2012 年版,第 240 页。
③ 参见姜冬梅、张孟衡、陆根法主编:《应对气候变化》,中国环境科学出版社 2007 年版,第 204 页。

3. 支持型制度

除减缓型制度和适应型制度外,还有一类制度并不直接产生减排或适应的效果,但对于通过减缓以及适应措施应对气候变化起到基础性的支持作用,这类制度我们称之为支持型制度。支持型制度可以分别应用于减缓或适应环节,也可以作为一项综合制度同时应用于减缓和适应两个领域。这类制度主要包括:

(1) 应对气候变化战略规划制度。这一制度确定应对气候变化的总体方略,规定国家应对气候变化的指导思想、基本目标、战略布局、重点领域和基本措施等重要事项。应对气候变化战略规划事关国家应对气候变化的根本性事项,应当由国务院组织制定并予以颁布。① 规划时间的长短,可以主要参考国际气候谈判中关于中期目标和长期目标的期限确定。

(2) 共同参与制度。政府、企业和公众共同参与应对气候变化,是各项制度得以顺利运转的关键。这就要求气候变化法明确各个主体的责任、加强组织机构建设和相关人员教育培训。从上述国外气候变化立法的阐述可以看到,各个国家,尤其是日本对各级政府主体、企事业单位和国民都规定了非常详尽的应对气候变化职责与义务。各国都非常重视应对气候变化组织机构的设置,例如,美国设立了气候变化技术委员会和顾问委员会,成立国家气候服务中心;韩国设立了气候变化委员会;日本成立了由首相任部长的全球气候变暖对策推进本部、建立了气候变暖防止活动推进员制度和设立了各级全球气候变暖防止活动推进中心;英国成立了气候变化委员会和能源与气候变化部;菲律宾设立了由总统任主席的气候变化委员会、由相关部长组成的咨询委员会以及气候变化办公室等应对气候变化专门机构。此外,各国还通过气候变化立法加强应对气候变化知识的宣传教育、相关人员的培训,以提高公众和社区应对气候变化的能力。

(3) 责任机制。鉴于气候变化立法以气候安全为目标,并确立了量化强制减排义务,则相应地也应建立强制性的法律责任机制保障立法目标和法律义务的实现。相关责任机制应当由民事责任、行政责任、刑事责任构成,并应明确各种责任类型的构成要件和具体责任内容。

(4) 市场机制。市场机制主要是指碳排放交易市场,我国"十二五"规划中提出逐步建立碳排放交易市场。当前,我国着手在七省市试点碳交易,其目的是为了区域市场交易经验可以成功复制到全国,乃至最终与全球市场进行对接。未来的气候变化立法中应对已有的国际经验与国内试点经验进行

---

① 参见廖建凯:《我国气候变化立法研究——以减缓、适应及其综合为路径》,中国检察出版社2012年版,第 240 页。

提升和总结,建立碳排放交易的市场机制,这一机制在交易方式上可以采取对存量排放实行总量控制而对增量排放实行基准控制的方式。

(5)资金机制。上述各项制度的落实同样离不开资金的支持和保障,在资金机制的规定上可以从其他国家的实践做法获得一定的借鉴:如德国的生态税、碳税,既从负面约束温室气体排放行为,又从正面筹集应对气候变化资金;美国更是十分重视通过政府的财政投入和补贴,促进节能改造、清洁能源和低碳技术的发展;韩国设立专门的气候变化基金,促进有利于气候变化的产业技术发展、人才培养和宣传教育等事宜;英国特别重视贫困弱势群体的保护,通过政府和企业对他们的用能支出予以补贴;菲律宾的《气候变化法》专门规定了应对气候变化资金的筹集分配和监督管理等内容。实际上,各国还通过温室气体排放交易制度、可再生能源证书交易制度、税收的减免和贷款优惠等各类制度和措施,为应对气候变化各项制度的落实直接或间接的提供资金支持。此外,资金机制还为应对气候变化基金、财政补贴、信贷支持、政府采购、保险措施等作出规定。

主要参考文献

一、著作类

1. 〔英〕理查德·S.J.托尔:《气候经济学:气候、气候变化与气候政策经济分析》,齐建国、王颖婕等译,东北财经大学出版社有限责任公司2016年版。
2. 吴静:《应对气候变化的全球治理研究》,科学出版社2016年版。
3. 周钰颖:《气候变化背景下国家发展权研究》,中国财富出版社2016年版。
4. 崔伟宏、〔美〕S.弗雷德·辛格、〔法〕万森·库尔提欧、承继成编著:《自然是气候变化的主要驱动因素》,中国科学技术出版社2012年版。
5. 崔大鹏:《国际气候合作的政治经济学分析》,商务印书馆2003年版。
6. 〔美〕埃里克·波斯纳、戴维·韦斯巴赫:《气候变化的正义》,李智、张键译,社会科学文献出版社2011年版。
7. William D. Nordhaus & Joseph Boyer, *Warming the World: Economic Models of Global Warming*, the MIT Press, 2000.
8. 〔美〕曼瑟尔·奥尔森:《集体行动的逻辑》,陈郁等译,上海三联书店1995年版。
9. 〔美〕汤姆·泰坦伯格:《环境与自然资源经济学》(第5版),严旭阳等译,经济科学出版社2003年版。
10. 〔澳〕大卫·希尔曼、约瑟夫·史密斯:《气候变化的挑战与民主的失灵》,武锡申、李楠译,社会科学文献出版社2009年版。
11. 〔美〕E.博登海默:《法理学——法哲学及其方法》,邓正来译,中国政法大学出版社1999年版。
12. Eric A. Posner, David Weisbach, *Climate Change Justice*, Princeton University Press, 2010.
13. 中国现代化战略研究课题组等编著:《中国现代化报告2010:世界现代化概览》,北京大学出版社2010年版。
14. 胡鞍钢、管清友:《中国应对全球气候变化》,清华大学出版社2009年版。
15. 樊纲主编:《走向低碳发展:中国与世界——中国经济学家的建议》,中国经济出版社2010年版。
16. Malcolm N. Shaw: InternationalLaw. Fifth edition,北京大学出版社2005年版。
17. 李慎明、王逸舟主编:《全球政治与安全报告2007》,社会科学文献出版社2007年版。

18. 〔美〕约翰·罗尔斯:《正义论》,何怀宏等译,中国社会科学出版社 2014 年版。

19. 刘辉群主编:《世界贸易组织》,厦门大学出版社 2014 年版。

20. 王曦主编:《国际环境法》,法律出版社 1998 版。

21. 杨兴:《〈气候变化框架公约〉研究——国际法与比较法的视角》,中国法制出版社 2007 年版。

22. 王伟光等主编:《应对气候变化报告 2009:通向哥本哈根》,社会科学文献出版社 2009 年版。

23. 〔美〕爱迪丝·布朗·魏伊丝:《公平地对待未来人类:国际法、共同遗产与世代间衡平》,汪劲等译,法律出版社 2000 年版。

24. 王曦主编:《国际环境法资料选编》,民主与建设出版社 1999 年版。

25. 赵廉慧:《财产权的概念》,中国政法大学出版社 2003 年版。

26. Wemaere M, Streck C. Legal ownership and nature of kyoto units and EU allowances, available at Freestone D, Streck C. Legal aspects of implementing the kyoto protocol mechanisms. New York: Oxford University Press, 2005.

27. 国际人权法教程项目组编:《国际人权法教程》(第 1 卷),中国政法大学出版社 2002 年版。

28. 黄婧:《国际温室气体减排责任分担机制研究》,中国政法大学出版社 2014 年版。

29. 王学东:《气候变化问题的国际博弈与各国政策研究》,时事出版社 2014 年版。

30. 庄贵阳、陈迎:《国际气候制度与中国》,世界知识出版社 2005 年版。

31. 朱鹏飞:《国际环境争端解决机制研究》,法律出版社 2011 年版。

32. 王晓丽:《多边环境协定的遵守与实施机制研究》,武汉大学出版社 2013 年版。

33. 王树平、工灿、许益民:《知识产权与气候变化》,社会科学文献出版社 2013 年版。

34. 张坤民、潘家华、崔大鹏主编:《低碳经济论》,中国环境科学出版社 2008 年版。

35. 刘燕华:《中国资源环境形势与可持续发展》,经济科学出版社 2001 版。

36. 张海滨:《环境与国际关系:全球环境问题的理性思考》,上海人民出版社 2008 年版。

37. 宋秀据:《国际合作理论:批判与建构》,世界知识出版社 2006 年版。

38. 世界银行:《国际贸易与气候变化:经济、法律和制度分析》,廖玫主译,高等教育出版社 2010 版。

39. 〔英〕帕特莎·波尼、埃伦·波义尔:《国际法与环境》,那力等译,高等教育出版社 2007 年版。

40. 何一鸣:《国际气候谈判研究》,中国经济出版社 2012 年版。

41. 魏一鸣等:《中国能源报告(2012):能源安全研究》,科学出版社 2012 年版。

42. 王伟光、郑国光主编:《〈应对气候变化报告〉(2010):坎昆的挑战与中国的行动》,社会科学文献出版社 2010 年版。

43. 曹荣湘主编：《全球大变暖：气候经济、政治与伦理》，社会科学文献出版社 2010 年版。

44. 姜冬梅、张孟衡、陆根法主编：《应对气候变化》，中国环境科学出版社 2007 年版。

45. 廖建凯：《我国气候变化立法研究——以减缓、适应及其综合为路径》，中国检察出版社 2012 年版。

46. 魏一鸣等：《气候变化智库：国外典型案例》，北京理工大学出版社 2016 年版。

二、论文类

1. Kathryn Hochstetler, ManjanaMilkoreit, "Emerging Powers in the Climate Negotiations: Shifting IdentityConceptions", 67(1) *Political Research Quarterly* 224, 235(2014).

2. Jacqueline Peel, Lee Godden, Rodney J. Keenan, "Climate change law and governance from the 'botto m up': Introduction to the special issue", 2 *Climate Law* 459, 468 (2011).

3. 张存杰、黄大鹏、刘昌义等：《第五次评估报告气候变化对人类福祉影响的新认知》，载《气候变化研究进展》2014 年第 4 期。

4. Detlef Sprinz, "Tapani Vaahtoranta, The Interest-based Explanation of International Environmental Policy", 48(1) *Int. Organ* 77, 81(1994).

5. 王璟珉、魏东：《〈京都议定书〉的缺陷分析》（自然科学版），载《中国海洋大学学报》2007 年第 3 期。

6. 于宏源：《试析全球气候变化谈判格局的新变化》，载《现代国际关系》2012 年第 6 期。

7. 谷德近：《从巴厘到哥本哈根：气候变化谈判的态势和原则》，载《昆明理工大学学报：社会科学版》2009 年第 9 期。

8. 吕学都：《德班世界气候大会成果解读与中国未来面临的挑战》，载《阅江学刊》2012 年第 2 期。

9. 王灿发、陈贻建：《"气候正义"与中国气候变化立法的目标和制度选择》，载《中国高校社会科学》2014 年第 2 期。

10. 赵梦：《德班气候大会决定实施京都议定书第二承诺期》，载《农业工程技术》2011 年第 12 期。

11. 高翔、王文涛：《〈京都议定书〉第二承诺期与第一承诺期的差异辨析》，载《国际展望》2013 年第 4 期。

12. 腾飞：《全球气候谈判中的知识产权问题探析——以工具主义为视角》，载《知识产权》2015 年第 1 期。

13. 吕学都、莫凌水：《多哈世界气候大会成果及其影响》，载《阅江学刊》2013 年第 2 期。

14. 周泓、柳建国：《多哈会议结果分析》，载《中国环境管理》2013 年第 3 期。

15. 李莉娜、杨富强：《华沙气候谈判大会的遗产》，载《世界环境》2014 年第 1 期。

16. 许超：《正义与公正、公平、平等之关系辨析》，载《社会科学战线》2010 年第 2 期。

17. 刘晓靖:《公平、公正、正义、平等辨析》,载《郑州大学学报》(哲学社会科学版)2009 年第 1 期。

18. 王桂艳:《正义、公正、公平辨析》,载《南开学报》2006 年第 2 期。

19. 吴忠民:《关于公正、公平、平等的差异之辨析》,载《中共中央党校学报》2003 年第 4 期。

20. 陆树程、刘萍:《关于公平、公正、正义三个概念的哲学反思》,载《浙江学刊》2010 年第 2 期。

21. Steven Vanderheiden, "Justice in the Greenhouse: Climate Change and the Idea of Fairness", *Social Philosophy Today*, Vol. 19, 2004.

22. 许健:《论国际法之"人类共同利益"原则》,载《北京理工大学学报》(社会科学版)2011 年第 5 期。

23. Lasse Ringius, Asbjqrn Torvanger, Arild Underdal, "Burden Sharing and Fairness Principles in International Climate Policy", *International Environmental Agreements: Policies, Law and Economics* 2, Kluwer Academic Publishers, 2002.

24. Yoram Margalioth, "Assessing Moral Claims in International Climate Change Negotiations", *Journal of Energy, Climate, and the Environment*, Vol. 3, 2012.

25. Jouni Paavola, W. Neil Adger, "Fair Adaptation to Climate Change", *Ecological Economics*, Vol. 56, 2006.

26. Duncan French, "Developing states and international environmental law: the importance of differentiated responsibilities", *International & Comparative Law Quarterly*, vol. 49, 2000.

27. 柯坚:《污染者负担原则的嬗变》,载《法学评论》2010 年第 6 期。

28. H Shue, "Global Environment and International Inequality", *International Affairs*, Vol. 75, 1999.

29. 李艳芳、张忠利:《二氧化碳的法律定位及其排放规制立法路径选择》,载《社会科学研究》2015 年第 2 期。

30. Smmon Caney, "Cosmopolitan Justice, Responsibility, and Global Climate Change", *Leiden Journal of International Law*, Vol. 18, 2005.

31. 张梓太、沈灏:《全球因应气候变化的司法诉讼研究——以美国为例》,载《江苏社会科学》2015 年第 1 期。

32. Eric A. Posner, Cass R. Sunstein, "Climate Change Justice", Public Law and Legal Theory Working Paper No. 177, 2007.

33. Mathias Friman and Gustav Strandberg, "Historical Responsibility for Climate Change: Science and the Science-policy Interface", 2014, *Wiley Interdisciplinary Reviews: Climate Change*, Vol. 5, Issue 3.

34. Schussler R., "Climate Justice: A Question of Historical Responsibility?" *Journal of Golbal Ethics*, Vol. 7, 2011.

35. Daniel A. Farber, "Climate Justice", *Michigan Law Review*, Vol. 110, 2011—2012.

36. Beverly Wright, "Toward Equity: Prioritizing Vulnerable Communities in Climate Change", *Duke Forum for Law & Social Change*, Vol. 4, Issue 1, 2012.

37. Garrett Hardin, "The Tragedy of the Commons", 162 *Science* 1243, 1248 (1968).

38. 高小升：《试论基础四国在后哥本哈根气候谈判中的立场和作用》，载《当代亚太》2011年第2期。

39. 高小升：《后哥本哈根气候谈判中的基础四国》，载《社会科学》2011年第2期。

40. 曹亚斌：《全球气候谈判中的小岛屿国家联盟》，载《现代国际关系》2011年第8期。

41. 侯艳丽、昂丽、杨富强：《全球气候变化谈判变局之谋——坎昆会议后的思考》，载《中国能源》2011年第1期（第33卷）。

42. 杨毅：《浅析沙特阿拉伯在国际气候变化谈判中的立场与策略》，载《西亚非洲》2011年第9期。

43. 严双伍、高小升：《后哥本哈根气候谈判中的基础四国》，载社会科学》2011年第2期。

44. Anne-Sophie Tabau, Marion Lemoine, "Willing Power, Fearing Responsibilities: BASIC in the Climate Negotiations", 3CCLR197, 208(2012).

45. Kathryn Hochstetler, ManjanaMilkoreit, Emerging Powers in the Climate Negotiations: Shifting Identity Conceptions, 67(1)*Political Research Quarterly* 224, 235(2014).

46. 杨富强：《气候变化谈判战略的新思维》，载《中国能源》2012年第7期（第34卷）。

47. 宫笠俐：《日本在国际气候谈判中的立场转变及原因分析》，载《当代亚太》2012年第1期。

48. Louis John, "United National Decision-Making: Confrontation or Consensus?", 1 *Harv. Intl. L.* 438(1974).

49. Daniel Barstow Magraw, The Worst of Times, or "It Wouldn't Be Cool," 38 *Envtl. L. Rep. News & Analysis* 10575, 10577.

50. Richard B. Stewart, "International Trade and Environment: Lessons from the Federal Experience", 49 *Wash. & Lee L. Rev.* 1329 (1992).

51. Cass R. Sunstein, "Of Montreal and Kyoto: A Tale of Two Protocols", 38 *Envtl. Rep. News & Analysis* 10566, 10572 (2008).

52. Nina E. Bafundo, "Compliance With The Ozone Treaty: Weak States and The Principle of Common but Differentiated Responsibility", 21 *Am. U. Int'l L. Rev.* 461.

53. Mary J. Bortscheller, "Equitable but Ineffective: How the Principle of Common but Differentiated Responsibilities Hobbles the Global Fight Against Climate Change", 10 *Sustainable Dev. L. & Pol'y* 49.

54. 边永民:《论共同但有区别责原则在国际环境法中的地位》,载《暨南学报》(哲学社会科学版)2007年第4期。

55. Michael Weisslitz, "Rethinking The Equitable Principle of Common But Differentiated Responsibility: Differential versus absolute norms of compliance and contribution in the global Climate change context", 13 *Colo. J. Int'l Envtl. L. & Pol'y* 473, Summer 2002.

56. Christine Batruch, "'Hot Air' as Precedent for Developing Countries Equity Considerations", 17 *UCLA J. Envtl. L. &* Pol'y 45 (1998—99).

57. Eric A. Posner, Cass R. Sunstein, "Climate Change Justice", 96 *GEO. L. J.* 1565, 1607 (June 2008).

58. 万霞:《跨界损害责任制度的新发展》,载《当代法学》2008年第1期。

59. Gregory C., Keating, "Pressing Precaution Beyond the Point of Cost-Justification", 56 *Vand. L. Rev.* 653, 687—97 (2003).

60. Christopher D. Stone, "Common But Differentiated Responsibilities In International Law", 98 *Am. J. Int'l L.* 276C, *American Journal of International Law* April, 2004.

61. Charlotte Streck, "Struggling With Expectations and Changing Realities: International Climate Negotiations", 21(1) *The Journal of Environment & Development* 52, 56, (2012).

62. Jacqueline Peel, Lee Godden, "Australian Environmental Management: a Dams' Story", 28 *U. N. S. W. L. J.* 668, 695 (2005).

63. Hari M. Osofsky, "Climate Change and Crises of International Law: Possiblities for Geographic Reenvisioning", 44 *Case W. Res. J. Int'l L.* 423, 433(2011).

64. Margaret A. Young, "Climate Change Law and Regime Interaction", 2 *Carbon & Climate L. Rev.* 147, 1579(2011).

65. Detlef Sprinz, Tapani Vaahtoranta, "The Interest-based Explanation of International Environmental Policy", 48(1) *Int. Organ* 77, 81(1994).

66. 王润卓:《全球碳交易市场概况》,载《节能与环保》2012年第2期。

67. 嵇欣:《国外碳排放交易体系的价格控制及其借鉴》,载《社会科学》2013年第12期。

68. Alan Boyle, "Climate Change and International Law: A Post-Kyoto Perspective", 42(6) *Environmental Policy and Law* 333, 343(2012).

69. Duncan French, Lavanya Rajamani, "Climate Change and International Environmental Law: Musings on a Journey to Somewhere", 25(3) *Journal of Environmental Law* 437, 461(2013).

70. 张海滨:《中国与国际气候变化谈判》,载《国际政治研究》2007年第1期。

71. 陈贻健:《共同但有区别责任原则的演变及我国的应对:以后京都进程为视角》,载《法商研究》2013年第4期。

72. 黄婧:《〈京都议定书〉遵约机制探析》,载《西部法学评论》,2012年第1期。

73. 谷德近:《巴厘岛路线图——共同但有区别责任的演进》,载《法学》2008年第2期。

74. 钱国强:《德班会议及后德班进程展望》,载《环境经济》2012年第Z1期。

75. 高翔,王文涛:《〈京都议定书〉第二承诺期与第一承诺期的差异辨析》,载《国际展望》2013年04期。

76. 吕学都:《利马气候大会成果分析与展望》,《气候变化研究进展》2015年第2期。

77. 高翔:《〈巴黎协定〉与国际减缓气候变化合作模式的变迁》,载《气候变化研究进展》2016年第2期。

78. 吕江:《〈巴黎协定〉:新的制度安排、不确定性及中国选择》,载《国际观察》2016年第3期。

79. Andrew T. Guzman, "Reputation and International Law", in *Georgia Journal of International and Comparative Law*, Vol. 34, 2006.

80. 朱松丽:《利马气候变化大会成果分析》,载《中国能源》2015年第1期。

81. 胡昌梅、曹昶辉:《欧盟环境保护政策及其对中国的影响——欧中在碳排放问题上的互动》,载《法制与社会》2011年01期。

82. 李开盛:《论全球温室气体减排责任的公正分担——基于罗尔斯正义论的视角》,载《世界经济与政治》2012年第3期。

83. 杜志华等:《气候变化的国际法发展——从温室效应理论到〈联合国气候变化框架公约〉》,载《现代法学》2002年第5期。

84. Generally Vladimir Kotov, Elena Nikitina, Norilsk Nickel: Russia Wrestles with an Old Polluter, ENV'T, Nov, 1996.

85. 彭水军等:《国际碳减排合作公平性问题研究》,载《厦门大学学报》2012年第1期。

86. 王毅:《全球气候谈判纷争的原因分析及其展望》,载《环境保护》2001年第1期。

87. 庄贵阳等:《试析国际气候谈判中的国家集团及其影响》,载《太平洋学报》2001年第2期。

88. 何建坤等:《全球长期减排目标与碳排放权分配原则》,载《气候变化研究进展》2009年第6期。

89. 邹雄:《论环境权的概念》,载《现代法学》2008年第5期。

90. 王明远:《论排放权的准物权和发展权属性》,载《中国法学》2010年第6期。

91. 苏燕萍:《论碳排放权的法律属性》,载《上海金融学院学报》2012年第2期。

92. 丁丁等著:《论碳排放权的法律属性》,载《法学杂志》2012年.第9期。

93. 叶勇飞.:《论碳排放权之用益物权属性》,载《浙江大学学报》(人文社会科学版)2013年第6期。

94. SAVAGE J, "Confiscation of emission reduction credits: the case for compensation under taking clause," *Virginia Environmental Law Journal*, pp. 227—271(winter 1997).

95. 刘明明:《论温室气体排放权的财产权属性》,载《重庆大学学报》(社会科学版)2013年第3期。

96. B. A. Green, "Lessons from the Montreal Protocol: Guidance for the Next International Climate Change Agreement," *Environmental Law*, Vol. 39(2009)

97. 杨泽伟:《碳排放权:一种新的发展权》,《浙江大学学报(人文社会科学版)》2011年第3期。

98. 陈天林:《气候危机中的世界低碳利益格局》,载《特区实践与理论》2010年第2期。

99. 张建伟:《气候正义与气候变化的国际法律应对》,载《武大国际法评论》2010年02期。

100. 刘明明:《全球气候变化背景下碳排放空间的公平分配——以德班会议〈公平获取可持续发展〉的基本政治立场为分析进路》,载《法学评论》2012年第4期。

101. 陈贻健:《国际气候法律中的矫正正义及其制度构建》,载《法学杂志》2013年第9期。

102. 彭水军等:《国际碳减排合作公平性问题研究》,载《厦门大学学报》(哲学社会科学版)2012年第1期。

103. 潘家华等:《碳排放与发展权益》,载《世界环境》2008年第4期。

104. 樊纲等:《最终消费与碳减排责任的经济学分析》,载《经济研究》2010年第1期。

105. 陈迎:《圣保罗案文的基本要点》,载《气候变化研究进展》2007年第3期。

106. Baer, P. Athanasiou, T. Kartha, S. et al. "The Greenhouse Development Rights Framework: The Right to Development in a Climate Constrained World," Stockholm Environment Institute Report(2008).

107. 潘家华:《人文发展分析的概念构架与经验数据——以对碳排放空间的需求为例》,载《.中国社会科学》2002年第6期。

108. 丁仲礼等:《国际温室气体减排方案评估及中国长期排放权讨论》,载《中国科学(D辑:地球科学)》2009年第12期。

109. 丁仲礼等:《2050年大气CO2浓度控制:各国排放权计算》,载《中国科学(D辑:地球科学)》2009年第8期。

110. 陈文颖等著:《全球未来碳排放权"两个趋同"的分配方法》,载《清华大学学报:自然科学版》2005第6期。

111. 克里斯托弗·司徒伯格:《谁人先丧命?首牺牲何人?——气候公平之伦理观》,载《金陵神学志》2010年第1期。

112. 吴国春等:《后坎昆时代中国碳汇林发展的理性思考》,载《林业经济》2011年第10期。

113. 袁梅等:《减少毁林及森林退化造成的碳排放(REDD)机制研究的国际进展》,载《林业经济》2009年第10期。

114. 雪明等:《REDD+议题的谈判进展与展望》,载《生物多样性》2013年第3期。

115. 王玉海等:《金融危机背景下中国碳交易市场现状和趋势》,载《经济理论与经济管理》2009年第11期。

116. 张小全等:《第二承诺期LULUCF有关议题谈判进展与对策建议》,载《气候变化研究进展》2009年第5期。

117. 阮宇等:《木质林产品碳贮量变化计算方法》,载《东北林业大学学报》2005年(增刊)。

118. Tony George Puthucherril, "International Law on Climate Change Adaption: Has the Time Come for a New Protocol"? *MqJICEL*(2012), Vol. 8(2).

119. W. Neil Adger, Jouni Paavola, Saleemul Huq, and M. J. Mace, "Fairness in Adaption to Climate Change", *Massachusetts Institute of Technology*, 2006.

120. W. Neil Adger, Saleemul Huq, Katrina Brown, Deckan Conway and Mike Hulme, "Adaptation to climate change in the developing world", *Progress in Development Studies* 186, 195 (2003).

121. 居辉、韩雪:《气候变化适应行动进展及对我国行动策略的若干思考》,载《气候变化研究进展》2008年第4期。

122. 葛全胜等:《国际气候变化适应战略与态势分析》,载《气候变化研究进展》2009年第6期。

123. 马欣等:《联合国气候变化框架公约适应委员会职能谈判焦点解析》,载《气候变化研究进展》2012年第2期。

124. 陈敏鹏等:《〈巴黎协定〉适应和损失损害内容的解读和对策》,载《气候变化研究进展》2016年第3期。

125. 曲建升、曾静静、张志强:《国际主要温室气体排放数据集比较分析研究》,载《地球科学进展》2008年第1期。

126. 郑艳、梁帆:《气候公平原则与国际气候制度构建》,载《世界经济与政治》2011年第6期。

127. Jos Olivier, "Trends in global CO_2 emissions: 2012 Report" PBL Netherlands Environmental Assessment Agency.

128. Richard TOL, "Estimates of the Damage Costs of Climate Change", *Environmental and Resource Economics* 21, 136 (2002).

129. 韩缨:《气候变化国际法问题研究》,华东政法大学博士论文,2011年5月。

130. Jouni Paavola and W. Neil Adger, "Justice and adaptation to climate change", Tyndall Centre for Climate Change Research, October 2002, p. 3.

131. Daniel A. Farber, "Adapting to Climate Change: Who Should Pay"? *Journal of Land Use*, Vol. 23.

132. 李玉娥等:《适应气候变化谈判的焦点问题与趋势分析》,载《气候变化研究进展》2010年第4期。

133. 孙傅:《国际气候变化适应政策发展动态及其对中国的启示》,载《中国人口、资源与环境》2014 年第 24 期。

134. 崔大鹏等:《适应性排放的概念分析》,载《研究快讯》2003 年第 4 期。

135. 郑艳等:《气候公平原则与国际气候制度构建》,载《世界经济与政治》2011 第 6 期。

136. 曾文革、冯帅:《巴黎协定能力建设条款:成就、不足与展望》,载《环境保护》2015 年 24 期。

137. 高小升:《国际政治多极格局下的气候谈判——以德班平台启动以来国际气候谈判的进展与走向为例》,载《教学与研究》2014 年第 4 期。

138. 朱晓勤、温浩鹏:《气候变化领域共同但有区别责任原则—困境、挑战与发展》,载《山东科技大学学报》(社会科学版)2010 年第 2 期。

139. 姚莹:《德班平台气候谈判中我国面临的减排挑战》,载《法学》2014 年第 5 期。

140. 刘倩等:《国际气候资金机制的最新进展及中国对策》,载《中国人口·资源与环境》2015 年第 10 期。

141. 王遥、刘倩:《气候融资:全球形势及中国问题研究》,载《国际金融研究》2012 年第 9 期。

142. 蒋佳妮、王灿:《气候公约下技术开发与转让谈判进展评述》,载《气候变化研究进展》2013 年第 6 期。

143. 尹锋林:《知识产权应成为后期气候谈判的正式议题》,载《电子知识产权》2010 年第 2 期。

144. Joseph E. Stiglitz, "Economic Foundations of Intellectual Property Rights", *Duke law Journal*, Vol. 57, 2008.

145. 王克等:《国际气候谈判技术转让议题进展评述》,载《国际展望》2013 年 04 期。

146. 吴勇:《建立因应气候变化技术转让的国际知识产权制度》,载《湘潭大学学报》(哲学社会科学版)2013 年第 3 期。

147. 马忠法:《气候正义与无害环境技术国际转让法律制度的困境及其完善》,载《学海》2014 年第 2 期。

148. 叶辉华:《气候变化背景下对技术转让的知识产权制度调适》,载《河北法学》2015 年第 3 期。

149. 陈贻健:《国际气候法律新秩序的困境与出路:基于"德班—巴黎"进程的分析》,载《环球法律评论》2016 年第 2 期。

150. 曹炜:《论 UNFCCC 框架下的技术机制:历史沿革、现状和发展方向》,载《中国政法大学学报》2016 年第 2 期。

151. 陈娟丽:《清洁发展机制在我国应对气候变化能力建设中的地位及巩固》,载《重庆交通大学学报》2013 年第 6 期。

152. 龚微:《气候变化国际合作中的差别待遇初探》,载《法学评论》2010 年第 4 期。

153. 卢荻梵:《国际气候援助状况及中国气候变化对外援助研究》,外交学院 2013 年硕士论文。

154. 陈夏娟:《国际合作中的能力建设:以欧盟气候变化政策为例》,山东大学 2011 年硕士学位论文。

155. 刘冰:《气候变化下国际贸易法律问题研究——兼谈我国应对策略》,载《海峡法学》2010 年第 3 期。

156. 闫云凤:《国际贸易与气候变化的协调对策研究》,载《对外经贸》2013 年第 10 期。

157. 冯相昭、田春秀、任勇:《高度重视气候变化与国际贸易关系新动向》,载《国际瞭望》2008 年第 408 期。

158. 谢来辉、潘家华:《发展低碳经济与区域互动机制研究》,载《城市与区域规划研究》2010 年第 2 期。

159. Eskeland, G. S., & Harrison, A. E., Moving to Greener Pastures? Multinationals and the Pollution Haven Hypothesis, Washington, DC: World Bank, 1997.

160. 黄舒涵:《国际碳源转移研究》,《浙江工业大学硕士论文》2012 年 6 月。

161. 李丽平等:《国际贸易视角下的中国碳排放责任分析》,载《环境保护》2008 年第 3 期。

162. 康艳乐、孙小军、王书飞:《气候变化与国际贸易关系研究评述》,载《经济学动态》2011 年第 10 期。

163. 李丽:《低碳经济对国际贸易规则的影响及中国的对策》,载《财贸经济》2014 年第 9 期。

164. 陆淼菁:《碳排放不公平性研究综述》,载《资源科学》2013 年第 8 期。

165. 刘勇、朱瑜:《关联、挑战与应对:气候变化背景下国际贸易法的转型思考》,载《国际关系与国际法学刊》2010 年,总第 4 卷。

166. 王媛、王文琴、方修琦、魏本勇、李东哲:《基于国际分工角度的中国贸易碳转移估算》,载《资源科学》2011 年第 7 期。

167. 何艳秋、戴小文:《中国碳排放国际转移的行业敏感性分析》,载《中国科学院大学学报》2016 年第 2 期。

168. 李威:《论气候与贸易国际法和国际机制的互动与协调》,载《上海对外经贸大学学报》2014 年第 5 期。

169. Henrik Horn & Petros C. Mavroidis: To B(TA) or Not to B(TA)? On the Legality and Desirability of Border Tax Adjustments from a Trade Perspective, The World Economy, Wiley Blackwell, vol. 34(11), Nov, 2011.

170. 孙滔:《碳标签——贸易保护主义的新措施》,载《生产力研究》2011 年第 12 期。

171. 夏友富:《技术性贸易壁垒体系与当代国际贸易》,载《中国工业经济》2001 年第 5 期。

172. 王志明、袁建新:《技术性贸易壁垒的影响及中国的对策》,载《世界经济》2003年第 7 期。

173. 杭争:《技术性贸易壁垒对我国对外贸易的影响及对策》,载《国贸易问题》2003年第 2 期。

174. 东艳:《全球气候变化博弈中的碳边界调节措施研究》,载《世界经济与政治》2010 年第 7 期。

175. 王慧:《对气候关税不可等闲视之》,载《环境保护》2010 年第 2 期。

176. 刘勇:《试论 WTO 规则与多边环境条约之间的冲突及其解决——关于 WTO 贸易与环境谈判的若干思考》,《外国经济与管理》2003 年第 1 期。

177. 李晓玲、陈雨松:《"碳关税"与 WTO 规则相符性研究》,载《国际经济合作》2010 年第 3 期。

178. Julia O'Brien, "The Equity of Leveling the Playing Field in the Climate Change Context", *Journal of World Trade*, 2009(43).

179. Claudia Kemfert, "Induced Technological Change in a Multi-Regional, Multi-Sectoral, Integrated Assessment Model (WIAGEM): Impact Assessment of Climate Policy Strategies", *Ecological Economics*, *Elsevier*, Aug. 2005, vol. 54(2—3).

180. 王家玮、伊藤敏子:《碳贸易价格风险变动趋势与我国 CDM 发展策略》,载《国际贸易》2011 年第 10 期。

181. 闫云凤、赵忠秀:《消费者碳排放与碳溢出效应:G7、BRIC 和其他国家的比较》,载《国际贸易问题》2014 年第 1 期。

182. 张文城、彭水军:《不对称减排、国际贸易与能源密集型产业转移——碳泄漏的研究动态及展望》,载《国际贸易问题》2014 年第 7 期。

183. 马艳、李真:《国际贸易中的"碳"不平等交换理论与实证分析》,载《学术月刊》2010 年。

184. 李惠民:《中国气候变化对策中的贸易隐含碳问题研究》,2009 年北京师范大学博士论文。

185. Munksgaard, Jesper & Pedersen, "Klaus Alsted: Co2 Accounts for Open Economies: Producer or Consumer Responsibility"? *Energy Policy*, *Elsevier*, vol. 29(4), Mar. 2001.

186. Kevin A. Baumert, "Note, Participation of Developing Countries in the International Climate Change Regime: Lessons for the Future", 38 *Geo. Wash. Int'l L. Rev.* 365, 390—91 (2006).

187. Lavanya Rajamani, The Increasing Currency And Relevance of Rights-Based Perspectives In the International Negotiations on Climate Change J. Env. L. 2010, 22(3).

188. 滕飞、何建坤、高云:《2 ℃温升目标下排放空间及路径的不确定性分析》,载《气候变化研究进展》2013 第 6 期。

189. 曹明德、马洪超:《中国合同能源管理的法律与政策分析》,载《华东政法大学学报》2011 年第 6 期。

190. Nina E. Bafundo, "Compliance With The Ozone Treaty: Weak States And The Principle of Common Butdifferentiated Responsibility", 21 *Am. U. Int'l L. Rev.* 461.

191. Mary J. Bortscheller, "Equitable But Ineffective: How The Principle of Common But Differentiated Responsibilities Hobbles The Global Fight Against Climate Change", 10 *Sustainable Dev. L. & Pol'y* 49.

192. Anita Halvorssen, Equality Among Unequals in International Environmental Law: Differential Treatment for Developing Countries 28—31(1999).

193. 张晓平:《中国对外贸易产生的 CO_2 排放区位转移分析》,载《地理学报》2009 年第 2 期。

194. 许广月、宋德勇:《我国出口贸易、经济增长与碳排放关系的实证研究》,载《国际贸易问题》2010 年第 1 期。

195. 朱彦梅:《外商直接投资对我国碳排放的影响及国际比较》,山东大学 2012 年硕士研究生毕业论文。

196. 张晓平、王兆红、孙磊:《中国钢铁产品贸易流域碳排放跨境转移》,载《地理研究》,2010 年第 9 期。

197. 廖春良:《十二五时期中国能源结构的演变》,载《上海经济》2012 年第 12 期。

198. 赵白鸽:《人口方案和应对气候变化》,载《人口研究》2010 年第 1 期。

199.《"十二五"各地区单位国内生产总值二氧化碳排放下降指标》,载《节能与环保》2012 年 2 期。

200. 周丽、张希良:《关于地方碳强度下降目标考核的若干建议》,载《科技导报》2013 年第 23 期。

201. 刘强、刘嘉麒、贺怀宇:《温室气体浓度变化及其源与汇研究进展》,载《地球科学进展》第 15 卷第 4 期。

202. 冷罗生:《中国自愿减排交易的现状、问题与对策》,载《中国政法大学学报》2012 年第 3 期。

203. 刘强等:《中国低碳城镇化的问题及对策选择》,载《中国人口·资源与环境》2016 年第 2 期。

204. 易小明:《分配正义的两个基本原则》,载《中国社会科学》2015 年第 3 期。